KB206149

영화,
신학에 말을 걸다

영화, 신학에 말을 걸다

첫판 1쇄 | 2009년 12월 15일
첫판 3쇄 | 2014년 4월 20일

지은이 | 이신형

편집 · 발행인 | 김은옥
펴낸곳 | 올리브북스

주소 | 부천시 원미구 중동 1152-3 메트로팰리스 1차 B동 328호
전화 | 032-233-2427
이메일 | olivebooks@naver.com
블로그 | blog.naver.com/olivebooks

출판등록 | 제387-2007-00012호

ⓒ 2009, 이신형

ISBN | 978-89-94035-12-3 03230

■ 총판 기독교출판유통 | 031-906-9191(전화), 0505-365-9191(팩스)

이신형 교수의 **기독교 세계관으로 본 영화** 해설

영화,
신학에 말을 걸다

이신형 지음

올리브북스
Olive Books

《영화, 신학에 말을 걸다》는 그리스도인의 시각으로 영화를 읽어 나간다. 그리스도인의 시각으로 영화를 읽어 나간다는 것은 그리스도인의 고유한 이슈와의 만남을 전제로 한다. 이 책에서 추구하는 영화읽기의 목적은 영화를 감상한 관객의 감정적인 반응처럼 (좋다. 혹은 별로다.) 감정 상태에 따른 가치판단을 하기 위함이 아니다. 영화를 만든 감독이 작품에서 표현한 내용에 대한 해설을 하기 위함이다. 감독은 영화를 통해서 재미만을 추구하는 것이 아니라 자신이 추구하는 가치를 표출한다. 뿐만 아니라 감독은 영화를 통해서 사회적이고 윤리적인 이슈를 제기한다. 감독이 제기하는 이슈는 대중의 일반적인 윤리적 가치와 규범을 넘어선다. 사람에 따라서는 감독이 제기한 이슈는 논란을 일으킬 만큼 파격적이지 않을 수도 있다. 하지만 어떤 사람에게는 매우 과격하게 여겨질 수도 있다.

감독이 영화를 통해서 제기하는 다양한 이슈들 중에는 마주치고 싶지 않은 현실의 어두운 면을 들춰내기도 한다. 그래서 감독의 철학에 의해서 관객은 불편한 진실과 마주쳐야 하는 상황에 놓이기도 한다. 그리스도인에게 있어서 마주치고 싶지 않은 불편한 진실은 무엇일까?

영화에서 만나는 메시지, 즉 감독이 작품을 통해서 제기하는 물음은 종교

4

의 본질적인 문제를 터치한다. 그렇기 때문에 그리스도인이 영화를 통해서 만나야 할 불편한 진실은 단순히 사회적이고 윤리적인 이슈들과의 만남을 의미하는 것이 아니다. 기독교의 근본적인 문제를 만나야 하는 것이다. 이 것이 이 책이 가지고 있는 전제다.

영화에서 만나게 되는 불편한 진실과의 만남은 (사람에 따라서는 전혀 불편하지 않을 수도 있는) 믿음의 이해를 한 차원 높이는 것을 목적으로 하지만 경우에 따라서는 믿음의 본질에 대한 반성적 숙고가 필요하다. 진실이 불편할 수 있다는 것은 감독이 제기한 질문을 들었다는 것을 의미한다. 반면에 감독이 제기하는 질문이 불편하지 않게 들린다면 감독의 질문은 이미 영화를 본 관객의 마음속에 내재되어 있다는 것을 의미한다.

이 책에서 다룬 모든 영화가 불편한 진실을 담고 있지는 않다. 감독이 영화를 통해서 반드시 믿음에 대한 질문을 제기하는 것도 아니다. 그리스도인의 시각에서 영화를 읽어가기 때문에 감독이 의도했던 의도하지 않았던 간에 영화가 믿음에 제기하는 메시지를 발견한다는 것을 의미한다. 이 책에 수록된 14편의 영화에 담겨진 메시지는 단일한 것이 아니다. 또한 나는 명확하게 '무엇이 메시지다'라고 밝히지도 않는다. 내가 읽어낸 메시지가 반드시 독자가 읽어낸 메시지와 동일해야 할 필요가 없기 때문이다. 뿐만 아니라 읽어낸 메시지가 독자에게 메시지가 되어야 할 이유도 없다.

메시지에 대한 것은 독자의 몫이며, 영화를 해설하는 가운데 독자의 신학적인 질문의 양식과 소양에 따라서 자신에게 던져지는 질문과 만나게 될 것이다. 그렇기 때문에 메시지는, 즉 믿음에 제기하는 질문은 감독만이 던지는 것이 아니다. 이 책을 쓰는 저자가 던지는 것이다. 감독이 그러한 질문을 제기했는지는 분명하지 않다. 작가는 작품을 해설하지 않는다. 해설은 비평가의 몫이다. 감독은 시나리오 작가가 구상한 내용을 필름이라는 매체를 통해서 영상으로 옮기는 창작활동을 하는 것이다. 따라서 작가로서 감독은 작품에 대해서 해설을 하지 않는다. 단지 질문할 뿐이다.

《영화, 신학에 말을 걸다》는 비평가로서 저자가 해설한 작품에 대한 이해이다. 따라서 이 책에서 제기한 질문이 감독이 제기한 것인지, 아니면 저자가 제기한 것인지는 명확하게 구분되지는 않을 것이다. 영화를 분석하고 스토리를 재배치하는 가운데 만들어지는 이야기는 저자의 생각과 사고에서 기인한 것이기 때문에 독자가 만나는 질문은 어쩌면 저자에 의해서 제기된 것일 수 있다. 다시 말해 저자의 작품에 대한 이해는 감독의 의도와 어긋난 것일 수도 있고, 감독의 생각을 넘어선 것일 수도 있고, 감독이 미처 생각하지 못한 내용을 읽어낸 결과일지도 모른다. 그렇다고 해도 감독이 작품에 담은 무엇이 없었다면 저자의 이해와 해설은 근거 없는 일방적인 주장이나 독백이 되었을 것이다. 그런 의미에서 감독이 의도했던 하지 않았던 저자의 해설은 감독에게 빚을 지고 있다.

이 책을 통해서 독자에게 분명히 전달하고 싶은 메시지가 있다. 성경은 그리스도인만의 전유물이 아니라 인류가 보존해 온 위대한 정신이 담긴 문화유산이라는 것이다. 그리스도인이자 신학자인 저자에게 성경은 하나님의 말씀이다. 여타의 그리스도인들처럼 저자도 성경을 통해서 나를 향한 하나님의 말씀을 듣는다. 그것은 너무나 분명한 사실이다. 동시에 성경은 인류에게 영감을 불어넣는 위대한 책이다. 많은 사람들이 성경 속에서 자신의 문학과 예술을 새롭게 승화시키는 영감을 받았다는 것은 부인할 수 없다.

성경은 이스라엘과 교회가 보존한 문화유산으로 인류 모두에게 주어진 것이다. 이 책에서 독자들은 성경의 이야기가 현재의 자기 이야기로 각색되어진 것을 발견할 것이다. 그리고 예수 이야기, 아담 이야기가 교회에서만 들리는 이야기가 아니라 우리의 일상에서 들려지는 이야기로 다가온 것을 만날 것이다. 저자가 그리스도인에게 생각하기를 촉구하는 이유가 여기에 있다. 성경은 인류 모두를 아우르는 하나님의 말씀이기 때문이다.

어떤 사람은 성경에서 하나님의 말씀을 듣고, 어떤 사람은 영감을 불러일으키는 스토리를 만난다. 무엇을 만나든 성경은 만나는 사람에게 결코 지워질 수 없는 흔적을 남긴다. 우리 모두는 영혼과 생각에 새겨진 흔적을 갖고 있어야 한다. 영혼과 생각에 새겨진 흔적이 우리를 행동하는 양심, 행위하는 존재로 만들기 때문이다. 저자의 해설을 통해서 만나게 되는 영화가 우리를 행위하는 존재로 변화시키는 데 보탬이 되었으면 하는 작은 바람을 갖는다.

여기에 수록된 14편의 영화 해설은 대학에서 기독교 교양을 가르칠 목적으로 선택되어진 것이다. 16주로 구성된 한 학기 가운데 중간, 기말 시험을 제외하고 나머지 14주 동안 한 주간씩 영화 한 편을 보고 해설한다면 저자의 의도에 부합하는 것이다. 14편의 영화 중 「더 바디」, 「포세이돈 어드벤처」, 「미시시피 버닝」, 「그리스도 최후의 유혹」, 「미션」, 「콘택트」, 「존 말코비치 되기」, 「플레전트빌」은 2008년 10월부터 2009년 5월까지 〈기독교 사상〉에 연재되었던 것이다. 14편의 영화 중에 종교와 과학(「더 바디」, 「콘택트」), 아담과 천국(「트루먼 쇼」, 「플레전트빌」), 예수의 이야기(「포스트맨」, 「케이팩스」), 예수의 수난(「그리스도 최후의 유혹」, 「패션 오브 크라이스트」), 선교 이야기(「미션」, 「엔드 오브 스피어」)는 같은 주제를 다루고 있고, 나머지 4편(「포세이돈 어드벤처」, 「밀양」, 「존 말코비치 되기」, 「미시시피 버닝」)은 개별적이다.

저자로서 한 가지 바람이 있다면 이 책이 독자들의 신학적인 사고 발전에 도움이 되었으면 한다. 이 책이 나오는 데 도움을 주신 모든 분들에게 감사드린다.

Contents

타자를 위해 서야 할
우리의 끝은 어디일까

Film 1

포세이돈 어드벤처 The Poseidon Adventure

 새로 만들어진 「포세이돈」에 비해서 그래픽은 낡았지만 「포세이돈 어드벤처」는 매우 훌륭한 작품이다. 배우들의 연기가 뛰어나기도 하지만 깊은 메시지를 담고 있는 영화라서 더욱 그러하다. 모든 영화는 저마다 메시지를 담고 있다. 인생의 의미에 대해서 반추하는 메시지를 담은 것도 있고, 선악에 대한 도덕적인 판단의 모호함을 담은 것도 있다. 설사 영화가 아무런 메시지를 담고 있지 않을지라도 영화에는 적어도 사람의 시선을 끄는 '흥미' 라는 메시지를 담고 있다.

「포세이돈 어드벤처」는 뒤집혀진 유람선에서 위를 향해 사력을 다해 올라가는 사람들의 모습을 담은 액션 영화다. 제목이 '포세이돈' 인 것은 배의 이름이 포세이돈이기 때문이며, '어드벤처' 인 것은 사람들이 위를 향해서 (실제는 배 밑을 향해서) 올라가는 모험 과정을 담았기 때문이다. 사람들이

올라가는 과정이 아슬아슬한 위기의 연
속이어서 그런 것일까? 어쩌면 그럴지
도 모른다. 영화가 만들어진 1972년에
「포세이돈 어드벤처」가 구상한 위기 과
정은 당시의 기준으로 보면 모험이라는
이름을 붙일 만큼 대단하지 않다. 지금
의 할리우드 기술이 사람들이 상상하지
못한 온갖 액션을 선보이며, 보는 사람

Poseidon Adventure, 1972
감 독 로널드 님
출 연 진 핵크만(스캇), 어니스트 보그나인(로고), 레
드 버튼스(마틴), 캐롤 린리(노니 패리)

으로 하여금 모험심과 긴장감을 고조시키는 것에 비교하면 1972년에 만들
어진 「포세이돈 어드벤처」는 스펙타클한 모험 영화가 될 수 없다. 하지만
30여 년이 지난 지금의 시점에서도 필자에게 포세이돈이 어드벤처, 즉 모험
이라는 이름은 여전히 유효하다. 어드벤처의 의미는 위기상황을 탈출해 가
는 액션의 과정에 있지 않기 때문이다.

필자에게 「포세이돈 어드벤처」에서 모험의 의미는 신학적이다. 왜냐하면
영화의 모티브를 성경에서 가져왔기 때문이다. 구약 성경 소선지서 중의 하
나인 요나서에서 「포세이돈 어드벤처」는 시작된다. 요나서는 선지자 요나
가 니느웨로 가라는 하나님의 명령을 거역하고 다시스로 가는 배를 타는 것
에서부터 시작한다. 다시스 행 배를 탄 요나는 배 밑바닥으로 내려간다. 하
나님의 시선이 미치지 않는 깊은 곳으로 내려간 것이다. 하나님은 바다에
폭풍을 보내 배를 위험에 빠뜨리고 선장은 배 밑에서 잠자는 요나를 배 위
로 불러낸다. 요나는 자기 때문에 하나님이 바다에 폭풍을 일으키고 배를

위험에 빠뜨렸다는 사실을 인식한다. 요나는 자신을 바다에 던지라고 선원들에게 말한다. 요나는 바다에 던져지고 폭풍이 잠잠해진다.

「포세이돈 어드벤처」의 모든 사건은 배 안에서 일어난다. 결정적인 사건은 뉴욕에서 아테네로 가는 유람선 포세이돈 호가 해저 지진으로 발생한 파도에 의해 뒤집어지는 것이지만, 포세이돈 안에서 사람들이 겪는 모험은 배에 탑승하면서 시작된다. 요나가 탑승함으로서 다시스로 가는 배가 겪을 운명과 모험이 결정된 것처럼 포세이돈의 운명과 사람들의 모험은 배에 타는 순간부터 결정된 것이다. 요나가 다시스로 가는 배에 타지 않았다면 그 배와 함께한 사람들이 만난 운명은 무엇이었을까?

신학적 의미에서 조명하면 포세이돈이 만나게 되는 운명과 모험은 스캇 목사가 포세이돈에 승선함으로 결정된다. 스캇 목사가 포세이돈에 승선하지 않았다면 어떤 운명이 포세이돈을 기다리고 있었을까? 요나가 다시스로 가는 선박에 승선하지 않았다면 선장과 선원들은 바다에서 목숨을 걸어야 할 폭풍우를 만나지 않았을 것이다. 요나가 곧장 니느웨로 갔다면 하나님과 한판 대결하는 모험은 없었을 것이다. 다시스로 가는 배가 만난 운명은 요나의 모험에 따른 결과인 것이다.

스캇 목사가 포세이돈에 승선하지 않았어도 배는 순탄한 항해를 하지 않았을 수도 있다. 영화 「포세이돈 어드벤처」는 1912년 대서양에서 침몰한 호화 유람선 타이타닉 호의 이미지를 차용하고 있다. 타이타닉 호는 건조 당시에 하나님도 침몰시킬 수 없다고 호언장담한 최신 유람선이었다. 그럼에도 불구하고 타이타닉은 첫 항해에서 처참하게 침몰한다. 타이타닉의 침몰은 여러 차례 유빙의 위험에 대한 경고를 받았
음에도 불구하고 안일한 태도로 일관한 인재
가 나은 참사다. 유빙과 부딪쳐 배가 침몰하기
전까지 배에 있는 사람들은 자신들에게 일어
날 운명에 대해서 알지 못했다. 배 상층부에 있
던 선장과 고위 선원들은 다가올 위험에 대해
서 경고를 받았지만, 배 아래층에 있는 승객들은 자신을 기다리고 있는 위
험이 무엇인지 전혀 알 수 없었다.

포세이돈에 탑승한 사람들도 타이타닉에 탑승한 사람들과 조금도 다르지
않다. 배의 상층부에 있는 조종실에서 선장과 고위 선원들은 다가올 위험에
대한 경고를 받는다. 배 아래층에서는 사람들이 새해맞이 축하 파티에 흥겨
워 하고 있다. 1997년에 개봉한 영화 「타이타닉」에서 유빙의 위험에 대한
경고가 있음에도 불구하고 무리한 운행을 한 이유는 선주가 시간을 단축하
기 위해서 전속력으로 갈 것을 명령했기 때문이다. 포세이돈은 그보다 25년
앞서서 선주의 명령에 의한 무리한 항해가 침몰의 원인이라고 말하고 있다.
만약에 「포세이돈 어드벤처」가 아닌 '포세이돈'이라는 영화가 만들어졌다
면 포세이돈 호는 스캇 목사가 승선하지 않았어도 침몰했을 것이다. 1912년
타이타닉이 침몰한 것처럼, 1997년 영화에서 타이타닉이 침몰한 것처럼 말
이다. 「포세이돈 어드벤처」처럼 아무런 외상이 없이 배가 거꾸로 뒤집혀져
서 침몰하는 일은 일어나지 않았을 것이다.

「포세이돈 어드벤처」가 어드벤처인 이유는 포세이돈이 침몰하는 데 있지

않다. 그 이유는 배 안에 탄 스캇 목사에게서 기인한다. 요나가 다시스로 가는 모험을 했기 때문에 배가 침몰할 운명을 맞이한 것처럼 스캇 목사의 선택이 포세이돈에서 모험이 된다. 포세이돈은 모든 것이 뒤집혀진 상황이다. 배 위는 물속에 잠겨 있고 배 밑은 물 위에 드러나 있다. 배가 뒤집혀진 원인은 무리한 항해와 때마침 일어난 해저 지진 때문이다. 뒤집혀진 배에 있는 사람들에게 선택과 모험이 기다린다. 뒤집혀진 상황에서 배 밑으로 내려가는 길을 택할 것인가, 아니면 그 자리에 있으면서 구조를 기다릴 것인가. 떠나는 것도 모험이고 남는 것도 모험이다. 기관실로 내려간다고 해서 구조된다는 보장도 없다. 남는다고 해서 반드시 죽는 것도 아니다. 사람들은 갈림길에 서 있다. 안전한 길을 선택하는 모험을 할 것인가, 아니면 좀더 위험을 감수하는 모험을 할 것인가.

선택은 의외로 빨리 왔다. 위험을 감수하는 모험을 할 수밖에 없는 상황이 만들어진 것이다. 남겨진 사람들이 있는 곳에 물이 들어 찼고 사람들은 공포에 빠진다. 떠나는 모험을 선택했어야 할 시간에 남는 모험을 선택한 사람들의 운명을 뒤로 한 채 스캇 목사와 함께 나온 사람들은 배 밑을 향해서 거꾸로 올라가는 모험을 떠난다.

신에 대해서 인간이 제기하는 질문과 도전을 담고 있는 「포세이돈 어드벤처」의 메시지는 표면적으로 보면 신학적이다. 진 핵크만이 연기한 스캇 목사를 따라가다 보면 스캇이 하나님과 대결하는 모습이 보인다. 내면적 깊이에서 바라보면 다른 그림이 나타난다. 하나님이 스캇과 대결한다. 단 한 차례도 영화에 등장하지 않는 신이 인간과 대결한다. 인간이 신에 대해서 도전하고 신이 인간의 도발에 대항한다. 요나가 니느웨로 가는 대신에 다시스로 가는 모험을 했듯이 스캇 목사도 올라가는 모험을 한다. 요나가 다시스로 가는 배에서 밑으로 내려가는 선택을 했듯이 스캇 목사도 밑으로 내려가는 선택을 한다.

다시스로 가는 모험을 한 요나에게 하나님은 폭풍을 불러일으키고 배 밑에 있는 요나를 배 위로 끌어 올린다. 자기 식으로 하나님을 찾아가는 스캇 목사를 하나님은 배 위로 끌어 올린다. 모든 것은 뒤집혀져 있는 상황이다. 정상적인 상황이라면 배 밑은 물에 잠겨 있는 곳이다. 뒤집어진 상황에서는 물속에 있는 부분은 배의 위쪽이다. 요나를 끌어 올린 것은 선장이고, 스캇을 끌어 올린 것은 차오르는 물이다. 아무런 저항 없이 요나가 배 위로 올라오듯이 스캇은 위로 올라가라고 밀어내는 물에 저항하지 않는다.

모험은 미지의 영역에 발을 들여놓는 것에서부터 시작된다. 그러나 미지의 영역에 들여놓은 발걸음을 재촉할 때 뒤따르는 위험이 없다면 모험의 긴박함과 긴장감은 현저하게 떨어질 것이다. 다시스로 가는 배를 선택한 요나의 모험이 긴박감을 갖는 것은 잇달아 불어오는 폭풍우와 만나고 선장에 의해서 불려나오고 바다에 던져지는 사건들이 바퀴가 굴러가듯이 돌아가기 때문이다. 스캇 목사의 선택과 모험이 긴장감과 긴박감을 갖는 것은 앞으로 나아갈 수밖에 없는 바닷물의 들어참 때문이다. 하나님을 향해서 나아가는 요나의 도발은 하나님이 만든 것이다. 하나님을 향한 스캇의 도발을 모험이 되게 하는 것도 하나님이다. 스캇 목사의 하나님을 향한 도발이 어디에서 언제 왜 어떻게 시작되었는지 영화는 관심을 두지 않는다. 이 영화의 관심은 포세이돈 안에서 스캇 목사가 하나님에 대해서 도발적인 발언을 한다는 것이다.

　포세이돈 호 갑판에서 두 명의 목사가 마주한다. 스캇 목사와 존 목사다.

그들의 교단적 배경은 밝혀지지 않지만 스캇 목사가 주교를 언급하는 것으로 보아 감리교 아니면 루터란일 것이다. 스캇 목사가 존 목사에게 말한다.

　"내가 자라면서 지금까지 보아왔던 것이 틀렸소. 무릎 꿇고 신에게 기도하면 모든 것이 해결되나요? 천만에요. 2월에 덥게 해달라고 아무리 기도해 봐요. 기도하는 손에 고드름이나 열릴 걸요. 추우면 무릎 꿇지 말고 가구를 태워서 몸을 따뜻하게 하세요." 존 목사가 말한다. "스캇 목사, 당신은 정통 같지 않군요. 그런 설교를 하면서 아직도 목사라니 놀랍군요. 목사 맞습니까?" 스캇 목사가 대답한다. "나는 현실적이죠. 기도가 전부는 아니지요. 화내고 반항하고 비판하고 도망가곤 해서 목사의 권한은 빼앗겼지만 아직 성직에 있는 최고의 목사죠." 존 목사가 다시 말한다. "스캇 목사, 당신은 징계를 즐기는 것 같소." 스캇 목사가 말한다. "징계요? 교회가 은총을 베푼 거예요. 처음 들어본 아프리카에 있는 국가로 쫓겨났으니까. 그게 바로 내가 바라던 것이라는 것을 주교는 몰라요. 공간, 자유, 모든 규칙과 틀로부터의 진정한 자유, 내 방식대로 하나님을 찾을 자유를 찾아 난 갑니다. 그런데 존 목사님, 오늘 오후 설교를 제가 해도 괜찮겠습니까?" 존 목사가 대답한다. "한 가지는 분명합니다. 조는 사람은 없을 겁니다."

그날 오후 예정된 예배 시간에 스캇 목사가 설교한다. "하나님은 우리가 모르는 인류에 대한 장대한 계획을 세워 놓으셨기 때문에 개개인의 문제에 관여할 시간이 없습니다. 개개인에게 중요한 것은 자식이나 손자를 매개로 과거와 미래를 연결해 주는 것밖에 없습니다. 자신의 문제 해결을 위해서 하나님께 기도하지 마세요. 각자 안에 있는 하나님을 찾으세요. 하나님은 용감한 자를 원하십니다. 스스로 싸울 용기를 가지세요. 하나님이 원하시는 자는 실패자가 아니라 승리자입니다. 노력하기 전에는 주저앉지 마세요. 하나님은 시도하는 자를 사랑합니다. 우리가 새해에 무슨 결심을 해야 할까요? 혼자서 할 수 있는 용기를 갖는 것과 자신과 타인, 그리고 사랑하는 사람을 위해 싸울 결심을 하는 것입니다. 그러면 여러분 안에 있는 하나님이 여러분과 함께 싸울 것입니다."

요나와 스캇 목사의 도발의 차이는 분명하다. 요나의 도발은 마음에 들지 않는 하나님의 메시지를 거부하는 것이고, 스캇 목사의 도발은 하나님을 개인의 문제 해결사로 만들지 말라는 것이다. 내 문제는 내가 해결해야 할 것이고, 하나님의 문제는 하나님이 해결해야 할 문제이기 때문에 하나님에게 맡기라는 것이다. 다시스로 향하던 요나는 하나님을 향해서 또 다른 도발을 한다. 물속으로 뛰어드는 것이다. 하나님이 설마 쫓아오겠는가 하는 마음에 다른 길로 간 요나는 이번에도 설마 하는 마음으로 물속으로 뛰어든다. 스캇 목사의 도발은 하나님께 자신의 문제를 해결해 달라고 기도하는 인간에게 문제에 맞서서 자신에게 있는 용기와 힘을 시험해 보라고 요청하는 것이다. 하나님이 지금 이곳에서 사람들을 시험하지 않을 것을 믿으면서…….

요나와 스캇 목사의 도발은 결국 같은 것이다. 하나님에게 자신의 생각을 부여하기 때문에 동일하다고 볼 수 있다. 물속으로 자신을 던진다면 하나님은 자신의 메시지를 취소할 수밖에 없지 않겠는가 하는 생각이 있기에 요나는 당당하다. 하나님의 관심은 사소한 것이 아니라 인류 전체에 대한 것이기 때문에 하나님에게 사소할 수 있는 개인적인 문제를 상정하지 말라는 스캇의 설교는 세상에서 하나님의 자리를 박탈하는 것이다. 스캇은 당당하다. 하나님에게 걸맞는 일을 부여함으로써 하나님을 하나님 되게 하기 때문이다. 이제 나머지는 하나님에게 달려 있다. 하나님의 선택여부에 따라서 그들의 도발이 모험으로 이어질지 아닐지가 결정된다.

요나의 도발이 모험이 되게 하기 위해서 하나님은 물고기를 선택했다. 물고기는 요나로 하여금 니느웨로 가는 모험을 선택하게 한다. 요나가 니느웨로 가는 것은 모험이다. 하나님이 어떻게 나오실지 모르기 때문이다. 성경은 니느웨에서 다시 한 번 요나의 도발이 이어지고 하나님의 대응이 이어졌다고 끝을 알려준다. 스캇의 도발이 모험이 되게 하기 위해서 하나님은 해일을 준비한다. 해일은 배 밑에 스캇 목사가 있도록 하나님의 계획에 맞게 포세이돈을 뒤집는다. 요나의 경우처럼 위로 끌어내는 선장은 없다. 다만 밑에서부터 위로 올라갈 만큼 크기가 딱 맞는 크리스마스트리가 있을 뿐이다. 요나와 다르게 스캇은 스스로의 힘으로 위로 올라가야 한다. 스캇 자신의 말대로 하나님은 노력하는 자를 사랑하실 것이니까.

스캇 목사의 이미지는 요나만이 아니다. 스캇 목사에게 투영된 다른 이미지는 예수다. 크리스마스트리를 타고 올라가는 스캇 목사는 예수의 이미지와 겹친다. 스캇 목사에게 덧입혀진 예수의 이미지는 포세이돈에서 모험이 시작되는 장면과 모험이 끝나는 마지막 장면에 놓여진다. 첫번째 모험이 시작하는 장면에서 스캇 목사는 크리스마스트리 위에 서 있다.

사람들은 크리스마스트리를 장식할 때 꼭대기에 큰 별을 단다. 별은 인간을 구원하러 오신 예수 그리스도를 상징한다. 영화에서는 크리스마스트리의 별이 있는 자리에 스캇이 서 있다. 밑에서 바라보면 스캇이 크리스마스트리 꼭대기에 있는 별과 같다. 크리스마스트리에 달린 큰 별로서 스캇 목사는 아래를 향해서 구조받을 수 있는 유일한 방법은 위로 올라오는 것뿐이라고 말한다. 마지막 장면에서는 스캇 목사가 사람들을 구하기 위해서 자신을 희생하는 모습으로 그려진다. 예수가 사람들을 위해서 십자가에 달린 것처럼 스캇 목사도 공중에 달려 있다. 밸브에 매달려서 "얼마나 많은 사람이 죽어야 합니까? 사람이 더 죽길 바라시면 저를 데려가세요"라고 말하는 모습과 십자가에서 하나님께 절규하는 예수의 이미지가 겹쳐진다. 밸브를 마지막까지 잠그고 로고에게 할 일을 지시하고 떨어지는 모습은 예수가 사랑하는 제자에게 어머니 마리아를 부탁하고 다 이루었다고 하시면서 숨을 거두시는 모습과 상응한다.

그러나 스캇 목사가 예수를 의미하지는 않는다. 스캇 목사에게 예수의 이미지가 투영된 것은 포세이돈에서 일어나는 모험이 하나님에 의해서 시작된 사건임을 표상하기 위함이다. 요나에게 일어나는 모든 사건이 하나님에 의해서 시작되고 하나님에 의해서 귀결되는 것처럼 포세이돈에서 일어나는 모든 것은 하나님에 의해서 시작되고 하나님에 의해서 귀결되는 그분의 사건이다. 스캇 목사가 말한 것처럼 하나님의 관심은 모든 사람들이 바라는 개인적인 소망에 응답하는 것이 아니다. 하나님의 관심은 요나 개인의 소원에 있지 않고, 좌우를 분별하지 못하는 니느웨 사람 십이만 명과 수많은 짐승에게 있다. 그럼에도 불구하고 하나님은 요나의 도전에 응답하며 그의 모험을 받아 준다. 포세이돈에서 하나님의 관심은 구원의 길을 거절한 다수의 사람들에게 있지 않고 하나님이 제시한 모험의 길을 떠나는 스캇 목사와 함께한 소수의 사람들에게 있다.

선택의 갈림길에 두 명의 목사가 있다. 운명에 도전하고 운명과 만나기 위해서 길을 떠나는 스캇 목사와 남겨진 존 목사다. 스캇 목사를 따라서 소수의 사람들이 나온다. 그들이 스캇 목사를 선택한 것은 그에 대한 절대적인 신뢰가 있어서가 아니다. 스캇 목사가 제시한 길이 가만히 앉아서 다가올 운명을 맞이하는 것보다 더 인간다운 것이기 때문이다. 존 목사는 많은 사람들과 함께 남는다. 구원받을 것이라고 믿어서가 아니라 목사로서 죽어가는 사람들과 함께해야 하는 책임과 의무 때문이다. 사방이 꽉 막힌 곳에서 사람들은 그렇게 갈라진다. 떠나는 사람과 남는 사람으로. 떠나는 사람들은 목사가 이끌고 남겨진 사람들은 사무장이 이끈다.

히틀러가 집권했던 독일의 상황이 그러했다. 독일의 국가교회는 히틀러를 지지했다. 히틀러를 반대하는 소수의 목사들이 국가교회가 아닌 고백교회를 만들었다. 그중에 본훼퍼(Dietrich Bonhaeffer) 목사가 있었다. 본훼퍼는 목사로서 유일하게 히틀러 암살 조직에 가입한 사람이다. 그는 비밀경찰에게 체포된 후 연합군이 그 지역을 탈환하기 14일 전에 처형되었다.

"미친 사람이 인도에서 운전하면서 사람을 치고 간다면 목사인 나는 무엇을 할 것인가? 죽은 사람을 위해서 장례예배를 드릴 것인가, 아니면 미친 운전수를 끌어내릴 것인가? 만약 해방된 조국에서 사람들이 그때 당신은 어디에서 무엇을 하고 있었느냐고 묻는다면 나는 어떻게 대답할 것인가? 사람들은 문제가 있을 때마다 하나님을 찾는다. 문제가 해결되면 더이상 하나님을 필요로 하지 않는다. 하지만 약할 때가 아니라 강할 때 하나님

'포세이돈'

을 고백하자. 사람들은 더이상 하나님에 대해서 진지하지 않다. 하나님이 없는 세상에서 하나님을 말하자."

고백교회 목사 후보생 양성소인 핑켄펠트 신학교에서 친구였으며 제자였던 베트게에 의해서 세상에 알려진 본훼퍼의 운명과 말은 지금도 우리의 심금을 울린다.

스캇 목사가 갑판 위에서 자기의 문제를 위해서 신에게 기도하지 마라. 자신 안에 있는 신을 찾아라. 스스로 싸울 용기를 가져라. 그러면 자신 안에 있는 신이 함께 싸울 것이라고 설교한 내용은 39살에 순교한 본훼퍼 목사의 설교이며 삶이었다. 스캇 목사는 본훼퍼 목사를 연상케 한다. 본훼퍼를 따라서 힘들고 험난한 저항의 길을 떠나는 소수의 목사들과 신도들과 국가교회의 정책에 따라서 히틀러를 지지한 대다수 목사들과 독일 국민의 편안한 안주가 포세이돈처럼 뒤집혀진 세상이 된 당시 독일의 모습이다. 저항의 끝

에서 본훼퍼가 만난 것은 무엇이었을까? 올라감의 끝에서(내려감이지만) 스캇 목사가 만난 것은 무엇이었을까? 거기서 그들이 만난 것은 죽음을 선택함으로써 기억되고, 이로써 삶의 길로 인도된다는 메시지가 아니었을까? 포세이돈에서 사무장과 함께 모험을 선택하지 않고 남은 사람들은 결국 잊혀지고, 스캇 목사를 따라서 모험의 길을 떠난 사람들은 삶으로 기억된 것처럼, 뒤집혀진 세상에서 히틀러를 따랐던 독일 교회와 국민은 지워지고, 본훼퍼를 따라서 운명을 선택한 사람들은 지금도 기억된다.

스캇 목사의 주된 캐릭터는 요나이다. 하나님은 요나를 니느웨로 보낸다. 니느웨에서 하나님은 요나와 대면하기 위해서 박 넝쿨과 동풍과 벌레를 준비한다. 하나님은 스캇을 배 위로 끌어 올리기 위해서(실제로는 배에서 가장 낮고 깊은 곳으로 내려 보내기 위해서) 에이커스, 벨, 린다를 준비한다. 에이커스, 벨, 린다는 가장 낮은 곳으로(실제로는 가장 높은 곳) 가는 동안 죽는다. 요나가 박 넝쿨과 동풍과 벌레 때문에 하나님께 항의한 것처럼 스캇 목사는 공중에 매달려 이들의 죽음에 대해서 하나님께 항의한다.

스캇은 혼자 모험을 나선 것이 아니다. 함께 길을 떠난 사람들이 있다. 로빈과 수잔 남매, 로젠 부부, 로고 부부, 마틴과 노니, 그리고 에이커스다. 에이커스는 모두가 아래에 있을 때 혼자 위에 있었던 승무원이다. 스캇 목사는 에이커스의 안내를 받아 승무원들이 브로드웨이라고 부르는 통로를 따라 사람들을 인도한다. 에이커스는 스캇 목사를 가장 낮은 곳으로(실제로는 가장 높은 곳) 모험의 길을 나서게 하는 준비된 역할을 한다. 배의 가장 밑바닥에 내려가 숨은 요나를 찾아서 위로 올라오게 하는 것은 배의 가장 깊은 곳까지 가본 자만이 할 수 있는 일이다.

다시스로 가는 배에는 선장이 있었던 것처럼 포세이돈에는 로빈이 있다. 로빈은 프로펠러가 있는 배 밑바닥까지 갔다왔다. 그곳은 배에서 강철 두께가 1인치밖에 안 되는 가장 얇은 곳이다. 가장 깊은 곳이 가장 얇다. 제일 깊고 어두운 곳이 바깥과 소통하는 가장 가까운 곳이다. 요나에게 가장 깊은 곳은 배 밑이 아니라 물고기 뱃속이다. 물고기 뱃속에서 요나는 하나님과 소통한다. 로빈은 스캇 목사가 하나님과 소통할 수 있는 장소를 향해서 나가게 한다. 에이커스 역할은 갑판으로 가는 길까지이다. 거기서 기관실로 연결된 길이 있다는 것을 아는 사람은 오직 로빈뿐이다. 로빈은 스캇 목사로 하여금 결정할 수 있도록 도움을 준다. 로빈은 스캇 목사의 지시대로 제일 먼저 크리스마스트리로 올라간다. 그는 스캇 목사가 갑판에서 설교할 때 유일하게 '예'라고 대답한 사람이다. 만약에 스캇 목사와 함께 떠난 사람들을 스캇 목사의 내면에서 만들어진 영상이라고 한다면 로빈은 스캇 목사가 지닌 용기를 표상할 것이다.

마틴은 스캇 목사의 지혜를 표상한다. 마틴은 스캇 목사가 적절한 판단을 할 수 있도록 도와주는 지혜로운 조언자다. 배가 뒤집힌 상황임에도 불구하고 위에 있는 에이커스에게 뛰어내리라고 말하는 스캇 목사에게 올라가는 것이 낫지 않겠냐고 말하는 이가 마틴이다. 동생 테드의 죽음을 슬퍼하는 노니를 설득해서 함께 올라가는 이가 마틴이다. 마틴은 일행 중에 가장 심약한 노니를 끝까지 돌본다. 탑으로 올라가는 계단에서 고소공포증으로 얼어붙은 노니를 데리고 올라가고, 기관실로 통하는 물에 잠긴 통로 앞에서 두려움에 떠는 노니를 끝까지 책임지는 사람이 마틴이다. 그는 스캇 목사가 일행 중 가장 강한 로고와 부딪칠 때 둘이 싸우면 우리가 불안하다면서 싸움을 중지시키고 벨 부인의 죽음 앞에서 스캇 목사가 해야 할 하나님의 은총이 함께하시길이라는 말을 대신한다. 아내 린다의 죽음과 잇따른 스캇 목사의 죽음 이후에 넋 놓고 있는 로고에게 "뭐하고 있는 거요. 로고! 인도하라는 목사님 말씀을 듣지 않은 거요. 앞장서서 인도해. 당신 경찰인거 확실해. 여태껏 불평한 것 말고 한 게 뭐요. 항상 부정적이고 언제나 파괴적이었지. 이제 긍정적인 변화를 보일 기회인데 포기할 거요? 로고! 그렇게 징징거리고 있을 거요?"라고 말하며 로고로 하여금 스캇 목사가 시작한 일을 끝내게 하는 사람도 마틴이다.

로고는 처음부터 끝까지 스캇 목사와 대립하는 인물이다. 그는 창녀 출신인 젊은 아내 린다와 함께 아테네로 가는 포세이돈에 승선한 전직 경찰이다. 그들이 포세이돈에 승선한 이유는 불분명하지만 정황상 신혼여행을 가는 것 같다. 과거의 삶을 정리하고 새로운 인생을 살기 위해서 길을 떠났음에도 불구하고 린다는 여전히 과거에 사로잡혀 있다. 사람들이 자기를 알아볼까봐 방 밖으로 나가길 두려워한다. 린다는 스캇 목사와 사사건건 대립하는 로고를 견제하는 유일한 인물이다. 로고가 스캇 목사와 대립할 때마다 스캇 목사에게 굴복하게 만든다.

영화는 스캇 목사에게 절대적인 지지를 보내는 세 인물을 설정한다. 스캇 목사에게 결정적 정보를 제공하고 그의 결정에 즉시 따르는 로빈, 스캇 목사가 갈림길에 섰을 때 그를 따라가는 수잔, 스캇 목사에게 대적하는 로고를 꺾는 역할을 하는 린다이다. 로빈은 스캇 목사가 설교할 때 그의 지지자가 되었다. 수잔과 린다는 새해맞이 파티장에서 스캇의 지지자가 된다. 카운트다운이 끝나고 "해피 뉴이어" 하면서 사람들은 서로 키스한다. 탁자에 앉아서 대화를 주도하던 선장이 긴급 호출을 받고 자리를 뜬 후에 스캇 목사가 건배하자고 말할 때 수잔이 스캇 목사를 넋 놓고 바라본다. 그때 수잔은 스캇 목사를 사랑하게 된 것 같다.

사다리에서 에이커스를 잃고 나온 통로에서 뱃머리를 향해 가는 사람들을 만난다. 의사가 그들을 인도한다. 스캇 목사는 뱃머리는 물에 잠겼기 때문에 배 뒤쪽 기관실로 가야 한다고 사람들에게 말한다. 폭발이 일어났기 때문에 길은 앞쪽 뱃머리라고 말하는 의사에게 스캇 목사가 소리 높여 말한다. "기관실을 확인해 봤소. 눈으로 확인했소. 잘못된 길로 가는 거요." 스캇 목사는 갈림길에 서 있다. 사람들을 따라서 의사의 말대로 기관실을 찾지말고 뱃머리를 향해 갈 것인가, 아니면 기관실로 가는 길을 찾을 것인가.

로고와 스캇 목사가 대립한다. 15분만 기다려 달라. 반대 방향으로 갔다가 15분 내에 돌아오지 못하면 사람들을 따라가라고 스캇 목사가 제안한다. 스캇 목사는 기관실 찾는 길을 향해 가고 사람들은 기다리는 동안 여기저기를 둘러본다. 수잔이 스캇 목사를 따라와서 말한다. "무서워요. 하지만 목사님 옆에 있으면 안심이 돼요. 우리를 구해줄 거죠?" 스캇 목사는 "그렇고 말고" 하면서 수잔을 안아준다. 17분이 지났다. 아니다 16분이다. 목사가 안 보인다. 가자. 몇 분만 더 기다려 보자. 무엇 때문에. 저쪽으로 빨리 가야 한다. 사람들이 설왕설래한다. 그때 수잔이 뛰어온다. 어디 있었냐고 로고가 묻는다. 수잔이 말한다. "목사님과 같이 있었어. 기관실로 연결된 통로를 찾았어. 5분 내로 안 돌아오면 로고의 말을 따르라고 했어." 이때 스캇 목사가 나타나서 기관실로 가는 길을 발견했다고 말한다. 수잔은 스캇 목사가 떨어져서 죽을 때 마틴이 붙잡지 않았다면 뛰어내렸을 것이다.

　로고는 스캇 목사와 처음부터 끝까지 대립한다. 스캇이 배 밑으로 올라가자고 할 때 로고는 강철인데 어떻게 밑바닥을 뚫을 수 있냐고 반대한다. 크리스마스트리를 이용해서 위로 올라가자고 설득할 때 구조대가 올 때까지 움직이지 말라고 한 사무장 말을 잊었냐고 반대한다. 스캇이 로고에게 "당신은 빠지시오" 하니까, "목사, 말조심하시오" 로고가 소리친다. 린다가 로고에게 "닥쳐"라고 하자, "목사 말대로 하라고, 도대체 저놈이 뭐라고" 하면서 스캇 목사와 대립하지 않는다. 대신 다음과 같이 말한다. "좋아, 그 다음에 무엇이냐." 스캇 목사가 대답한다. "주방을 지나 선체에 닿을 때까지 가야 한다." 로고가 말한다. "그 다음에는 선체를 뚫고 헤엄칠 거야?" 린다가 로고를 막아선다. "'당신이 경찰이다' 하면 열리겠지."

　스캇 목사와 로고는 에이커스의 죽음에서부터 첨예하게 대립한다. 스캇 목사가 "당신은 도대체 무엇을 했소. 내가 모여서 가라고 하지 않았소.""그는 최선을 다했소." 마틴이 로고를 옹호한다. 로고가 말한다. "나를 변호할 필요 없소. 당신에게 질렸소. 당신이 하나님인줄 알아." 스캇 목사가 말한다. "다쳤으니까 보호했어야지." 로고가 다시 말한다. "알아, 배가 기울어 떨어져 폭발해서 죽었는데 나더러 더이상 어떻게 하라는 거야." 스캇 목사가 말한다. "난 모두를 살릴 거라고 했소. 난 해낼 것이요." 마틴이 대화에

끼여든다. "저 사람들은 어디로 가는 거죠?" 스캇 목사가 대답한다. "뱃머리로. 그들은 잘못된 길로 가는 거요. 거긴 잠겼소." 로고가 말한다. "어떻게 당신이 그것을 알죠. 어떻게 모든 걸 다 알죠. 모두가 그렇게 생각한다면 우리도 그들을 따라야 해. 당신도 마찬가지야." 스캇 목사가 말한다. "참으로 현명한 말이군. 20명이 빠져 죽으면 같이 죽을 건가? 다수가 항상 옳은 것은 아니요."

스캇 목사와 로고의 대립은 로젠 부인의 용감하고 의로운 죽음 앞에서 다시 이어진다. 죽음을 슬퍼할 겨를도 없이 사람들을 몰아붙이는 스캇 목사에게 "이 자식아, 넌 감정도 없어" 하고 로고가 욕을 퍼붓는다. 스캇 목사가 소리친다. "모두 잘 들어요. 부인은 죽었고 이건 되돌릴 수 없어요. 할 수 있는 건 계속 가는 것 뿐이요. '강해져라' 이것이 그녀가 원하는 것이요. 일어나 계속 갑시다."

린다의 죽음에서 스캇 목사와 로고의 대립은 절정에 달한다. 폭발에 의해서 떨어지는 린다를 보면서 로고가 스캇 목사를 향해서 소리친다. "이 목사 놈아. 넌 거짓말쟁이 살인자다. 희망이 있다는 너의 말을 믿으려 했는데 희망 좋아하네. 너는 내가 사랑한 단 한 사람을 빼앗아 갔어. 나의 린다를. 네가 죽였어. 네가 린다를 죽였어."

로고는 스캇 목사의 불안한 심리를 표상하는 캐릭터다. 로고와 스캇 목사가 그토록 대립하는 이유는 스캇 목사의 입을 통해서 밝혀진다. 로고와 스캇 목사는 같은 부류의 사람이다. 아니 같은 사람이다. 로고가 스캇 목사의 건방져 보이는 듯한 스코틀랜드 식 태도가 마음에 들지 않는다고 말하는 것은 자기 모습이기 때문이다. 스캇 목사가 에이커스의 죽음을 로고의 탓으로 돌리는 것은 사실 자기를 비난하는 것이다. 로젠 부인의 죽음에서 로고가 스캇 목사에게 "이 자식아, 넌 감정도 없어"라고 할 때 그 순간에도 냉정해져야 하는 자신을 비난하는 본인의 말이다. 린다의 죽음에 "네가 죽였어. 네가 린다를 죽였어"라고 스캇을 향해서 절규하는 로고의 외침은 스캇 목사가 하나님에게 하는 비난이고 절규다.

배 맨 아래층에서 가장 높은 곳까지 오는데 단 한 차례도 스캇 목사는 자신의 신념에 대해서 의심하지 않는다. 완벽한 신념은 인간의 것이 아니다. 절대적 확신과 신념은 신에게 속한 것이다. 인간은 가장 확실한 것에도 흔들리고 의심이 드는 법이다. 요나도 혹시나 하는 마음으로 니느웨로 향했다. '하나님이 어쩌면 계획을 수정하실 거야' 하는 마음이 요나로 하여금 초막을 짓고 지켜보게 했다. 혹시나 하는 마음은 인간에게 자연스러운 것이다. 당연히 스캇 목사의 신념에는 흔들림과 의심이 있어야 한다. 영화는 스캇 목사에게 의심을 전혀 부여하지 않는다. 스캇 목사가 하나님이라서가 아니다. 로고가 있기 때문이다. 또한 스캇 목사가 멈춰서 생각할 여지를 주지 못하게 밀어붙이는 하나님이 있기 때문이다.

「포세이돈 어드벤처」에서 하나님은 단 한 차례도 등장하지 않는다. 그러나 우리 삶에 하나님이 직접 개입하진 않지만 우리를 어딘가로 이끌어 가는 것처럼, 보이지 않는 하나님이 남은 자들을 모험으로 이끈다. 긴박하게 다음 길로 들어설 수밖에 없는 상황은 보이지 않는 하나님이 만든다. 스캇 목사의 회의와 불안을 대변하는 다른 장치는 로고다. 로고는 시종일관 스캇의

신념에 대해서 부정적이고 회의적인 인물이다. 영화의 재미를 덧입히는 대
립 역할이지만 스캇의 내면에 담겨진 불안과 회의를 표상하는 인물이기도
하다. 로고는 스캇 목사의 불안하고 부정적인 자아를 표상한다.

로젠 부인은 스캇 목사가 마지막으로 반드시 해야만
하는 일을 지시해 주는 역할을 한다. 크리스마스트리에
걸려서 올라가지 못하는 로젠 부인을 밀어내서 삶으로
인도한 것은 스캇 목사였다. 이번에는 로젠 부인 차례다.
로젠 부인은 파괴된 잔재물에 눌려서 숨을 못 쉬는 스캇
목사를 물 밖으로 구해 낸다. 언제나 갈 수 없다고 주저앉
는 로젠 부인을 기관실까지 오게 한 것은 스캇 목사에게
생명을 살리기 위해서는 생명을 버리는 것이 거룩한 행
위라는 교훈을 가르쳐 주려는 영화의 의도다. 타인을 위

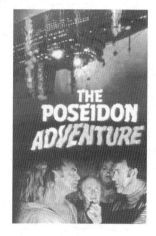

해서 자신의 생명을 버리는 이타적인 행위를 스캇 목사는 로젠 부인을 통
해서 배운다. 로젠 부인의 희생을 따라서 스캇 목사는 자신의 몸을 생명을
살리는 희생제물로 하나님께 던진다. 로젠 부인이 스캇 목사를 위한 희생
제물이 되었던 것처럼 스캇 목사의 삶은 남은 자들을 살리기 위한 희생제
물이 된 것이다.

놓치지 말아야 할 또 하나의 관점이 있다. 로젠 부인은 스캇 목사의 설교
를 이어주는 존재라는 것이다. 스캇 목사는 개개인이 하나님에게 중요한 이
유는 단 하나, 자식이나 손자들을 매개로 해서 과거와 미래를 연결해 주는
것이라고 설교했다. 로젠 부인은 스캇 목사에게 손자손녀에게 전해 달라면

서 목걸이를 전한다. 죽음을 두려워해서 그런 것이 아니다. 목걸이가 생명의 상징이기 때문이다. 생명은 소중한 것이라는 메시지를 손자손녀에게 전하기 위해서다. 우리 둘을 위해서 남편 로젠이 이스라엘로 가져가게 해달라는 부탁과 함께 목걸이를 스캇에게 준다. 스캇 목사는 개개인을 통해서 과거와 미래가 연결된다는 메시지를 전했다. 그러나 무엇이 연결되는지에 대한 내용은 없다. 로젠 부인에 의해서 내용이 주어진다. 과거와 미래를 연결해서 전달되는 것은 생명의 소중함이다. 생명만이 시간을 넘어서 미래로 나아가는 것이다. 살아 있는 생명만이 위에서 열어 준 통로를 통해서 밖으로 나아간다.

「포세이돈 어드벤처」는 하나님과 대결하는 요나의 이야기다. 강한 자만이 하나님에게 대항할 수 있다. 대항하는 자만이 하나님에게 모험을 떠날 자격을 부여받는다. 하나님에게 대항하는 것은 그분에 대한 불신앙이 아니다. 하나님을 절대적으로 믿기 때문에 삶을 적극적으로 대하는 것이다. 하나님이 함께하심을 믿기 때문에 세상과 맞설 용기를 낼 수 있는 것이다. 하나님을 내 문제의 해결사로 만들지 않고 나의 실존의 건강함과 강함을 삶으로, 몸으로 고백하는 신앙인의 모습을 「포세이돈 어드벤처」는 그려내고 있다.

존 목사의 말대로 스캇 목사의 설교는 강한 사람을 위한 것이다. 모두가 강한 사람이 될 수는 없다. 약한 사람을 위한 설교가 필요하다. 어쩌면 약한 사람을 위한 설교가 생각보다 많이 필요할지 모른다. 세상에서 강한 사람보다는 약한 사람이 훨씬 많은 법이니까. 그래서 약한 사람을 위해서 함께 있어야 하는 존 같은 목사도 필요하다.

바울이 약한 사람이었을까? 아브라함이 약한 사람이었을까? 아모스가 약한 사람이었을까? 베드로가 약한 사람이었을까? 예수가 약한 분이셨을까? 시련을 딛고 일어서는 강한 사람만이 신앙의 승리자라고 불려진다. 두께가 1인치 정도 되는 철판이 덮고 있는 곳까지 자신의 힘으로 가야 위로부터 구원의 손길이 내려온다. 그곳까지 우리의 힘으로 가기를 하나님은 기다리고 계시지 않을까. 우리를 향한 하나님의 손길이 보이지 않는 이유는 아직 우리가 있어야 할 끝에 서 있지 않기 때문일 것이다.

스캇 목사는 자기가 서야 할 끝에서 하나님을 향해서 외쳤다. "하나님, 무엇을 더 원하십니까. 당신의 도움 없이 여기까지 왔습니다. 도와주지 않아도 좋으니 방해나 하지 마십시오. 우리와 싸우지 말고 그냥 내버려두십시오. 아직도 더 많은 피를 흘려야 합니까. 얼마나 더 죽어야 합니까? 벨로 충분하지 않습니까? 에이커스로 충분하지 않습니까? 린다로 부족합니까? 한 명 더 원하십니까? 그럼 저를 데려가세요."

타인을 위해 서야 할 우리의 끝은 어디일까? 그때 그곳에서 우리는 하나님에게 무슨 말을 외치게 될까?

인간됨의
존재 행위

Film 2

트루먼 쇼 The Truman Show

「트루먼 쇼」는 씨헤븐 섬에서 살아가는 트루먼이
라는 한 남자의 삶이 24시간 생방송으로 중계되며 수많은 사람이 시청한다
는, 하지만 정작 주인공은 아무것도 모른다는 설정 하에 시작된다. 「트루먼
쇼」는 영화의 제목이 말해 주듯이 트루먼의 모든 것을 보여 주는 텔레비전
프로그램이다. 트루먼 쇼를 기획하고 진행하는 사람은 크리스토프다. 그는
영화가 중반에 들어설 때까지 화면에 등장하지 않는다. 크리스토프가 등장
하는 때는 트루먼의 내면에서 변화가 일어나는 시점이다. 영화의 진행상 무
엇인가 극적인 반전이나 감동이 필요한 순간이 되면 크리스토프가 등장한
다. 그래서 그의 등장은 드라마틱하고 긴장감이 있다.

트루먼이 태어나고 씨헤븐이 만들어졌는지, 아니면 씨헤븐이 만들어지고
트루먼이 그곳에 있게 되었는지는 분명하지 않다. 분명한 것은 트루먼이 태

어나는 순간부터 씨헤븐을 떠날 때까지 그의 모든 것이 생생하게 중계되고 있다는 것이다. 트루먼이 자신의 의지에 의해서 프로그램에 출연하는 것은 아니다. 크리스토프에 의해서 자신도 모르게 출연하고 있는 것이다. 크리스토프의 말에 의하면, 트루먼을 선택한 이유는 트루먼이 다른 아이들보다 일찍 세

The Truman Show, 1998
감 독 피터 위어
출 연 짐 캐리(트루먼 버뱅크), 로라 린니(메릴 버뱅크),
  노아 에머리히(말론)

상에 나왔기 때문이다. 세상에 대한 호기심이 다른 아이들보다 더 많기 때문에 일찍 나왔다고 판단한 크리스토프가 트루먼을 모든 사람의 시선에 노출시킨 것이다. 트루먼은 씨헤븐에서 태어난 것이 아니라 씨헤븐 밖에서 태어나서 크리스토프가 특별한 목적을 갖고 창조한 씨헤븐에 놓여진 것이다. 크리스토프가 만든 세트장인 씨헤븐에는 5,000대가 넘는 카메라가 트루먼의 모든 것을 지켜보고 있다.

　씨헤븐은 트루먼을 위한 공간이다. 모든 것은 트루먼을 위해서 존재한다. 트루먼은 그것을 경험으로 안다. 씨헤븐에는 트루먼을 해치는 것은 존재하지 않는다. 차도에 뛰어들어도 차는 트루먼 앞에서 멈춰 선다. 트루먼이 사람을 때리고 도망쳐도 욕하거나 소리치거나 쫓아오는 사람은 없다. 트루먼이 씨헤븐에 있는 한 아무것도 두려워할 것이 없다. 트루먼의 행복과 안전만이 씨헤븐에서는 우선시되기 때문이다. 크리스토프가 그렇게 기획했기 때문에 씨헤븐에 있는 한 트루먼은 언제나 행복하다. 트루먼이 만족하는 한

씨헤븐에 있는 다른 사람도, 카메라를 통해서 보는 사람들도 모두 행복하다. 씨헤븐은 모든 사람을 행복하게 하기 위해서 만든 특별한 공간인 것이다. 그래서 크리스토프는 트루먼에게 자신이 특별한 삶을 살아갈 수 있는 기회를 주었다고 말한다. 트루먼이 행복하면 모두가 행복하다. 모든 사람의 행복은 트루먼에게 달려 있다.

씨헤븐 밖에도 공간은 있다. 그러나 그 공간은 트루먼에게 안전한 곳이 아니다. 밖에서는 크리스토프가 트루먼에게 발생할 수 있는 모든 위험으로부터 지켜줄 수 없다. 트루먼이 씨헤븐을 나가는 순간부터 모든 것은 모험이다. 시간은 반복되지 않는다. "혹시 못 볼지 모르기 때문에 굿 모닝, 굿 애프터눈, 굿 이브닝, 굿 나잇" 하는 트루먼의 인사가 빈 말이 아닐 수 있다. 씨헤븐 밖에서 무엇이 제일 우선되는 것인지는 모르지만 트루먼의 행복과 안전이 절대적으로 중요한 것이 아님은 분명하다. 아침에 "굿 모닝" 하고 나간 트루먼이 저녁에 "굿 이브닝" 하고 돌아오지 않을 수도 있다. 씨헤븐에서는 '혹시 못 볼지 모른다는 말'은 의미가 없다. 왜냐하면 씨헤븐은 시간이 순환되는 곳이기 때문이다. 모든 것은 크리스토프의 말 한마디에 의해서 처음으로 되돌려진다.

씨헤븐 밖은 트루먼의 삶을 들여다보는 관찰자가 없는 곳이다. 트루먼만이 자신의 삶에 있어서 유일한 관찰자다. 거기서는 모든 것이 새롭다. 씨헤븐 밖은 트루먼이 만들어 가야 할 자신의 공간이다. 씨헤븐은 크리스토프가 만든 세상이기 때문에 크리스토프의 시간과 역사가 있는 곳이지만, 씨헤븐 밖은 트루먼이 만들어 가야 할 시간과 역사가 진행되는 곳이다. 씨헤븐에는 크리스토프의 진실이 있지만 밖은 트루먼이 만들어야 할 진실이 있다. 크리스토프가 부여한 진실과 트루먼이 만들어야 할 진실 사이에서 트루먼은 갈등한다. 그때 크리스토프가 말한다. "바깥세상에는 진실이 없지만 내가 만든 이 세상은 진실하다. 바깥세상은 거짓말과 속임수가 있지만 내가 만든 세상은 두려워할 것이 없다. 너는 나와 함께 여기에 속해 있다."

씨헤븐 밖으로 나가는 건 크리스토프가 바라볼 수 없는 카메라 밖으로 나가는 것이다. 동시에 트루먼을 바라보던 사람들의 시선도 더이상 트루먼에게 머물지 않음을 의미한다. 트루먼에게서 시선을 돌리지 못했던 수많은 사람들은 트루먼이 사라지는 시점에서 서로에게 말한다. 이제 무엇을 볼까? 메릴이 카메라를(트루먼에게는 허공이지만) 바라보면서 무엇인가 해달라고 외쳤을 때 트루먼은 자기를 바라보는 눈이 있다는 것을 인식한다. 그렇지만 자신을 바라보는 그 누군가의 시선이 씨헤븐 밖에 있다는 것을 인식하지는 못한다. 누군가의 시선을 통해서 자신을 바라보는 수많은 사람의 시선도 인식하지 못한다. 도대체 트루먼은 자신을 바라보는 시선이 있다는 것을 어떻게 알았을까?

트루먼의 인식이 깨어나는 것과 관련해서 영화는 모호한 태도를 취한다. 하늘에서 떨어지는 램프, 트루먼을 따라오는 빗줄기, 노숙자의 모습으로 재회한 죽은 아버지, 어디선가 갑자기 나타나서 아버지를 체포하는 사람들, 생중계되는 출근길, 트루먼 앞에서 멈추는 버스와 자동차들, 과일을 먹으면서 쉬고 있는 엘리베이터 안의 남녀들, 여행사에 걸려 있는 비행기 추락사고 포스터, 시카고 행 버스에서 자기를 알아보는 아이, 운전할 줄 모르는 운전사, 아무런 불평도 하지 않는 승객들, 하늘에서 비행기 사고가 났다는 뉴스, 노숙자 단속을 보도하는 신문, 엘리베이터가 고장났다고 말하는 메릴, 더이상 아버지를 생각하지 못하게 하는 어머니와 메릴, 집의 소중함을 깨닫

고 돌아오는 것을 주제로 한 영화, 같은 장소를 계속 순회하는 자전거 탄 여자, 꽃을 든 남자, 폭스바겐 비틀, 갑자기 나타나서 길을 막은 자동차들. 그리고 순식간에 도로에서 사라진 차들, 트루먼의 이름을 정확히 말하는 방사능 누출 현장에 있던 경찰, 허공을 향해 어떻게 좀 해달라고 외치는 메릴.

영화는 트루먼의 인식이 깨어나는 것을 우연으로 돌리고 있다. 처음부터 트루먼은 자신의 삶에 대한 조망이나 관찰이 결여되어 있었다. 실비아가 있는 피지로 떠나려는 마음과 그녀의 얼굴을 조합하려고 구입한 잡지도 인식의 깨어남과는 관계가 없다. 메릴에게 질려서 그러는 거야. 그냥 어디든지 떠나려는 거야. 영화는 시청자의 입을 통해서 말해 준다. 그러나 거기에 있는 것은 우연이 아니다. 거기에 있어야 하기 때문에 있는 것이다. 크리스토프가 기획했기 때문에 모든 것은 필연이다. 램프도, 아버지도, 빗줄기도, 말론과 메릴과 어머니도 거기에 있었다. 트루먼의 의식을 깨우는 실비아도 처음부터 거기에 있었다.

램프는 떨어지게 되어 있지 않다. 죽은 아버지는 다시 나타나지 않게 되어 있었다. 빗줄기는 트루먼의 머리에만 떨어지게 기획되지 않았다. 실비

아는 트루먼과 말하게끔 기획되지 않았다. 램프가 떨어진 것은 우연이다. 빗줄기가 트루먼의 머리에만 떨어진 것도 우연이다. 죽은 아버지가 나타난 것도 우연이다. 실비아가 트루먼과 만난 것도 우연이다. 트루먼의 출근길을 생중계하는 방송이 잡힌 것도 우연이다. 그러나 모든 것이 우연이었을까? 우연의 옷을 입은 필연의 사건이 아니었을까? 트루먼의 의식을 깨우기 위해서 램프가 떨어지고 빗줄기는 트루먼의 머리를 따라오지 않았을까? 마치 아버지의 죽음이 트루먼에게 근본적인 물에 대한 공포를 심어주었던 것처럼 출근길 방송이 트루먼에게 들린 것도 기획의 일부분이 아니었을까?

영화는 트루먼이 사실에 대해서 인지하고 있음을 전제한다. 영화의 도입에서 크리스토프는 트루먼 쇼가 각본이 없는 생생한 리얼리티 쇼임을 강조한다. 출연한 배우들은 생생한 리얼리티를 담지 않겠지만 트루먼만은 진짜이며 실제 인물의 진실한 인생을 담고 있다고 말한다. 가공된 세상에 살고 있지만 트루먼 만큼은 진짜다.

카메라를 의식한 것처럼 트루먼은 말한다. 난 가망 없으니까. 그냥 혼자서 가라. 그리고 다리가 부러지는 한이 있더라도 산꼭대기까지 올라가야 한다고 자신에게 말한다. 프로그램이 시청자들에게 위안을 준다고 말하는 크리스토프에게 트루먼은 "당신은 미쳤다"라고 말한다. 사생활과 사회생활이 따로 없이 자신의 생활이 곧 트루먼 쇼와 같다고 말하면서 트루먼 쇼가 담아내는 인생은 숭고하고 복된 삶이라고 말하는 메릴에게 트루먼은 말한다. "내가 모르는 것을 말해 달라. 어쩔 수 없다. 한 가지만 약속해라. 내가 정상에 도착하기 전에 죽거든 죽은 내 몸을 식용으로 사용해라." 메릴이

"말론에 의해서 약간의 통제가 있긴 하지만 진짜 인생 이야기다"라고 말할 때 트루먼은 "명령이니 나를 먹어라. 모두를 사랑하고 너희를 사랑한다"고 응수한다.

크리스토프와 트루먼의 대화, 메릴과 트루먼의 대화, 말론과 트루먼의 대화에서 영화가 시작되는 것은 결코 우연이 아니다. 트루먼의 인식은 처음부터 열려져 있다. 다만 그것을 자신이 의식하지 못했을 뿐이다. 영화에서 카메라 앞에 있는 것처럼 독백하는 것은 트루먼의 의식이 깨어나는 것을 상징한다. 영화의 시작이 깨어난 트루먼의 의식을 보여 준다면, 카메라 앞에서 버뱅크 소령이 되어 자신이 그린 그림을 버뱅크 은하계의 트루매니아라고 명명하는 트루먼의 독백은 깨어난 의식이 행동하는 것을 상징한다. 필요한 것은 잠재된 트루먼의 의식을 일깨우는 절차이다. 깨어난 의식이 행동하는 의식으로 전환되었을 때 트루먼은 세상이 씨헤븐과 씨헤븐 밖의 세상으로 나누어져 있음을 알았을까?

필연에 우연이 끼어들면 사건이 발생하고, 사건이 발생하면 의식이 깨어난다. 의식이 깨어나면 존재가 규명된다. 영화는 사람의 사생활을 엿보는 몰래 카메라 형식을 띠고 있지만 결코 엿보기가 아니다. 조지 오웰이 《1984》에서 그려낸 것처럼 빅 브라더가 모든 사람을 통제하는 그런 상황을 연출하긴 했지만, 사람의 행동을 감시하고 통제하는 이야기가 아니다. 트루먼 쇼는 진 핵크만, 윌 스미스가 주연한 「에너미 오브 스테이트」처럼 무소부지의 권력을 가진 자가 개인의 모든 행동을 감시하고 통제하며, 모든 정보를 조작하는 그런 사회에 대해서 경각심을 주기 위한 영화도 아니다. 곳곳에 감시 카메라가 설치되어 있고 자신의 정보가 유출된 것을 우연히 발견하는 우리의 현실을 반영한 것도 아니다. 사람들이 그런 인식에서 영화를 읽어내는 것은 당연하다. 영화가 채택한 표현 양식 때문에 그런 인식을 갖게 된 것이다. 영화의 내용은 표현 양식과는 무관하다. 하지만 표현 양식이 없다면 영화의 내용은 전달되지 못할 것이다.

영화는 트루먼의 의식과 관련해서 애매한 태도를 취한다. 트루먼에게 의식을 심어주기 위해서 애써서 노력하는 것처럼 보인다. 언덕을 기어오르는 트루먼을 어설픈 변명으로 제지하는 아버지와, 탐험가가 되고 싶다는 말에 더이상 탐험할 곳이 없다고 꿈을 좌절시키는 선생님의 말이 설득력 있게 들리지 않는 것은 호기심이 특별나게 많아서 트루먼을 선택했다는 크리스토프의 말을 대비시켜 보면 분명해진다. 아버지의 궁색한 변명과 선생님의 말도 안 되는 설명은 트루먼의 호기심을 잠재우기는커녕 더욱 자극시켰을 것이다. 그래서 바깥세상에 대한 트루먼의 호기심을 잠재우기 위해서 선택한 극단적인 방법이 물에 대한 근원적인 공포를 심어주는 것이다.

물은 트루먼에게 넘어설 수 없는 한계다. 물이 있다는 것만으로도 트루먼은 물 너머에 있는 세상에 대한 호기심이 생기지 않는다. 물은 트루먼에게 결코 바라보거나 만지거나 접근할 수도 없는 금기다. 마치 에덴동산에서 선악을 알게 하는 실과를 아담이 먹어서는 안 되는 금기처럼 물은 트루먼에게 금기다. 에덴에서 금기는 하나님이 아담에게 설정한 것이다. 씨헤븐에서 금기인 물은 크리스토프가 만든 것이다. 트루먼이 보는 앞에서 아버지를 익사시키는 장면을 연출함으로써 만들어진 것이다. 또한 물에 대한 금기는 어린

투르먼에게 무서운 개를 등장시킴으로 공포로 각인된다.

　금기는 눈에 보이는 곳에 있어야 금기다. 보이지 않는 두려움이 위험이 아니듯이 보이지 않는 금기는 금기가 아니다. 크리스토프는 트루먼에게 물과 직면하게 함으로써 공포로 각인된 금기를 상기시킨다. 하버 섬에 가서 고객과 상담하라는 직장 상사의 명령은 금기로서의 물이 어릴 때 각인된 옛날 이야기가 아니라 지금 이 시간에 활동하는 힘임을 트루먼에게 각인시킨다. 그런 트루먼이 실비아와 함께 바닷가 백사장에 있다는 것은 의미심장한 일이다.

　실비아와 함께 있는 트루먼이 물에 대한 공포를 인식하지 못하는 것은 상징적인 의미가 있다. 실비아와 함께 트루먼은 금기를 넘어간다. 에덴동산에서 아담이 하와와 있으면서 선악과를 인식하지 못했듯이 트루먼은 물이 주는 근원적인 공포를 잊어버린다. 또한 물에 대한 공포를 넘어가는 것은 메릴에 의해서 시도된다. 트루먼은 혼자서 물이라는 근원적인 공포를 넘어서지 못한다. 하버 섬으로 가는 선착장에서 물을 건너지 못한 것은 트루먼 혼자 그 앞에 서 있었기 때문이다. 실비아가 함께했기 때문에 바닷가에서 물에 대한 공포를 잊어버린 것처럼 메릴과 함께할 때 트루먼은 다리를 건너갈 수 있었다. 영화는 눈을 감은 트루먼이 억지로 조수석에 앉은 메릴에게 운전하게 해서 다리를 건너는 장면을 보여 준다. 금기는 트루먼에 의해서 깨진다. 금기는 메릴에게 주어진 것이 아니다. 선악과라는 금기가 하와에게 주어진 것이 아니다. 아담에게 주어진 것이다. 먹는 것으로 하와의 눈이 밝아지지 않았다. 하와가 먹고 아담이 먹어야 눈이 밝아진다.

트루먼의 의식을 깨어나게 하는 여러 장치는 기획된 것이 아닐까? 익사 처리된 아버지가 부랑자의 모습으로 다시 나타나는 것은 우연이었을까? 아니 그보다 먼저 크리스마스 선물에서 아버지가 "서프라이즈"하고 나타나는 것과 트루먼 쇼라고 수놓은 옷을 입고 패러 글라이더를 타고 내려오는 장면은 우연이었을까? 씨헤븐에 크리스토프가 통제할 수 없는 상황이 과연 존재할 수 있을까?

모든 사람이 너를 알고 있다. 보이는 모든 것은 연출이라고 말하는 실비아는 씨헤븐에서 쫓겨난다. 그러나 아버지는 씨헤븐에 계속해서 나타난다. 아버지는 씨헤븐에서 쫓겨난 것이 아니다. 아버지는 씨헤븐에서 쫓겨날 수가 없다. 왜냐하면 아버지가 출연해야 크리스토프가 등장할 수 있는 합법적인 근거를 확보하기 때문이다. 아버지 때문에 크리스토프는 영화의 전면에 나선다. 그는 말론의 입을 통해서 "내가 너에게 마지막으로 하는 것이 있다면 그건 너에게 거짓말을 하는 것이다"라고 말하면서 트루먼이 죽었다고 믿는 아버지와 만나게 하는 장면을 연출하며 등장한다. 크리스토프의 연출은 사람들을 온통 감동의 도가니에 빠뜨린다. 의심하는 트루먼도, 씨헤븐 밖의 수많은 시선들도, 심지어 연출하는 크리스토프 자신도 감동에 젖어든다.

아버지는 크리스토프에게 필요한 존재다. 아버지를 통해서 트루먼에게 근원적 공포인 금기를 설정했고, 아버지와의 재회를 연출해서 크리스토프는 트루먼 쇼의 진실에 대해서 말하게 된다. 물론 직접적으로 말하는 것이 아니라 간접적이고 상징적으로 말한다.

「트루먼 쇼」는 성경의 이야기다. 씨헤븐을 둘러싼 바다를 사이에 두고 몰래 카메라 형식으로 재연한 두 사람의 이야기다. 첫번째 사람은 아담이다. 두번째 사람은 예수다. 트루먼 쇼가 진행되는 씨헤븐은 성경의 에덴동산을 상징한다. 크리스토프는 에덴을 만든 하나님을 상징한다. 성경에 나오는 에덴에는 선악을 알게 하는 금지된 나무가 있다. 하와를 유혹하는 간교한 짐승인 뱀이 있다. 뱀의 유혹에 넘어가서 선악과를 먹은 하와가 있다. 하와가 주는 선악과를 먹는 아담이 있다.

거기에 있는 아담과 하와는 하나님이 만들었다. 거기에 있는 뱀도 하나님이 만든 것이다. 뱀이 어떻게 하나님이 만든 천국에서 유혹자로 있는지는 분명하지 않지만 하나님이 그곳에서 쫓아내지 않았다는 것은 부인할 수 없다. 씨헤븐에서 실비아는 뱀을 상징한다. 에덴에서 뱀이 하와에게 호기심을 불어넣어 하나님의 말씀에 대해서 의심하게 한 것처럼 실비아는 트루먼에게 의문을 갖게 한다. 강제로 차에 태워져 어디론가 끌려가면서 실비아는 트루먼에게 모든 것은 가짜다, 모든 것은 촬영 세트다, 그리고 여기에서 자기를 찾으라고 말한다.

씨헤븐에서 실비아는 쫓겨나지만 트루먼에게는 가장 가까운 친구인 말론이 있다. 말론은 씨헤븐에서 크리스토프를 대리하는 인물이다. 씨헤븐 밖에서 크리스토프가 아버지와 트루먼의 재회를 연출했지만 씨헤븐 속에서는 그 역할을 말론이 한다. 크리스토프는 말론에게 자기의 말을 넣어 줌으로써 트루먼의 제일 친한 친구가 자신이라는 것을 밝힌다. 트루먼에게 크리스토프는 절대 너를 속이지 않는다고 말한다.

메릴은 하와를 상징한다. 하나님이 아담에게 준 하와가 있듯이 트루먼에게는 크리스토프가 준 메릴이 있다. 아담이 부모 없이 세상에 태어난 것처럼 트루먼의 진짜 부모가 누구인지 알 수 없다. 씨헤븐에서는 트루먼을 제외한 모든 것은 가짜다. 트루먼만이 진짜다. 그곳에서 크리스토프는 하나님이다. 트루먼을 찾기 위해서 한밤중에도 태양을 불러낸다. 트루먼을 멈추기 위해서 폭풍우도 일으키고 번개도 내리친다. 한밤중에 불러들인 태양에도 트루먼이 보이지 않자 크리스토프는 씨헤븐의 모든 것을 처음 포지션으로 돌려 버린다. 모든 것은 마치 그림처럼 원래 시점에서 정지된다.

　실비아는 하나님에게 대적하는 사탄을 의미한다. 씨헤븐에서는 트루먼을 유혹하는 뱀이지만, 쫓겨난 다음에는 크리스토프를 대적하는 유일한 대적자다. 아버지도 배역에서 쫓겨났지만 대적자가 된 것은 아니다. 대적자는 크리스토프가 만든 천국에 있지 않다. 천국에서 쫓겨난 자만이 천국을 만든 분의 대적자가 된다. 그 유일한 대적자가 바로 실비아다. 실비아는 무슨 권리로 트루먼을 동물원의 원숭이로 만들고 새장의 새처럼 가두었냐고 죄책감도 없냐고 크리스토프를 비난한다. 크리스토프는 실비아에게 다음과 같이 말한다. "트루먼에게 정말로 좋은 것이 무엇인지 아는냐? 트루먼을 판단할 만한 자격이 있느냐? 트루먼은 진실을 알 수 있는 상황에 있었지만 알려고 하지 않았고, 지금의 삶에 익숙해진 것이 너를 화나게 하는 것 아닌가?"

　크리스토프의 지적대로 알려고만 한다면 진실은 트루먼에게 언제든지 밝혀질 수 있었다. 실비아가 남겨놓은 스카프에 있는 배지와 거기에 쓰여진 문구는 "어떻게 끝이 날까(How's it going to end)"는 트루먼이 메릴 몰래 보았던 것이다.

피지에 대한 막연한 동경도 크리스토퍼에 의해서 트루먼에게 주입된 것이다. 피지는 씨헤븐을 떠나야만 닿을 수 있는 곳이다. 물의 공포를 통한 금기를 트루먼에게 각인시켜 놓고, 피지에 대한 동경을 꿈꾸게 만드는 크리스토프의 태도는 모순되어 보인다. 크리스토프가 트루먼에게 진정으로 원하는 것은 무엇일까? 트루먼이 씨헤븐에 머무는 것이 그가 진정 원하는 것일까? 아니면 씨헤븐 밖으로 나가는 것이 크리스토프가 원하는 것일까?

하나님은 아담이 에덴에 머물러 있기를 원하셨을까? 아니면 에덴 밖으로 나가서 자신의 삶을 개척하기 원하셨을까? 남든지 떠나든지 한 가지 분명한 것은 아담도 트루먼도 행복하기를 원한다는 것이다.

트루먼은 예수를 상징한다. 서른에 예수는 집을 떠나 광야로 간다. 요셉의 아들 예수로서 나사렛에서의 삶은 서른까지다. 서른 이후부터는 하나님의 아들로서 예수의 삶이다. 트루먼은 서른이 되었을 때 씨헤븐을 떠난다. 씨헤븐을 비추던 카메라가 바다를 비췄을 때, 능숙한 솜씨로 요트를 조정하는 트루먼이 거기에 있다. 트루먼이 어떻게 해서 물에 대한 공포를 이겨냈는지는 중요하지 않다. 트루먼이 어떻게 능숙한 솜씨로 요트를 조정하는지도 관전 포인트가 아니다. 중요한 것은 트루먼이 바다를 항해하고 있다는 것이다.

바다에서 트루먼과 크리스토프의 대면이 중요하다. 거기에서 겹쳐지는 성경의 스토리와 상징들이 중요하다. 트루먼이 타고 가는 배의 이름이 산타 마리아다. 산타 마리아는 예수의 어머니다. 예수는 성모 마리아의 몸을 통해서 세상에 태어났다. 트루먼이 산타 마리아를 탄 것은 그가 예수라는 것을 상징한다. 트루먼을 향해서 크리스토프가 폭풍우를 일으킨다. 다시스로 가는 배를 탄 요나를 되돌리려고 하나님이 폭풍우를 일으키는 것처럼, 트루먼을 되돌리기 위해 크리스토프는 폭풍우를 일으킨다. 하나님이 다시스로 가는 배에 탄 선원을 이용해서 요나를 바다에 던진 것처럼, 크리스토프도 번개를 내리쳐서 트루먼을 바다에 던진다. 사력을 다해서 배에 올라온 트루먼은 폭풍우에 저항하기 위해서 자신의 몸을 로프로 묶는다. 트루먼이 십자 모양으로 로프를 몸에 감을 때, 크리스토프는 폭풍우를 최고점으로 끌어 올린다. 모든 사람이 보는 앞에서 트루먼을 죽일 수 없다고 외치는 제작자에게 크리스토프는 "그가 태어날 때 모든 사람이 보았다"라고 말한다.

그렇다. 아담의 태어남과 예수의 태어남은 모든 사람이 본 것이다. 수많은 태어남과 죽음이 언제나 우리 곁에 있지만 모든 태어남과 죽음이 만인에게 공개되는 것은 아니다. 한 사람의 태어남과 한 사람의 죽음만이 만인에게 공개된 태어남과 죽음이다. 첫번째 아담의 태어남은 모든 사람에게 공개되었다. 두번째 아담의 죽음은 모든 사람에게 공개되었다. 성경은 두번째 아담인 예수의 죽음을 아버지인 하나님이 아들인 예수에게 주는 십자가라고 말한다. 겟세마네 동산에서 예수의 기도는 아버지가 주는 십자가를 피하고 싶은 자신의 고뇌를 담고 있고, 십자가에서 예수의 죽음은 그것을 받아들인 예수의 의지를 표현한다.

트루먼은 배와 함께 뒤집어져서 물에 빠진다. 크리스토프가 폭풍우를 잠잠게 해서 그를 끌어내지 않았다면 물속에 잠긴 채로 있었을 것이다. 하늘이 맑아진 후 트루먼은 자신의 몸에 두른 밧줄을 풀고 돛대를 올린다. 이 장면은 부활을 상징한다. 나사렛 예수가 부활한 주님으로 나타나는 것을 상징하는 것이다.

영화는 펼쳐진 돛에 새겨진 139라는 숫자를 선명하게 보여 준다. 139는 상징의 숫자다. 1과 3은 삼위일체를, 9는 성경에서 사탄을 의미하는 666을 의식해서 감독이 만든 상징이다. 9=3+3+3이다. 즉 9가 333이다. 666이 완전한 사탄을 의미한다면 333은 완전한 신을 의미한다. 돛대에 있는 139는 트루먼이 십자가에서 죽고 부활한 신인 예수를 상징한다.

바다를 가로질러 씨헤븐의 저편에서 트루먼이 만난 것은 벽이다. 벽은 첫 번째 사람, 아담으로서 트루먼이 넘어야 할 마지막 관문이다. 선악을 아는 열매를 먹은 것은 에덴에서의 마지막 이야기가 아니다. 하나님의 부름과 아담의 대화가 끝난 다음에 에덴 밖의 이야기가 시작된다. 배가 벽에 부딪치고 트루먼이 계단을 올라간 후 문을 연 다음에 "너는 나에게 말할 수 있고 나는 들을 수 있다"는 크리스토프의 말이 들려온다. 트루먼에게는 하늘밖에 보이지 않기 때문에 하늘을 향해서 올려다보지만 크리스토프에게는 언제나 그렇듯이 트루먼을 내려다보면서 말한다. 선과 악을 아는 열매, 금기의 열매를 먹은 후 숲에 숨은 아담을 하나님이 내려다보면서 "아담아, 네가 어디 있느냐" 하고 불러내는 에덴의 대화가 크리스토프와 트루먼의 대화와 겹쳐진다. 문을 열고 망설이는 트루먼이 크리스토프를 부른다. "당신은 누구냐"

라는 트루먼의 물음에 크리스토프는 "자신은 수많은 사람에게 희망과 기쁨을 주는 프로그램을 만드는 사람이고 트루먼은 자신이 만드는 스타"라고 말한다. "모든 것이 거짓이지만 트루먼은 진실하다. 바깥세상에는 진실이 없지만 자기가 만든 세상에는 진실이 있고, 바깥세상에는 두려움이 가득하지만 안의 세상은 두려워할 것이 없다. 너 보다 너를 잘 안다. 너는 두려움 때문에 떠나지 못한다. 너는 나와 함께 여기에 속해 있다"는 말에 반박하듯이 트루먼은 "혹시 못 볼지 모르니까 굿 에프터눈, 굿 이브닝, 굿 나잇" 하면서 고개 숙여 인사하고 문 밖으로 사라지고 실비아와 수많은 청취자들이 환호성을 지른다.

에덴에서의 하나님과 아담의 대화처럼 크리스토프와 트루먼의 대화에서도 말을 많이 하는 쪽은 크리스토프다. 에덴의 아담과 씨헤븐의 트루먼이 다른 점은 아담은 하나님에 의해서 에덴동산 밖으로 떠밀려나가고, 트루먼은 스스로 떠난다는 것이다. 에덴의 하나님과 씨헤븐의 크리스토프가 다른 점은 하나님은 비난받지 않지만 크리스토프는 비난받는다는 것이다. 그러나 어떻게 떠나든 방법의 문제와 무관하게 결과는 동일하다. 남은 자는 하나님과 크리스토프이고, 떠난 자는 아담과 트루먼이다.

그러나 하나님과 크리스토프가 그들의 세계에 남겨져 있음에도 불구하고 그들의 미래는 동일하지 않다. 하나님은 에덴에 남겨진 생명나무를 보호하기 위해서, 즉 아담이 생명나무로 가는 길을 차단하기 위해서 화염검을 둘렀지만 크리스토프는 밖으로 통하는 문을 닫지 않았다. 누군가 그 문을 통해서 밖으로 나올 수 있도록 열어 놓았다. 우리는 먼 미래에 그 문을 통과해서 밖으로 나올 누군가가 크리스토프일지도 모른다는 상상을 하게 된다.

「트루먼 쇼」는 이름에 맞게 'true man' 진짜 인간에 대한 이야기다. 성경이 말하는 첫 사람 아담과 둘째 아담인 예수의 이야기를 결합한 true man에 대한 진지한 고찰이다. 첫 사람 아담이 우리와 같은 true man이 되는 것은 시간과 역사와 문화가 만들어지는 에덴 밖에서부터다. 선악과와 관련된 아담의 선택과 결정, 그의 행위는 인간으로서 존재하는 행위의 시작인 것이다. 존재가 행위를 규정하는 것이 아니라 행위가 존재를 규정한다. 하나님이 첫 사람을 아담, 즉 인간이라고 규정했다고 해서 아담이 인간이 된 것은 아니다. 인간으로서의 행위를 통해서 인간이 되는 것이다. 하나님의 규정은 존재의 규정이며 아담의 행위는 그 규정에 부합되는 존재로 되어가는 것이다.

예수는 십자가에서 죽고 부활해서 true man, true God 참된 인간이면서 동시에 참된 신임을 드러낸다. 예수의 죽음과 부활을 통해서 예수가 드러내는 참된 인간됨은 참된 신이심에서 드러난 것이고, 그분의 참된 신이심은 참된 인간됨 안에서 드러난다. 아담을 통해서 드러나는 인간의 참됨이 되어 감에 있다면, 예수를 통해서 나타난 인간의 참됨은 신이심에 근거한 인간됨의 참모습이다. 아담을 통해서 되어가는 인간의 인간됨은 예수에게서 드러난 참된 인간의 모습 속에서 그 본래적인 의미를 찾게 된다. 아담에게 인간이라고 부르는 규정은 예수 안에서 인간의 본질과 참됨에 근거한 규정이고 아담의 행위를 통해서 되어가는 인간됨은 예수 안에 있는 참된 인간의 본질과 만날 때까지 계속되는 진행형이다. '되어감'은 되어 있음에 근거하고

'되어짐'은 있음을 통해서 실체가 확인된다.

「트루먼 쇼」는 인간됨의 존재와 행위, 행위와 존재의 관계를 씨헤븐을 통해서 규명하고 있다. 행위는 책임이 수반된다. 책임은 시간과 역사와 문화를 만들어 가는 주체적인 결단과 결과에 대해 책임을 지는 것이다. 아담도 트루먼도 자신이 주체가 되는 시간과 공간이 있는 삶의 영역으로 옮겨갔다. 전적으로 아담과 트루먼의 의지와 행위에 의해서 일어난 결과일까? 그들이 성숙할 때까지, 즉 인식이 떠오르고 행위에 대한 의지가 발생할 때까지 인큐베이터 같은 공간 안에서 돌보는 하나님과 크리스토프의 기다림이 있었기 때문에 일어난 것이 아닐까? 하나님과 크리스토프가 막지 못해서 막지 않았을까? 하나님과 크리스토프가 에덴과 씨헤븐에 머물러 있는 아담과 트루먼을 떠나게 한 것은 아닐까? 그들의 떠남도 하나님과 크리스토프의 계획에 의한 것이 아닐까?

인간의 자유 행위는 하나님의 결정과 반드시 모순되는 것은 아니다. 그것은 하나님이 결정하신 결과다. 하나님의 결정이 먼저이고 인간의 자유 행위가 나중이면 결정론이 된다. 그러나 인간의 의지가 우선되고 행위의 결과를 받아들이는 것이 하나님의 결정이라면 결정론이 아니다. 인간의 의지에 앞선 하나님의 결정은 인간을 인간이 아닌 존재로 만들어 버린다. 「트루먼 쇼」는 인간의 의지를 받아들이는 하나님의 결정을 설정함으로써 의지의 자유와 신의 결정에 대한 바른 이해를 설정하고 있다.

우리에게 주어진 축복,
오늘

Film 3

플레전트빌 Pleasantville

「플레전트빌」은 흑백과 컬러의 대비, 그리고 현실과 가상의 교차적 구조를 지닌 독특한 형식의 영화다. 영화에서 흑백은 순수(욕망의 결핍 상태를 의미함)를 의미하고, 컬러는 깨어남(내면에 내재한 자아의 본질을 인식하는 것을 의미함)을 상징한다. 흑백에서 컬러로 교체되는 것은 순간이지만 결코 순간적으로 일어나지 않는다. 인식이 깨어나는 내면적 현실은 자각을 통해서 완전히 깨어나기 전에 거쳐야 할 단계가 있다. 영화는 그러한 단계를 자각이라는 양식을 통해서 표현한다. 영화에서는 자각의 완전한 깨어남을 얼굴과 몸이 컬러로 바뀌는 것으로 표현된다. 인식의 깨어남이 시작되는 단계는 시선이 머무는 곳에서 컬러가 피어나는 것이다. 영화는 지각에서 자각으로의 완전한 나아감을 플레전트빌 전체가 컬러로 바뀌는 것으로 그려내고 있다. 따라서 플레전트빌의 미학은 흑백의 현실에

서 컬러의 현실로 교체되는 방식을 사
용해서 인식이 깨어나는 과정을 상징적
으로 표현하는 것에 있다. 「플레전트빌」
에서 흑백과 컬러의 대비는 표현 방식
이 아니다. 마샬 맥루한의 말처럼 흑백
과 컬러의 대비는 메시지다.

Pleasantville, 1998
감 독 게리 로스
출 연 토비 맥과이어(데이비드), 제프 다니엘스(빌 존슨),
　　 조안 알렌(베티 파커), 윌리암 H. 머시(조지 파커)

　「플레전트빌」이 전하는 것은 우리가
살아가는 현실만이 참되다는 것이다.
영화 속에는 두 개의 현실이 존재한다. 하나의 현실은 데이비드와 제니퍼가
살아가는 1998년의 미국의 일상이다. 다른 하나는 데이비드와 제니퍼가 들
어가게 되는 텔레비전 프로그램인 '플레전트빌' 이다. 영화에서 데이비드와
제니퍼가 들어가게 되는 시점은 1958년이다. 데이비드와 제니퍼가 플레전
트빌 안으로 들어가기 전까지 영화에 실재하는 현실은 1998년의 미국의 보
통 싱글맘(single mom)의 일상이다. 그들이 플레전트빌에 들어간 후에는
1958년의 플레전트빌의 현실이 시작된다. 영화는 1950년대 미국의 보통 가
정과 1990년대의 결손 가정을 대비시킨다.
　영화가 두 개의 시점과 현실을 대비시키는 것은 일상으로 실재하는 현실
만이 참 실제임을 설파하기 위해서다. 그러나 그 과정은 단순하지 않다. 매
우 복잡한 구조를 갖고 있다. 처음부터 실재하는 두 개의 현실이 아니라 두
개로 실재하게 된 현실을 그려내고 있기 때문이다. 즉 있고 싶은 가상의 현
실과 도피하고 싶은 현실의 교차적 구조 속에서 이야기가 전개되는 가운데

가상과 현실이 바뀌어 버린다. 머물고 싶던 현실은 떠나는 장소가 되고, 머물고 싶지 않은 장소는 머무는 현실이 된다. 다시 말해서 꿈으로 현존하던 장소는 실재를 이루어가는 현실이 되며, 실재가 된 꿈의 장소는 더이상 꿈꿀 것이 없는 현실이 되기 때문에 꿈을 꿀 수 있는 장소로 돌아가는 것이다. 그리고 이 모든 것을 영화는 색감을 통해서 표현한다.

영화에서 플레전트빌은 실재하는 일상이 아니라 가상의 현실이다. 일상에서 벗어나고 싶어하는 데이비드가 시청하는 텔레비전 프로그램이다. 그러나 데이비드가 꿈꾸는 세상을 반영하는 한 그것은 더이상 프로그램이 아니라 가고 싶은 이상향이다. 엘도라도나 아틀란티스 같은 이상향이 아니라 천국이다. 사람들이 찾는 이상향은 황금의 도시, 엘도라도나 전설의 도시, 아틀란티스다. 성경에 나오는 천국은 이상향이다.

엘도라도나 아틀란티스와 천국은 근본적으로 다르다. 엘도라도와 아틀란티스는 이 세계에 현존하는 이상향이다. 그러나 천국은 이 세계 안에 있지 않다. 엘도라도와 아틀란티스는 여기에 있기 때문에 찾기만 하면 그곳에서 발견한 부와 행복을 세상 안으로 가져올 수 있다. 그러나 천국은 사람들이 꿈꾸기만 할뿐 적극적으로 찾아다니지 않는다. 왜냐하면 천국이 현실에 존재하지 않는 것을 알기 때문이다.

천국은 세상을 떠나야만 갈 수 있는 곳이다. 사람들은 이 세상을 떠나서 저 세상으로 가고 싶어하지 않는다. 아무리 현실이 고통스럽더라도 현실에서 살아 있는 것이 천국에서 실존하는 것보다 더 현실적이라는 것을 잘 알기 때문이다. 천국은 사람들의 꿈에서만 존재하는 곳이다. 세상에서 살면서 흘렸던 눈물과 슬픔을 더이상 저 세상에서는 흘리지 않기 바라는 마음에서 그려내는 이상향이 천국이다.

영화는 옛날 옛적, 미래에 대한 불안을 주는 것으로부터 시작한다. 학교에서 미래에 대한 불안과 불확실에 대해서 확실히 가르친다. 너희들이 졸업할 때면 직업을 얻기가 힘들고 월급은 낮아진다. 노숙자들이 급증할 것이다. 에이즈에 걸릴 확률은 150 대 1이다. 차 사고로 죽을 확률은 2500 대 1이다. 나이 서른이 되면 지구의 온도는 2.5도 상승해서 재앙이 올 것이다.

그러나 데이비드는 말한다. 플레전트빌에는 노숙자가 없다. 거기에는 행복만이 있다. 플레전트빌은 천국이다. 반면에 데이비드와 제니퍼가 들어가게 되는 플레전트빌은 실재의 세계다. 따라서 데이비드에게는 세 개의 가상현실과 실재의 현실이 공존한다. 데이비드가 꿈꾸는 천국인 플레전트빌, 데이비드가 들어간 현실의 플레전트빌, 그리고 데이비드의 일상적인 삶이 있는 현실이다. 하지만 제니퍼에게는 일상이라는 하나의 현실만이 존재한다. 플레전트빌이라는 현실이다. 그러나 데이비드와 함께 플레전트빌에 들어간 후에 제니퍼에게 일상의 현실은 의미가 없고 플레전트빌이 현실의 의미가 된다. 그래서 제니퍼에게는 되돌아갈 현실이 없다. 데이비드의 어머니에게는 일상의 현실만 존재한다. 영화에서 어머니는 일상의 현실에서 도피하다 일상으로 되돌아온다. 두 명의 사춘기 자녀를 키우는 싱글맘에게는 혼자 감당해야 하는 현실의 무게로부터 상상으로나마 도피할 수 있는 플레전트빌은 존재하지 않는다.

존슨, 베티, 조지, 마가렛, 스킵 마틴, 시장에게 존재하는 현실은 플레전트빌이다. 시작부터 마지막까지 플레전트빌 주민에게는 플레전트빌만이 실제하는 현실이다. 영화는 플레전트빌 주민에게 있어서 밖에 실재하는 공간을 꿈꾸는 공간으로 남겨놓는다. 영화가 시작할 때는 실제와 가상이 명확하게 구분되었다. 영화가 끝날 무렵에는 가상과 실제가 뒤범벅이 되고 텔레비전에 바깥세상이 비춰진다. 플레전트빌과 같은 색깔을 가진 세상이다. 컬러로 바뀐 다음에 플레전트빌은 바깥세상과 동일한 세상이 된다. 아니 세상의 일부가 된다. 그러나 아이러니한 것은 플레전트빌 안에 있는 사람 그 누구도 밖의 세상에 대해서 알지 못한다는 것이다. 아니 관심도 없다. 밖으로 나가는 사람도 없다. 오직 밖에서 들어온 두 사람만이 바깥세상으로 나갈 수 있다. 그마저 한 명은

플레전트빌에 남는다. 컬러가 된 플레전트빌은 플레전트빌 주민에게 유일한 실재인 것이다.

플레전트빌은 흑백의 세상이다. 보이는 모든 것이 흑백이다. 데이비드와 제니퍼도 거기서는 흑백이다. 흑백은 순수다. 순수란 없음을 의미한다. 플레전트빌에는 없는 것이 많다. 아무렇게나 던져도 정확하게 들어가는 공 때문에 실패는 없다. 따라서 결코 지는 법이 없다. 책에는 글씨가 없고 도로는 끝없이 이어져 있다. 침대는 각각 분리되어 있고 스킨십이 없다. 성적 욕망이 없다. 언제나 화창하고 똑같은 날씨가 반복되기 때문에 비도 없고 번개도 없다. 화재도 없다. 소방관은 고양이를 구출하기 위해서 출동한다. 불이라는 말 자체를 모른다.

플레전트빌에는 있는 것이 많다. 순서가 있다. 조지가 집에 들어와서 "여보, 나 왔어(honey, I am home)" 한 다음 가방을 내려놓고 모자를 옷걸이에 걸면 아내가 맞이한다. 버드가 정해진 시간에 식당에 도착하면 존슨은 식탁을 닦고 버드는 냅킨과 잔을 정리하고 존슨이 감자튀김을 만든다. 스킵 마틴은 메리수에게 핀을 준 이후에 연인들의 호수로 데려 갈 수 있다.

그리고 규칙이 있다. 크리스마스 때에는 존슨에게 때에 맞는 그림을 선정해서 그리는 것이 허락된다. 마가렛은 과자를 구워서 와이티에게 준다. 시장이 들어오면 이발하던 사람은 자리를 양보한다. 조지가 6시에 집에 돌아오면 식탁에는 저녁이 차려져 있어야 한다. 플레전트빌에는 일상이 있다. 아침이 있고 저녁이 있다. 학교가 있고 집이 있다. 일이 있고 삶이 있다.

흑백이 주는 순수는 깨끗함을 의미한다. 깨끗함이란 동일함이다. 언제나 동일한 것은 순수하다. 순수한 것만이 동일하다. 어른이 어린아이의 심성을 가진 것을 사람들은 순수하다고 한다. 세상의 더러움에 물들지 않았기 때문이다. 흑백은 순서와 질서, 규칙과 규범이 순수하다고 말하는 상징이다.

플레전트빌에는 발생하는 것이 있다. 의문과 불안이다. 제니퍼에게서 의문이 발생한다. 데이비드에게는 불안이 발생한다. 제니퍼에게 의문이 발생하는 것은 책에 글씨가 없는 것을 발견한 후에 시작된다. 데이비드에게 불안이 발생하는 것은 스킵 마틴이 던진 공이 바스켓에 들어가지 못한 데서 시작된다. 영화는 공이 튕겨나와 구르는 모습을 보고 두려워하는 코치와 선수들을 비춰준다. 있을 수 없는 일이 일어났기 때문이다. 그러나 그들의 두려움은 데이비드에게 발생한 불안과 비교할 수 없다. 그들의 두려움은 내면에 내재된 본질에서 발생한 것이 아니라 우연히 마주친 낯선 현상에서 기인한 것이기 때문이다.

반면에 데이비드의 불안은 더 깊은 곳에서 발생한다. 불안과 두려움의 근원이 우연히 마주친 현상에 있는 것이 아니라 데이비드의 내면에 있다. 우연히 마주친 낯선 현상에서 발생한 불안과 두려움은 오래가지 않는다. 우연히 마주친 두려운 현상은 곧 익숙해진다. 그리고 자아가 현상과 익숙해지는 순간부터 현상은 일상이 된다.

그러나 자아의 내면에서 발생한 불안과 두려움은 그렇지 않다. 일상에서 마주친 낯선 현상에서 기인한 것이 아니기 때문에 익숙해질 수 없다. 내면에서 발생하는 불안과 두려움은 인식의 깨어남 없이는 극복할 수 없다. 자아의 내면 깊이 자리잡고 있는 불안은 근원적이며, 실존적이기 때문에 두려움의 대상이 농구 공이 골대를 맞고 튕겨나가는 그런 낯선 현상에 있지 않다. 모든 것은 자아 안에 있다. 주체가 자아 안에 있는 본질과 대면하는 것을 두려워하기 때문에 불안이 발생한다. 불안과 두려움은 자아가 주체에게 보내는 신호다. 주체가 인식하지 못했음에도 불구하고 의식의 깊이에서 자아가 깨어나는 신호를 보내는 것이 불안이다. 두려움은 주체인 자아가 보내는 신호를 인식했음에도 불구하고 대면해야 할 대상을 왜곡할 때 발생한다. 즉 인식하지 못했음에도 불구하고 깨어나는 자아를 어렴풋이 인식하는 주체가 불안에서 벗어나기 위해서 선택하는 방식이 두려움이다. 따라서 두려움에서 불안이 발생하는 것이 아니라 불안에서 두려움이 발생한다. 불안에서 벗어나기 위해서 주체는 앞에 있는 대상에게 두려움을 투영한다.

데이비드는 농구장에서 일어난 사건의 원인이 자기 때문임을 인식한다. 데이비드가 넌지시 언지한 메리수가 조금 변했기 때문에 메리수(제니퍼)에게 핀을 주지 않는 게 좋겠다고 한 말 때문에 불안해진 마틴에 의해서 질서와 규칙이 흔들렸기 때문이다. 플레전트빌의 시 스템을 지키기 위해서 데이비드는 제니퍼에게  스킵 마틴이 핀을 줄 때 받으라고 설득한다. 스킵 마틴의 농구 실력이 줄어든 것이 대단한 사건인 것을 인식하지 못하는 제니퍼에게는 플레전트빌 사람들에게 발생하는 불안의 의미와 결과를 예측하는 것은 무리다. 마찬가지로 데이비드도 불안의 참모습을 인식하지 못한다. 데이비드가 인식하는 두려움은 플레전트빌이 천국이 아니라 현실이 되는 것이다. 플레전트빌이 그대로 남아 있는 한 그곳은 현실을 회피하고 도피할 수 있는 이상향인 천국이 된다.

그러나 데이비드의 내면의 자아가 인식하는 두려움은 플레전트빌의 변화가 아니라 자신이 변화하는 것이다. 데이비드는 불안과 두려움의 본질을 인식하지 못하고 있다. 대면해야 할 대상은 플레전트빌이 아니라 자아다. 깨어난 인식과 대면할 때까지 두려움은 사라지지 않는다. 두려움의 본질이 자아의 내면에 있다는 것을 인식하는 순간 존재는 변한다. 자신과 대면할 때까지 데이비드는 불안과 두려움에서 도피한다. 제니퍼를 비난하는 것이다. 그들에게 자신들의 언어인 쿨이라는 말을 가르치는 것을 비난한다. 이들은 존재하는 자가 아니다. 이들은 그대로 있는 것이 행복하다. 따라서 존재하지 않는 자에게 그렇게 할 필요는 없다.

한편 제니퍼는 데이비드가 대면해야 할 자아이기도 하다. 제니퍼는 데이비드에게 말한다. "어쩌면 변화하는 것이 더 좋을지 모른다. 너는 그렇게 생각하지 않는가. 너는 정말 여기를 좋아한다. 그래서 여기가 변화하지 않는 채로 있기를 원한다. 너는 그들에게는 잠재된 욕구가 없다고 말한다. 그러나 여자에게는 잠재된 욕망이 있다(남자 앞에서 핑크색으로 변한 풍선껌을 부는 여자를 가르킨다). 아무도 이런 옷을 입고 행복해 할 사람(자신이 입고 있는 옷)은 없다. 이들은 자신의 매력을 모른다."

데이비드와 제니퍼는 각각의 인격을 지닌 개별적인 주체가 아니다. 데이비드의 또 다른 자아가 제니퍼다. 영화에서 데이비드와 제니퍼는 쌍둥이로 나온다. 그러나 아이러니하게도 어머니의 현실에서는 제니퍼가 존재하지 않는 것처럼 그려낸다. 영화의 시작 부분과 마지막 부분에 어머니가 등장한다. 어머니가 등장하는 장면에서 어머니와 만나는 사람은 데이비드 뿐이다. 어머니는 제니퍼가 존재하지 않는 것처럼 행동한다. 데이비드도 제니퍼에 대해서 어머니에게 아무런 말도 언급하지 않는다. 단지 데이비드에게 언제 그렇게 멋진 남자가 되었냐고 물어볼 뿐이다.

영화가 데이비드와 제니퍼를 쌍둥이로 만든 것은 우연이 아니다. 데이비드와 제니퍼를 쌍둥이로 만들었기 때문에 제니퍼는 데이비드가 대면해야 할 자신의 자아가 된다. 제니퍼가 데이비드의 자아를 상징함으로써 영화는 중요한 문제를 해결한다. 불안과 의문이 개별적 인격체에서 발생하는 별개의 정신이 아니라 한 주체에게서 동시에 발생하여 인식이 깨어나는 과정이라는 것을 보여 준다. 그리고 그 과정은 변증법적이다. 불안과 의심은 정신의 작용에서 대립적으로 발생한다.

영화에서 의문이 발생한 제니퍼는 변화를 일으키는 주체가 되고, 불안이 발생한 데이비드는 흑백의 순수를 지키려고 한다. 데이비드는 제니퍼에게 대립하고 제니퍼는 데이비드에게 대립한다. 그러나 아이러니하게 데이비드와 제니퍼에 의해서 플레전트빌은 컬러로 바뀌어 간다. 제니퍼에 의해서 육체가 깨어나고, 데이비드에 의해서 정신이 깨어난다. 제니퍼에 의해서 깨어나는 육체는 인간의 내면에 감추어진 욕구를 의미하고, 데이비드에 의해서 깨어나는 정신은 내면에 잠재된 의지를 의미한다. 제니퍼가 깨우는 것은 성에 대한 욕구다. 데이비드가 깨우는 것은 의지에 대한 욕구다. 성적 욕구와 의지의 욕구는 플레전트빌에서는 금기다. 그러나 인간의 본성 깊은 곳에 본질적으로 내재되어 있는 것들이다. 금기는 본성을 부정할 때 주어진다. 따라서 본성을 인식할 때 금기는 깨지는 것이다.

데이비드와 제니퍼에 의해서 플레전트빌에는 성과 의지가 발생한다. 제니퍼는 마틴을 비롯한 젊은이들에게 성을 일깨운다. 연인들의 호수는 젊은이들이 사랑을 나누는 장소가 된다. 베티도 제니퍼에 의해서 성의 무지에서 깨어난다. 그러나 베티의 깨어남은 스킵 마틴의 깨어남과 같지 않다. 젊은이의 호수 같은 공간이 주어지지 않은 베티에게 성의 깨어남은 은밀하게 이루어진다. 또한 스킵 마틴의 경우는 내면에 잠재된 본질의 깨어남이 아니라 타자에 의해서 주어진 것이기 때문에 성을 알아도 컬러로 변하지 않는다. 베티의 깨어남은 자신에 의해서다. 마치 존슨이 스스로 깨어나는 것처럼 그렇게 베티는 깨어난다. 제니퍼는 베티의 깨어남에 간접적으로 관련되어 있다.

영화는 베티의 인식이 스스로에 의해서 깨어나는 것을 설명하기 위해 두 가지 장치를 한다. 하나는 카드놀이할 때 베티의 카드가 컬러가 되는 것이다. 다른 하나는 베티가 제니퍼에게 젊은이들의 사랑에 대해서 물어보는 것이다. 영화에서 시선이 머무는 곳이 컬러가 되는 것은 깨어나는 인식의 시작을 상징한다. 얼굴이 컬러로 바뀌는 것은 깨어난 인식을 의식하는 자아의 상태를 상징한다. 베티는 카드가 컬러로 바뀐 것을 보았다. 그리고 제니퍼가 가르쳐 준 자위행위를 통해서 온통 세상이 컬러로 변한 것을 바라본다.

베티의 깨어남은 두 가지 의미가 있다. 첫째, 베티의 자위행위를 통해서 플레전트빌에는 화재가 발생한다. 그리스 신화에서 불은 신만이 소유한 것이었다. 그러나 프로메테우스가 불을 훔쳐 인간에게 줌으로 말미암아 인간은 신이 갖고 있는 것을 공유하게 되었다. 성경에서는 선악을 아는 것은 온전히 하나님에게만 속한 것으로 규정한다. 따라서 선악을 아는 나무는 인간에게 금기다. 그러나 아담과 하와가 선악을 아는 나무의 열매를 먹음으로 성경은 "그들이 우리와 같이 되었다"라고 말한다. 플레전트빌에 불이 나는 것은 우연이 아니다. 그것은 상징이다. 금기를 넘어선 행위의 상징이며, 하나님과 인간이 공유하는 그 무엇이 발생한 것을 상징한다. 금기를 넘어감과 동시에 자신이 신적인 존재가 되어가는 것을 상징한다. 여기서 신적인 존재로 되어간다는 것은 신이 된다는 것이 아니다. 신의 본질에 속한 그 무엇이 인간에게 전이된다는 것이다. 성경에서 아담과 하와에게 전이된 것은 시간과 역사를 만들어 가는 주체적 책임이다. 에덴에서는 시간과 역사가 정지되어 있다. 하나님은 에덴 밖으로 아담과 하와를 내보냄으로 그들을 책임적인 주체로 대하시는 것이다. 영화가 끝날 무렵 베티와 조지, 베티와 존슨이 나눈 대화는 그들이 시간과 역사를 만들어 가는 책임의 주체가 되었다는 것을 암시한다.

둘째, 자위행위는 여성의 해방을 상징한다. 입센은 《인형의 집》에서 여성의 해방을 로라의 가출로 상징했다. 어머니로서 아내로서의 자신에 대한 인식에서 여성이라는 자의식이 로라의 가출로 표출된 것이다. 어머니의 역할과 아내의 역할에 대한 의식은 여성이 사회적으로 습득한 이차적인 의식이다. 많은 여성들이 이차적으로 습득한 사회적 자의식을 자신의 본질적 자의식인 것처럼 인식하고 살아간다. 입센은 로라를 통해서 여성이 사회적 자의식에서 본질적 자의식을 찾아가는 과정을 그렸다. 「플레전트빌」은 성의 발견이라는 주제를 통해서 입센의 표현을 심화하고 있다. 여성이 성적인 억압에서 자유하게 된 것은 피임법이 보편화되면서부터다. 여성은 임신과 출산의 굴레에서 벗어날 수 없었기 때문에 성적 욕구를 자유롭게 표현할 수 없었다. 그러나 피임법이 보편화된 이후로 여성들은 진정한 의미에서 성적 욕구의 억압에서 자유로울 수 있게 되었다. 베티의 자위행위는 여성의 억압된 성적 욕구로부터의 해방과 더불어 여성을 억압하던 모든 가부장적 권위로부터의 자유를 상징한다. 베티에게 상징된 자유의 이미지는 화장을 하고 모임에 참석하며 정해진 시간에 저녁을 차려 놓으라고 명령하는 조지에게 분명한 어조로 "노"라고 말하면서 집을 떠나는 것으로 표현된다.

플레전트빌은 천국의 이미지에 에덴의 이미지를 덧칠해 놓은 장소다. 따라서 아담과 하와의 이야기와 플레전트빌 사람들의 이야기가 겹쳐진다. 플레전트빌에서 베티는 하와를 상징한다. 그러나 동시에 현대 여성의 해방을 상징하기도 한다. 따라서 베티만이 하와의 유일한 상징이 아니다. 마가렛도 하와를 상징한다. 영화는 데이비드와 마가렛이 연인의 호수로 가는 길을 아름다운 색깔로 그려낸다. 인식의 떠오름을 상징적으로 암시한 것이다. 그러나 연인들의 호수에서 인식의 진정한 깨어남은 사과를 따먹은 이후다. 마가렛의 내면에 자리잡고 있는 본질은 호기심이다. 플레전트빌 밖의 세상에 대한 호기심이 마가렛으로 하여금 선악과를 상징하는 사과를 따서 데이비드에게 준다. 성경은 하와가 선악을 아는 나무를 바라보니 먹음직스럽게 보였다라고 기록한다. 바라보았기 때문에 욕구가 발생한다. 무엇인가 밖에 있는 것이 보였기 때문에 호기심이 발생하는 것과 같다.

마가렛이 준 사과를 데이비드가 먹은 후에 플레전트빌에는 비가 내리기 시작한다. 비는 연인들의 호수에만 내리는 것이 아니다. 제니퍼가 책을 읽는 방 밖의 창문에도 내리고, 시장을 비롯한 남자들이 사교 모임을 갖는 볼링장에도 내린다. 베티의 집 밖에 있는 나무가 불타는 것과 대조적으로 비는 플레전트빌 전체에 내린다. 또 하나의 금기가 깨진다. 베티를 통해서 깨지는 금기는 가부장적 권위와 여성에 대한 성적 억압이었다. 그것은 개인적인 것이다. 선악을 아는 열매를 아담과 하와가 먹은 후에 하나님은 남은 생명나무를 지키기 위해서 동편을 화염검으로 둘렀다고 성경은 말한다. 마가렛을 통해서 깨어지는 것은 플레전트빌이다. 그것은 결코 개인적인 각성이 아니다. 세상 그 자체가 바뀌는 것이다. 비가 내린 후에 텔레비전 수리공이 등장할 수밖에 없는 것은 플레전트빌을 지키기 위해서다. 성경에서 하나님은 에덴을 지켜낼 수 있었다. 아담과 하와를 에덴 밖으로 쫓아내고 화염검을 둘렀기 때문이다. 플레전트빌에서는 그것이 불가능하다. 데이비드가 텔레비전 수리공과의 대화를 거부하기 때문이다.

마가렛이 하와를 상징하듯 데이비드는 아담을 상징한다. 하지만 데이비드가 유일한 아담을 상징하지는 않는다. 조지와 존슨도 아담을 상징한다. 영화의 마지막 장면에서 조지와 베티의 대화, 그리고 베티와 존슨의 대화가 나온다. 앞으로 어떻게 될 것 같냐는 조지의 질문에 모른다는 베티의 대답이 나오고, 어떻게 될지 아느냐는 베티의 질문에 모른다는 조지의 대답이 있는, 서로 웃는 장면이 나온다. 장면은 다시 이어져서 조지의 자리에 존슨이 앉는다. 그리고 존슨이 대답한다. 자기도 모른다고. 조지가 아담을 상징하지 않는다면 베티는 조지와 존슨 가운데 앉았을 것이다. 조지가 앉은 자리에 존슨이 앉는 것은, 즉 베티가 조지와 존슨 가운데 앉지 않는 것은 조지와 마찬가지로 존슨도 아담을 상징하기 때문이다.

조지는 아직 깨어나지 않은 과거의 아담을, 존슨은 깨어나는 아담을 상징한다. 존슨에게서 깨어나는 의식은 의지다. 성경에서 하와를 깨어나게 하는 것은 호기심이다. 아담을 깨어나게 하는 것은 의지다. 호기심이 선악을 알게 하는 나무의 열매를 먹게 하고, 아담의 의지가 하와가 주는 열매를 먹게 한다. 마가렛에게는 바깥세상에 대한 호기심이 사과를 따게 하고, 베티에게는 이성에 대한 호기심이 그를 깨우는 것이다. 성경은 선악을 알게 하는 나무의 열매를 아담과 하와가 다 같이 먹은 직후에 서로를 이전과 다른 시선으로 바라보게 되었다고 기록한다. 플레전트빌에서는 존슨의 자의식이 깨어나는 직후에 베티와 대면하게 함으로써 서로가 서로를 다른 시선으로 바라본다. 존슨이 베티를 다른 시선으로 바라보고 이어서 베티가 다른 시선으로 존슨을 바라본다.

성경은 아담과 하와가 에덴 밖에서 성을 나눔으로 온전한 하나가 되었다고 기록한다. 존슨과 베티는 존슨의 가게에서 관계를 했다고 암시함으로써 온전한 하나가 되었다는 것을 보여 준다. 따라서 존슨이 베티의 벗은 몸을 보는 것은 우연이 아니다. 벗은 베티의 몸을 보고 그림에 담는 존슨의 벗은 몸을 베티가 보았다고 추측하는 것은 지극히 당연하다. 아담과 하와는 서로의 벗은 몸을 보았다. 하나님은 그들에게 가죽옷을 입혀서 감춰준다. 그러나 에덴 밖에서 아담과 하와는 하나님이 입혀준 옷을 벗어버리고 하나가 된다.

존슨이 갖고 있는 화보는 데이비드가 도서관에서 찾아준 것이다. 그 화보에 나오는 여성의 모습에서 베티가 슬픔을 읽어내는 것은 그녀가 억압된 여성임을 상징한다. 여성의 몸은 뜻과는 다르게 여성을 억압하는 기제로 사용되어 왔다. 베티는 몸이 담고 있는 억압의 흔적을 읽어낸 것이고, 베티의 벗은 몸은 억압의 굴레를 벗어버린 것이다. 베티의 벗은 몸의 그림을 보고 광폭한 폭도들이 그림과 기물을 파괴하고 도서관에 난립하여 책을 꺼내 불태울 때 제니퍼가 지켜낸, 그녀가 끝까지 읽은 유일한 책이 D. H. 로렌스의

《채털리 부인의 사랑》이다. 이 소설은 윤리와 제도의 억압 속에서 신음하는 여성의 몸을 해방적 상징으로 그려내고 있다.

제니퍼는 몸의 깨어남을, 데이비드는 정신의 깨어남을 상징한다. 몸과 정신이 분리되어 있을 때 몸의 깨어남은 정신의 불안을 가져오고 정신의 깨어남은 몸을 부정한다. 몸과 정신이 주체를 구성하는 본질임을 인식할 때 분열과 대립은 극복되고 자아의 온전한 통합이 이루어진다. 데이비드와 제니퍼는 인간을 상징한다. 각자가 독립된 개체인 인간을 표상하는 것이 아니라 둘이 하나인 인간을 상징한다. 하나님이 만든 최초의 인간인 아담은 남성이 아니다. 인간이다. 하나님은 인간인 아담을 잠재운 후에 그로부터 여성을 만들어 낸다. 그래서 아담은 남성이 된다. 따라서 성경적으로 보면 데이비드와 제니퍼는 하나님이 만든 최초의 인간을 표상하고, 현실적으로 보면 육체와 정신이 온전하게 일치한 전인을 상징한다.

영화는 제니퍼와 데이비드의 온전한 통합과 일치를 책을 매개로 그려 준다. 비어 있는 책장에 글씨가 나타나는 것은 제니퍼의 기억이지만 책을 온전하게 만드는 것, 즉 이야기의 끝이 나타나게 하는 것은 데이비드다. 제니퍼와 데이비드의 일치를 통해서 플레전트빌에는 역사가 생겨나고 이야기의 끝이 그려지며 시간의 흐름이 인식된다. 육체와 정신이 온전하게 일치한 시간에 주체적으로, 책임적으로 참여할 수 있는 역사적 존재라는 것을 영화는 말하고 있다. 베티와 존슨이 상징한 것은 책임적 주체의식이다. 데이비드와 제니퍼의 일치를 통해서 영화가 표상하는 것은 시간과 역사에 대한 인식이다. 데이비드와 마가렛이 표상하는 것은 그것보다 거대하다. 의식이 발생하는 특별한 장소인 공간이 바뀌는 것이다.

플레전트빌에 비가 내린다. 비는 플레전트빌을 두 세계로 양분한다. 흑백인과 컬러인의 세계로. 흑백인만의 모임이 구성된다. 상점에 컬러인은 들어올 수 없다는 푯말이 내걸린다. 플레전트빌에서 인종차별이 발생하고 컬러인에 대한 흑백인의 폭력이 이어진다. 더이상 플레전트빌은 천국이 아니다. 플레전트빌이 어떻게 해서 그렇게 되었는지에 대해서 데이비드의 말처럼 사람들이 변했다는 것밖에는 특별히 대답할 말이 없다. 여자들은 생각하기 시작하고, 직업에 대해서 회의를 느끼며, 성적인 욕구를 표현하기 시작했다. 되돌리는 것은 더 어려울 것이다. 언젠가는 모두가 컬러로 변하고, 아이들은 거리로 뛰쳐나가고, 홍수가 날 수도 있고, 남자가 요리하고, 여자가 일하러 나가는 날이 올 수도 있다.

모든 것은 비와 함께 온다. 비가 내림으로 세계가 바뀐다. 일치와 화합의 세계에서 분열과 대립의 세계가 된다. 연인들 사이에서 비는 사랑을 깊게 하지만 대립과 분열된 사회에서 비는 두려움을 강화시킨다. 비가 내릴 때 시장은 모든 사람이 갖고 있는 두려움을 언급한다. 기득권자에게 잠재된 것은 기득권의 상실에 대한 두려움이다. 플레전트빌에서 남자들에게 잠재된 두려움은 여자들이 변하는 것이다. 여자들이 생각하기 시작하면서부터 가부장적인 권위는 의심받고 거부된다. 시장이 남자들에게 잠재된 두려움을 언급하며 뭉치자고 선동하는 것은 깨어나는 모든 인식을 두려워하는 보수적인 기득권자의 전형적인 반응이다.

보수적인 기득권자들이 자신의 근거가 흔들릴 때 사회를 분열시키고 혼란에 빠뜨린다. 사람들을 억압하는 것은 수구세력이며 보수주의자들이다. 변하는 세상에서 변하길 거부하는 그럼으로 말미암아 자신이 누리던 권리를 유지하려는 자들에 의해서 분열과 대립은 공고하게 되고 차별과 억압은 구체적이 된다. 그들이 법과 제도를 만든다. 시장은 컬러인을 억압하기 위해서 법령을 제정한다. 법과 제도는 기득권자들이 합법적으로 사람을 억압하는 수단인 것이다. 법이 제정된 이후 플레전트빌은 행복한 천국에서 각종 사회문제를 안고 있는 세상과 동일한 사회가 된다.

법과 제도에 맞서는 유일한 방식은 문화의식이다. 문화의식은 예술 행위를 통해서 표현된다. 예술 행위는 인간의 내면에 잠재된 자유를 향한 의식을 표출함으로써 사회의 규범과 충돌한다. 자유를 지향하는 의식은 기존의 법과 제도권 안에서 자신의 존재가 억압당하고 있음을 인식하기 때문에 표현의 자유를 추구한다. 법과 제도는 문화의식인 표현의 자유를 제한하는 법률을 제정함으로써 문화의식에 대한 제한적인 허용을 한다. 허용된 표현방식에서의 문화적 활동과 예술의 표현은 주어진 규범만을 표현하는 수단으로 전락한다. 시장이 공포한 행동 강령에 의하면 미술에서는 검은색, 흰색, 회색만 허용되며, 젊은이들을 자극할 수 있는 음악은 금지되고, 연인들의 장소와 도서관은 폐지되고, 우산과 비에 대한 물품은 금지되며, 여자들의 성적 욕구를 표상하는 침대의 크기가 제한되고, 학교에서는 역사의 불변성만 가르치는 것이 허용된다.

합법적인 정당성을 가장한 기득권자들의 억압에 맞서서 데이비드와 존슨이 경찰서 벽에 그린 벽화는 저항의식의 표현이며 자유정신의 표출이다. 경찰서는 기득권자들이 자신의 사회적 위치를 유지하기 위해서 사용하는 합법적인 수단이며 기관이다. 공개적으로 시장이 선포한 법령을 부정했기 때문에 데이비드와 존슨은 법정에 서게 되고 시장과 대결한다. 영화는 시장의 억압에 맞서며 데이비드의 연설을 듣던 모든 사람이 컬러로 변하고 플레전트빌은 다른 세상과 같은 세상이 된다. 플레전트빌 전체가 컬러로 바뀐 것이다.

벽화에는 비와 불, 도서관, 불타는 책들, 베티의 나체, 레코드판, 키스하는 연인, 춤추는 젊은이들 등 최근에 플레전트빌에서 일어난 역사가 기록되어 있고, 《허클베리 핀의 모험》, 《호밀밭의 파수꾼》, 《백경》이 함께 그려져 있다.

《허클베리 핀의 모험》은 허클베리 핀과 흑인 노예 소년 짐에 대한 이야기다. 허클베리는 《톰 소여의 모험》에 나오는 집 없이 떠도는 아이의 이름이다. 《톰 소여의 모험》에서 허클베리 핀은 양자로 입양되고 문화인으로 양육된다. 하지만 허클베리 핀과 짐은 길들여지는 것을 거부하고 자유를 찾아 집을 탈출한다. 《호밀밭의 파수꾼》은 학교에서 사회로 나아가는 것을 거부하는 고등학생 홀돈 콜필드의 자의식에 대한 이야기다. 성인이 되기를 거부하는 콜필드의 자의식에 비친 세상은 순수를 상실하고 본질을 잃어버린 현실이다. 성인이 된다는 것과 사회로 나아간다는 것은 자아를 상실하는 것과 같은 것이다. 《백경》은 인간에게 공포를 심어주고 결코 참된 자유를 획득할 수 없게 만드는 신화적 존재를 죽이려고 나간 에이합의 이야기다.

영화는 자유로웠던 인간을 길들이는 집에서 탈출하는 이야기와 순수하고 참된 인간의 본성을 변질시키는 사회에 들어가는 것을 거부하는 이야기와 인간 위에 존재함으로써 인간으로 하여금 타자를 위한 존재로 만드는 신적인 존재를 제거함으로써 인간으로 하여금 자신이 참된 실존임을 자각하게 하는 메시지를 데이비드와 존슨을 통해서 제시한다.

벽화가 보여 주는 메시지와 법정에서 데이비드가 설파하는 메시지는 동일하다(여기서 법정 모습은 60년대 흑과 백으로 나뉜 미국의 법정을 연상케 한다. 또한 자신을 변호하는 데이비드의 모습은 「미스터 스미스 워싱턴에 가다」라는 영화에서 제임스 스튜어트가 자신을 국회에서 변호하는 모습과 유사하다). 내면에 존재하는 것은 부정할 수 없다는 것이다. 허클베리 핀과 짐이 미시시피 강을 따라서 내려가는 것과 콜필드가 성인이 되는 것을 거부하는 것과 선장 에이합이 인간 위에 군림하는 신적 존재와 대결하는 것도 자신의 내면에 존재하는 것을 인식했기 때문이다.

내면의 존재를 인식하는 것은 용기가 필요하다. 허클베리 핀이 미시시피 강을 따라서 내려가는 것도 용기 없이는 할 수 없는 일이다. 모든 사람이 사회로 나아가는데 혼자만 거부하는 것도 용기가 필요하다. 창세 전부터 존재하는 신화적 존재인 백경을 죽이러 가는 것도 용기 없이는 할 수 없는 것이다. 자신의 내면에 담겨진 진실과 마주치는 것은 용기를 필요로 한다. 내면의 진실을 인식하는 것은 두려운 것이기 때문이다.

조지는 진실과 마주치는 것이 두렵기 때문에 "내 저녁은 어디에 있는가?"라고 부르짖는다. 조지가 진정으로 그리워하는 것은 저녁이나 청소가 아니라 아내 베티다. 데이비드는 진실과 마주치는 것이 두렵기 때문에 플레전트빌을 원형 그대로 지키려고 한다. 데이비드의 내면에서 진실로 원하는 것은 플레전트빌이 다른 세상과 같은 세상이 되는 것이다. 제니퍼도 진실과 대면하기 두렵기 때문에 자신을 파괴한다. 제니퍼의 진실은 지성의 욕구를 따라서 지식을 습득하고 인식의 기쁨을 누리며 자존감을 세워가는 것이다. 사람들이 마주치기 두려워하는 진실은 자신 안에 잠재된 욕구를 인정하는 것이다. 시장이 두려워하는 진실은 자신만 흑백으로 남는 것이다. 본질적으로 말하면 힘을 상실하는 것이다.

데이비드가 컬러로 바뀔 때는 베티를 지키기 위해서 와이티를 때렸을 때다. 제니퍼가 컬러로 바뀌는 것은 연인들의 호수로 가자는 스킵 마틴을 거부하고 공부하는 시점이다. 조지가 컬러로 바뀔 때는 베티에 대한 그리움을 공개적으로 표현했을 때다. 법정 일층에서 흑백인이 컬러로 바뀌는 시점은 조지가 바뀌는 모습을 보고 자신에게도 잠재된 것이 있음을 인식했을 때다. 시장이 컬러로 바뀌는 것은 그 두려움을 자신도 모르게 큰소리로 외쳤기 때문이다.

데이비드와 제니퍼가 플레전트빌에 들어간 것은 필연이다. 이 모든 것은 데이비드와 제니퍼를 변화시키기 위해서 그리고 플레전트빌을 변화시키기 위해서 텔레비전 수리공이 기획한 것이다. 데이비드가 베티를 보호하기 위해서 얼굴을 화장으로 덮어주는 것이나, 존슨이 베티 얼굴의 화장을 지우는 것이나, 제니퍼가 도서관에 가게 된 것은 자신들의 의지에 의한 것이지만 자신들의 운명과 마주치게 되는 것은 수리공이 기획한 것이다.

데이비드가 존슨을 깨우고 함께 벽화를 그리며, 법정에서 인간 본성에 대해서 설파하는 것은 자신의 선택이지만 텔레비전 수리공이 없었다면 일어날 수 없는 일이다. 부르지도 않은 수리공이 나타나서 텔레비전 리모콘을 주는 것은 우연일 수가 없다. 플레전트빌이 컬러로 바뀌고 제니퍼가 대학에 진학하기 위해서 플레전트빌에 남고 데이비드가 돌아가는 순간에 미소를 띄우면서 시동을 걸고 떠나는 수리공이 화면에 등장한 것은 우연일 수 없다. 데이비드와 제니퍼, 그리고 플레전트빌의 변화는 수리공이 의도한 사건이다.

영화는 마지막에 가서야 텔레비전 수리공이 어디서 왔는지 이름은 무엇인지 알려준다. 그는 플레전트빌에서 왔고 이름은 노옴(Norm)이다. 노옴은 기준, 규범, 원형을 뜻한다. 그는 모든 것의 기준이며, 규범이며, 원형이다. 그는 하나님이다. 하나님만이 모든 것의 기준이고, 규범이고, 원형이다. 하나님만이 거기에서 여기로 올 수 있다. 그분을 제외한 아무도 이곳에 와서 머물 수 없다. 하나님이 세상에 온 것은 세상을 바꾸기 위해서다. 그분이 세상을 바꾼다는 것은 이 세상과 하나님의 세상을 다르게 만드는 것이 아니라 하나님의 세상, 하나님 나라와 이 세상이 같은 세상이 되게 하는 것이다.

그리스도인이 믿는 하나님은 인간이 되신 하나님이다. 하나님이 인간이 되셨다는 것은 하나님이 자신을 바꾸셨다는 것을 의미한다. 하나님이 인간이 되는 것으로 자신을 바꾸셨다면 이 세상을 하나님 나라로 만들기 위해서, 사람들이 꿈꾸는 하나님 나라를 사람들이 매일 만나는 현실과 동일하게 바꾸지는 않겠는가. 「플레전트빌」은 하나님이 인간이 되심으로 인간을 긍정하고 세상을 긍정했다는 것에 근거해서 하나님 나라를 사람들의 나라와 같은 나라로 바꾸신다는 재밌는 상상의 발상에서 만들어졌다.

하나님 나라와 세상의 나라가 동일하다면 미래에 일어날 일을 예측할 수 없다. "어제는 과거에 속하고 미래는 미스테리이고 현재는 축복(Yesterday is a past. Tomorrow is a mystery. Today is a gift)"이라는 말처럼 지금 이 시간에 최선을 다해서 현실에 참여하는 것은 내일이라는 미스테리를 풀어가는 열쇠가 된다. 지나간 것에 미련을 두지말아야 하고 오지 않은 것을 막연히 기대해서도 안 된다. 어제가 준 상처를 감싸 메고 내일의 문지방을 넘기 위해서 오늘 한 발자국을 내딛어야 한다.

데이비드가 어머니의 상처를 감싸안고 눈물을 닦아주면서 아름답다고 말하는 것은 오늘이 우리에게 주어진 축복이라는 메시지를 다시금 전하는 것이다. 특별한 경험을 한 사람만이, 그래서 성숙해진 사람만이 오늘의 소중함을 안다. 그런 사람만이 하나님이 저 세상에 있지 않고, 이 세상에 있다는 것을 깨닫는다. 저 세상에서는 하나님이 하실 일이 없기 때문에 그분은 이 세상에 들어와서 저 세상과 같은 세상으로 만들어 간다. 플레전트빌에서는 거꾸로 일어난 일이 현실에서는 앞으로 일어난다. 플레전트빌에 일어난 일은 옛날 옛적에 일어난 것이고, 여기에서는 지금 이 시간에 일어나는 것이다. 다시 말해 지금 여기에서 일어나는 일은 옛날 옛적에 거기서 일어난 일이고 결국 그것은 같아질 것이다.

인간의 깊은 의식 속에는
무엇이 내재할까

Film 4

존 말코비치 되기 Being John Malkovich

「존 말코비치 되기」에서 만나게 되는 질문은 심각하다. 인간의 깊은 의식 속에는 무엇이 내재할까? 내가 나의 내면을 들여다보면 무엇이 보일까? 인간을 행동하게 하는 것은 무엇일까? 내 안에 있는 것을 깨우는 것은 무엇일까? 인간 안에 내재한 것은, 자아 밖에 있는 것은 무엇일까, 혹은 누구인가? 영원히 산다는 것은 무엇을 의미할까? 정신이 육체를 통해서 타자의 육체 안에 깃들이는 것을 의미할까? 정신과 육체가 온전히 새롭게 되는 것을 의미할까? 인간의 정체성은 무엇이 결정하는 것일까? 정신과 육체의 관계는 무엇인가? 정신이 우선되는가, 육체가 우선되는가? 육체는 정신을 표현하는 수단인가? 정신은 육체 안에서만 구현되는 것으로 육체에 있을 때만 실제가 될 수 있는 것인가? 타자가 나의 의식 안에 들어오면 어떻게 될까? 타자가 들어왔을 때 내 안의 어디에 현존하는 것일까? 나의 의식과 내 안에 들어온 타자는 어떤 상관관계를 갖게 되는 것일까? 내 안에 들어오는 것은 정신인가, 그것을 나는 정신으로 인식하게 되는 것일까?

Being John Malkovich, 1999
감 독 스파이크 존즈
출 연 존 쿠색(크랙 쉬와츠), 카메론 디아즈(로티 쉬와츠), 캐서린 키너(맥신), 오손 빈(레스터)

질문에 대한 답을 찾는다는 것은 철학과 심리학 같은 전문적인 지식이 요구되는 복잡한 사고가 필요하다. 그러나 문제는 전문적인 지식을 갖고 복잡한 사고의 과정을 통한다고 해도 대답을 찾지 못한다는 데 있다. 물론 대답되는 질문도 있다. 하지만 그렇게 대답된 질문이 또 다시 질문이 되기 때문에 추론된 대답은 결코 완결된 대답이 아니다. 가치판단을 하면 문제는 간단하고 쉽다.

「존 말코비치 되기」에서 질문하는 주체인 크랙, 로티와 맥신, 레스터는 도덕적 기준에서 본다면 문제가 있다. 맥신에게 집착하는 크랙과 로티가 현대인의 가족적 가치에 반하는 행위를 하고 있다는 것은 자명한 일이다. 크랙과 로티를 자극해서 그 둘의 관계를 파멸로 이끄는 맥신이 아름다운 여성상이 될 수 없음은 자명하다. 성에 대해서 개방적이고 도덕적인 관념의 틀 안에서 벗어나는 현대 여성의 어떤 모습이 그녀에게서 비춰질 수는 있겠지만 맥신이 표상하는 것은 도덕적 관념에서 바라본다면 악이다. 말코비치의 몸에 들어감으로써 삶을 연장하려는 레스터가 영원히 살고 싶은 인간의 욕구를 표명하는 것으로 상징되지만 욕구를 실현하는 과정이 비인간적이고

야만적이기 때문에 비도덕적이다. 마치 바이러스가 인간의 몸에 기생해서 생존하는 것처럼 레스터는 타자의 몸에 기생하는 생물체로 보인다.

사람들에게 '말코비치 되기'가 쉽게 판단되어질 수 있는 것은 영화가 던지는 철학적인 문제들이 시작 초기에 나타났다가 이내 수면 아래로 가라앉고 화면에 크게 부각되는 것은 그들의 광기 어린 행위이다. 맥신을 둘러싼 크랙과 로티의 집착과 갈등, 말코비치를 인격적 주체가 아니라 삶에서 잠시 만나는 여흥거리로 인식하는 사람들과 그를 영원한 삶을 이어가는 매개체로 인식하는 레스터와 그의 친구들의 무덤덤한 태도는 사람들의 시선을 고정시키기에는 충분하지만 그 내면에 가라앉은 질문의 깊이로 인도하기에는 부족하다.

사람들은 타인의 의식을 바라보기를 좋아한다. 많은 비난에도 불구하고 몰래 카메라가 여전히 사람들의 흥미를 끄는 것은 시선이 미치지 않는 곳에 있는 실제를 시선 안으로 끌어 오려는 본능과 욕구가 인간에게 내재되어 있기 때문이다. 타자의 숨겨진 내면을 보는 것은 짜릿한 자극과 흥분을 준다. 사람들이 영화에서 은밀한 자극을 느낄 수 있는 것은 마치 자신이 말코비치 안에 들어가서 말코비치의 시선을 공유하는 것 같은 느낌을 주는 기법을 영화가 사용하기 때문이다.

말코비치 안에서 밖을 바라보는 크랙이나 로티의 시선이 영화를 보는 이의 시선과 겹쳐지는 것은 영화의 탁월한 기법에 기인한다. 그런 면에서 「존 말코비치 되기」는 흥행에 성공할 충분한 요인을 갖고 있다. 영화는 마지막 장면까지 시선의 겹쳐짐을 반복한다. 에밀리 안에서 크랙이 바라보는 시선은 그것을 바라보는 사람들의 시선과 겹친다. 시선의 겹침은 리얼리티를 주고 영화를 보는 이들을 영화 속으로 끌어당기는 역할을 충분히 한다.

그러나 이 기법은 영화가 초기부터 던진 질문의 깊이로 인도하지는 못한다. 영화에서 유일하게 비춰주는 의식이 바라본 무의식의 세계는 말코비치가 들어다본 자기 내면의 모습과 맥신이 자신을 죽이려는 로티를 피해서 뛰어들고, 로티가 뒤따라서 들어간 말코비치의 잠재의식이다. 시선이 겹쳐진 사람에게 말코비치의 내면은 어떻게 보였을까? 타인이 무의식에 숨겨놓은 비밀을 공유한 데서 오는 짜릿함 외에 다른 무엇이 과연 그에게 조명되었을까? 영화가 말코비치 안의 무의식을 비춰준 이유는 무엇일까? 「존 말코비치 되기」라는 영화 제목과 개방된 말코비치의 무의식은 어떤 관련이 있을까?

「존 말코비치 되기」는 사색하기를 권유하는 영화다. 도덕적인 의식을 함양하기 위한 것도 아니고, 사회문제를 부각시키기 위한 것도 아니다. 영화가 제시하는 것은 형이상학적이고 철학적이기 때문에 도덕적인 의식을 갖고 영화를 보면 본질에서 어긋난다. 사회적인 문제의식을 갖고 영화를 조명해도 본질에서 어긋난다. 로티의 성 주체성이 혼란한 것이나 로티와 맥신이 표출하는 동성 가족의 인권문제를 제시하는 것이 아니기 때문이다.

현실에서는 성 주체성의 문제와 동성 가족의 문제는 인권문제이며 사회문제다. 사회의 도덕적 규범과 그들의 인권이 충돌하기 때문이다. 인권과 규범이 충돌하기 때문에 그것은 철학적, 과학적, 윤리적, 종교적 담론이 개입된다. 그런 면에서 볼 때 영화는 도덕적 의식과 사회문제 의식으로 바라볼 수 있는 여지가 충분히 있다. 그러나 「존 말코비치 되기」는 성적 소수자에 대한 인권 신장과 아무런 관련이 없다. 영화에서 로티나 맥신의 성적 태도에 때문에 사회로부터 차별받거나 피해받는 장면은 없다. 아무도 이들의 성 정체성에 대해서 의문을 제기하지 않는다. 이 영화에서 성 주체성과 동성 가족의 문제는 본질적인 것이 아니다.

영화가 본질적으로 다루는 것은 '존 말코비치 되기'이다. 존 말코비치 되기는 말코비치처럼 된다는 것을 의미하지 않는다. 말코비치는 결코 인간이 추구하는 모델이 아니기 때문이다. 말코비치 되기는 말코비치 안에 존재하기 또는 말코비치의 몸을 공유하기와 같다. 말코비치의 몸을 그의 의식과 그의 밖에서 들어온 타자가 공유하는 것이다. 한 존재 안에 타자가 존재하는 현존과 의식의 공유를 심리학의 관점에서 보면 정신분열증에 속한다. 철학의 관점에서 보면 주체와 객체의 문제가 된다. 종교적으로 보면 나의 존재에 현존하는 영의 실존이 문제가 된다.

따라서 「존 말코비치 되기」는 존재와 의식의 문제를 심리학과 철학의 주제로부터 종교의 주제로 옮겨놓은 것이다. 영화는 그리스도인에게 이슈를 준다. 그리스도인에게 있어서 말코비치 되기가 표상하는 것은 나와 내 안에 현존하는 성령과의 상관성이다. 말코비치 안에서의 크랙과 로티가 이 관점을 표상한다. 불교의 관점에서 보면 영화는 윤회설을 표방한다. 레스터 안으로 옮겨갔던 마틴 선장이 다시 말코비치 안으로 옮겨가는 것은 티베트 불교에서 주장하는 달라이 라마의 환생을 연상시킨다.

「존 말코비치 되기」가 종교에 던지는 질문은 두 가지다. 첫째는 그리스도인의 자아의식과 그 안에 내주하는 성령의 현존에 문제를 제기해서 인간의 자유에 대한 진지한 성찰을 촉구한다. 둘째는 종교의 본질적인 주제인 영원한 삶과 불멸성을 피안의 세계에서 차안의 세계로 옮겨놓은 것에 대해 문제를 제기한다. 피안을 차안에서 구현할 경우에는 용기(Vessel)가 되었던 존재의(영화에서는 말코비치) 인격이 말살되기 때문이다. 따라서 말코비치 되기는 인간의 참자유를 구현하기 위해서 종교로부터의 해방을 주장한다. 직설적으로 표현하면 구체적인 방법을 제안한다. 초월적 존재로부터 인간이 자유롭지 못하다면 인간이 자유로울 수 있는 한 가지 방법은 초월적 존재를 인간의 몸 안에 가두는 것이다.

영화는 인간을 참된 자유인으로 만들기 위해서 인간의 자아의식에 영향을 미치는 타자의 존재를 (초월적 타자가 인간의 내면 안에 이미 현존하든지 아니면 인간의 내면에 현존하기 위해서 밖에 있든지 간에) 인간의 내면에 갇힌 존재로 만들어 버린다. 영화 마지막에서 에밀리 안에 들어온 크랙이 에밀리의 의식에 갇혀 버린 것은 타자가 용기로 선택된 인간을 조종하는 초월적 존재의 지위를 박탈당한 것을 상징한다.

한편 말코비치에게 내주한 마틴은 에밀리의 마흔넷 생일날 자정에 그녀의 몸에 들어갈 수 있는 방법이 차단된다. 에밀리의 몸은 이미 크랙이 거주하고 있기 때문이다. 그것을 모르는 마틴이 벽에 있는 통로를 따라가다 에밀리가 아닌 모르는 어린아이의 몸으로 들어가게 되고 그곳에 영구히 갇히게 된다. 따라서 몸과 몸을 이동하면서 영원한 생을 이어가던 마틴의 정체성은 에밀리의 생일날 사라지게 된다.

「존 말코비치 되기」가 근본적으로 종교를 문제화하고 있다는 것은 영화 초반부에서 제시되었다. 크랙이 거리에서 공연하는 꼭두각시 인형극의 주제는 12세기에 실존했던 신부 아벨라드와 수녀 엘로이즈의 금지된 사랑이다. 서로를 향한 강렬한 일치의 욕구가 수도원이라는 벽에 가로막힌 두 사람에게 12세기의 교회와 사회가 강요한 것은 참회와 성결이라는 징벌이다. 당시에 그들이 할 수 있었던 것은 정신적 교감뿐이었다. 그러나 정신적 교감은 육체적 교감과 함께 이루어질 때 완벽한 일체감을 준다. 따라서 강요된 참회와 성결의 징벌에 직면해서 벽을 사이에 두고 육체의 교감을 갈망하는 신부와 수녀의 몸부림은 참된 일체감에 도달하려는 정신의 구현이지만 그것을 무심코 바라보는 어린아이와 어른(아버지)의 시선에서는 금지된 욕망에 사로잡힌 부도덕한 행위일 뿐이다.

크랙의 인형극은 사회가 허락하지 않는 것이다. 크랙의 말처럼 이슈를 제기하기 때문이다. 신부와 수녀의 금지된 사랑 이야기를 사회가 허락하지 않는 이슈일까? 브로드웨이에서 많은 인기를 누린 연극 「신의 아그네스」는 수녀가 임신한 스토리가 아닌가? 아벨라드와 엘로이즈의 금지된 사랑은 사람들이 흥미를 가질 만한 소재를 제공한 것이 아닌가? 크랙이 제기하는 이슈는 금지된 사랑 이야기가 아니다. 의식(consciousness)에 대한 것이다.

상처받은 모습으로 귀가한 크랙에게 로티가 말한다. "이러면서 왜 자꾸 인형극을 해." 크랙은 이렇게 대답한다. "나는 꼭두각시 인형 연기자니까. 꼭두각시 인형 연기자는 자기와 인형을 줄로 연결해. 줄을 사이에 두고 꼭두각시 인형은 몸이고 연기자는 그 몸을 움직이는 정신이야. 정신과 몸을 이어주는 줄이 없다면 둘은 분리되겠지. 정신은 자신을 구현할 몸을 잃어버린 것이고 몸은 자기를 움직일 정신과 의지를 상실하는 거야."

의식이 그것을 담은 몸에 대해서 부적절함을 느낄 때 다른 몸에서 자신의 존재를 의식하는 것을 표현하는 수단으로서 크랙이 찾은 것은 꼭두각시 인형이다. 적어도 크랙은 그렇게 여기고 있다. 크랙은 몸과 의식에 관한 철학적인 담론을 제기한다.

영화에서 몸과 의식의 부적절한 관계를 실질적으로 표상하는 인물은 로타다. 그렇지만 그것을 인식하지 못한다. 왜냐하면 그것을 무의식의 세계에 밀어넣었기 때문이다. 크랙은 의식과 몸의 부적절함을 의식한다. 자신의 몸 안에서 의식과 몸의 부적절함을 의식하는 것이 아니라, 자신의 의식과 타자의 몸 사이에서 일체감에 도달하지 못하는 것을 의식하는 인물을 표상한다. 그래서 크랙은 침팬지 일라이자에게 말한다. "침팬지로 태어난 건 행복하다. 의식은 엄청난 재앙이다. 나는 생각하고, 느끼고, 고통받는다."

크랙에게 있어서 꼭두각시와 연결된 줄을 조종하는 것은 자신의 의식과 타자의 몸을 완전하게 일치하도록 경험하는 것이다. 바라보는 사람들에게는 아벨라드와 엘로이즈가 나누는 몸의 대화는 벽에 의해서 차단된 것처럼 보이지만 크랙에게 있어서 그 둘은 완전한 하나다. 크랙에게 있어서 아벨라드는 몸을 추구하는 정신이고, 엘로이즈는 정신을 추구하는 몸이다. 크랙이 공연하는 아벨라드와 엘로이즈의 대사가 그것을 표상한다. 엘로이즈는 말한다. "우리는 불안한 마음으로 사랑의 쾌감을 느낀다. 부정한 이성 관계를 외면할 때 우리는 하나님의 벌을 면한다." 아벨라드는 대답한다. "진실하고 깊은 사랑을 외면하는 그런 불평은 그만하라." 엘로이즈가 다시 말한다. "미사 드릴 때 우리의 기도가 순결해야 하는데 나의 불행한 영혼 속으로 음란한 환영이 스며들어 머릿속을 감는다. 내 몸의 율동이 내 정신을 배반할 때도 있다." 아벨라드가 다시 말한다. "나는 이런 망측한 쾌감엔 진절머리가 난다. 그런데 그것이 내가 느낄 수 있는 사랑의 전부다."

크랙에게 있어서 꼭두각시 인형은 타자가 되는 경험을 준다. 타자가 된다는 것은 크랙이 자신의 의식에 적합한 몸에 안착하는 것이다. 꼭두각시를 줄로 조종할 때 크랙의 의식은 인형의 몸에 들어가서 인형이 보는 것으로 사물을 보고, 인형이 느끼는 것으로 느끼고, 인형이 생각하

는 것으로 생각한다. 인형은 크랙에게 있어서 자신의 의식을 담는 육체인 것이다. 크랙이 취직한 레스터 회사에서 말코비치의 의식 안으로 들어가는 통로를 발견하는 것은 어쩌면 당연한 일이다. 15분간 말코비치의 머릿속에서 말코비치의 시선으로 바라보던 크랙이 뉴저지 고속도로 입구에 떨어진다. 그의 몸은 젖어 있고 벽 뒤에 난 통로를 발견했을 때 기어들어가면서 들고 갔던 막대기는 없다. 누구나 통로를 통해서 들어가면 15분 동안 말코비치의 몸 안에 머물 수 있다. 그러나 들어갔다 나온 모두가 젖어 있는 것은 아니다. 말코비치만 젖어 있다.

크랙이 고용된 레스터 회사는 7층과 8층 사이인 7과 1/2 층에 위치해 있다. 그곳에 들어가기 위해서는 엘리베이터가 7층과 8층 사이에 있을 때 멈

춤 버튼을 누른 후 빠루를 들고 들어가야 한다. 7과 1/2층은 천장이 낮기 때문에 몸을 구부리고 다녀야 한다. 레스터 회사에 들어가기 위해서는 누구나 예외 없이 빠루를 들어야 하고 몸을 낮추고 복도를 걸어가야 한다. 또한 벽에 난 통로로 기어들어가야 한다. 몸이 젖어 있고 들고 갔던 막대기가 사라졌다는 것은 크랙만이 말코비치의 의식 깊은 곳에 들어갔다는 것이다. 레스터 회사가 위치한 7과 1/2층과 엘리베이터에 놓여 있는 빠루, 고개를 숙이고 몸을 낮춰서 복도를 걸어가는 것은, 벽에 있는 통로를 기어가는 것을 상징하기 위해서 깔아 놓은 복선이다.

15분 동안 말코비치의 몸에서 말코비치의 시선으로 세상을 바라본 경험을 한 크랙은 맥신에게 질문을 쏟아낸다. "인간의 본질은 무엇인가? 영혼의 존재는 무엇인가? 나는 나인가? 말코비치는 말코비치인가? 손에 있던 나무가 없어졌다. 어디에 있을까? 사라졌을까? 어떻게 사라졌을까?" 그것은 아직도 말코비치의 머릿속에 있다. 뭔지 모르지만 그 통로는 형이상학적으로 많은 것을 내포한다. 계속 해서 말한다. "과연 나는 예전처럼 살 수 있을까?"

크랙 외에도 영화는 많은 사람들이 말코비치의 몸을 공유한 것으로 그리고 있다. 그러나 그들에게 15분 동안 말코비치가 되어보는 경험은 색다른 음식을 먹어본 정도로만 끝난다. 그러나 말코비치의 몸에 들어갔던 경험이 크랙에게는 일시적으로 타자가 되는 경험을 주지 않는다. 크랙을 본질적으로 바꾸는 경험이었기 때문이다. 그러나 맥신은 아무런 반응을 보이지 않는다. 크랙의 말에 전혀 흥미를 느끼지 못한다. 왜 그럴까? 왜 맥신은 그렇게 반응할까?

로티도 말코비치의 몸에 들어가는 경험을 한다. 말코비치가 목욕하는 장면이다. 몸에 물이 닿는 느낌과 타월로 몸을 닦는 느낌을 느낀다. 그러나 말코비치 몸 밖으로 나온 로티는 크랙과는 달리 젖지 않았다. 로티에게 젖은 느낌을 갖게 한 것은 말코비치의 안에서 경험한 것이다. 밖으로 나온 후 로티는 자신이 달라졌다. 내가 누구였는지 알게 되었다고 말한다. 말코비치였다는 것이다. 말코비치가 되었던 로티가 이후에 취하는 태도와 보이는 반응은 크랙과 사뭇 다르다. 크랙이 말코비치가 되었던 경험을 통해서 형이상학적인 물음을 갖게 되는 것과는 다르게 로티는 다시 말코비치 안으로 들어가야 한다는 것이다. 자기가 누구였는지를 확인하기 위해서 말코비치의 몸을 다시 경험해야 한다는 것이다.

로티에게 있어서 말코비치 되기는 크랙처럼 의식과 존재에 대한 철학적 질문이 아니다. 그녀에게는 정체성의 문제다. 그녀가 확인하고 싶어하는 남성으로서의 성 정체성이다. 이것을 확립하기 위해서 로티에게 필요한 것은 말코비치가 되는 것이다. 크랙은 일시적인 감정의 동요에서 오는 혼란으로 생각한다. 말코비치의 머릿속으로 들어가는 통로에 대해서도 크랙과 로티는 다르게 이해한다. 크랙에게 그것은 형이상학적인 질문을 갖게 하는 것이지만 로티에게는 여성의 상징인 질과 같다. 로티가 통로를 통해서 말코비치에게로 들어가는 것은 질을 통과하는 것이다. 질을 통과해서 만난 말코비치는 로티에게 남성으로서의 주체성을 경험하게 하는 여성이다. 로티에게 말코비치는 남성과 여성을 동시에 가진 존재다. 크랙은 로티가 남성의 주체성을 확인하기 위해서 말코비치의 몸 안으로 들어가는 것을 막는다. 그러나 로티는 맥신에 의해서 말코비치의 몸에 들어간다. 왜 맥신은 로티로 하여금 남성으로서의 주체성을 경험하게 하는 것일까?

'말코비치 되기'에서 모든 것을 조종하는 것은 맥신이다. 크랙도 맥신에 의해서 조종되고 로티도 맥신에 의해서 조종된다. 맥신에 의해서 말코비치는 인격적 주체성을 상실하고 상품으로 전락한다. 레스터와 말코비치를 경유하여 에밀리의 몸에 안착한 후에 영화가 계속 진행된다면 에밀리가 낳은 자녀의 몸으로 이동할 계획을 갖고 있는 마틴 선장의 영원한 삶을 향한 꿈도 맥신에 의해서 좌절될 것이다. 맥신이 직접적으로 영원한 삶을 향한 마틴 선장의 행보를 멈추게 하는 것은 아니다. 그러나 마틴 선장이 에밀리의 몸 안에 갇히게 되는 것이 피할 수 없는 운명인 것은 맥신과 관련이 있다. 맥신을 향한 크랙의 열정이 에밀리의 몸 안에 들어가게 했으며, 크랙과 마틴을 영구히 묶어두는 용기(Vessel)인 에밀리의 어머니가 맥신이기 때문이다.

맥신과 만나면 모든 것이 뒤틀린다. 본질을 추구하던 자신을 잃어버리고 맥신에 대한 광기 어린 집착으로 빠지고 만다. 인형의 몸과 자신의 의식을 줄로 연결해서 완전한 일체감을 추구했던 크랙에게 말코비치 안에서 15분간의 경험은 존재와 의식에 대한 철학적인 질문이었다. 그러나 맥신에 의해서 크랙은 자신이 던졌던 질문을 잃어버리고 만다. 맥신은 크랙을 조종해서 말코비치의 몸으로 들어가는 통로를 이용한 상품을 만들게 한다. 크랙에게 형이상학적 질문을 제기했던 통로는 한 사람 당 200불을 버는 돈벌이 수단이 되었으며, 말코비치의 몸이 제기하는 종교적인 질문은 사람들에게 일탈을 경험하게 하는 여흥거리로 변하고 만다.

15분 동안의 말코비치 되기를 경험했던 로티도 비슷하다. 로티가 만난 본질은 성 정체성에 대한 것이다. 성 정체성의 문제는 로티의 무의식에 잠재되어 있던 것이다. 그러나 말코비치가 되어봄으로써 무의식에 있던 자신의 성 정체성을 의식의 차원에서 인식하게 된다. 크랙과 마찬가지로 로티도 몸과 의식의 부조화를 전제한다. 크랙에게 있어서 몸과 의식의 부조화는 자신의 몸과 의식의 부적합화를 의미하는 것이 아니다. 로티에게 있어서 몸과 의식의 부조화는 자기 몸에서 일어나는 부적합화를 의미한다. 크랙은 자신과 타자 사이에서 일어나는 의식과 몸의 불일치를 상징한다. 로티는 자신의 생물학적 성 정체성과 정신적 성 정체성 사이에서 발생하는 불일치를 상징한다. 말코비치 되기는 로티에게 생물학적 성 정체성을 정신적 성 정체성에 일치시키는 결단을 하게 한다. 그러나 맥신에 의해서 그녀의 본질 찾기는 변질되고 만다.

맥신은 크랙과 로티를 변질시킨다. 맥신은 로티를 말코비치 안으로 들어가게 한다. 그리고 말코비치 안에 있는 로티를 만난다. 로티는 말코비치 안에서 맥신에 대한 욕망을 발견한다. 맥신은 말코비치 안에 있는 로티를 성적으로 도발한다. 맥신의 도발은 크랙과 로티, 모두에게 향한 것이다. 크랙이라는 인격적 주체를 향한 도발이 아니다. 로티라는 인격적 주체를 향한 것도 아니다. 말코비치 안에 있는 크랙을 향한 도발이다. 말코비치 안에 있는 로티를 향한 도발이다. 맥신에게 쾌감을 주는 성적 만족감은 말코비치 안에 있는 타자가 깃들어 있을 때다. 두 사람이 함께 완벽한 육욕과 애착을 가지고 한 사람의 눈으로 나를 바라보는 느낌이 주는 엄청난 쾌감을 아느냐고 맥신은 말한다. 따라서 맥신은 크랙을 말코비치 안에 있게 한다. 그것은 크랙에게서 생명력을 빼앗아 가는 것이다. 크랙이 추구하는 자신의 의지와 타자의 몸의 일체감은 신이 무생물에게 생명력을 부여하는 것 같은 창조적인 행위다.

그러나 말코비치 몸 안에서 그를 조종하는 것은 생명력을 부여하는 창조적 행위가 아니라 자신의 인격과 말코비치의 인격을 파괴하는 악마적인 행위이다. 맥신은 로티를 말코비치 안에 머물게 한다. 그것은 로티로부터 자신의 성 정체성 찾기를 왜곡시키고 인격을 분열시키는 것이다. 말코비치 안에 있는 로티에게서 여성성을 느끼고 말코비치의 몸이 갖고 있는 남성성에서 성적인 흥분에 고조되는 맥신에 의해서 로티는 남성으로의 성 전환 대신에 여성으로 남게 됨으로써 생물학적 성과 정신적 성의 부적합에서 벗어나지 못한다. 다시 말해서 로티는 말코비치라는 용기(Vessel)를 떠나서 남성이 되지 못한다. 영화가 끝날 무렵에 등장하는 로티, 맥신, 에밀리로 구성된 동성 가족은 사람들로 하여금 로티가 표상하는 것이 성 정체성의 문제가 아니라 동성애의 문제인 것처럼 인식하게 한다.

맥신에 의해서 말코비치가 되는 사람은 자극적이 된다. 로티가 말코비치 안에서 맥신에게 하는 말이 자극적이다. 크랙이 말코비치 안에서 맥신에게 하는 말이 자극적이다. 로티가 자극적이어서, 크랙이 자극적이어서, 자극적인 말을 하는 것이 아니다. 맥신이 자극적이어서 그들이 자극적이 된 것이다. 맥신과 만나기 전까지 크랙과 로티는 성적으로 자극적이지 않았다. 맥신과 만난 후에도 크랙과 로티는 자극적인 행동이나 대화를 나누지 않는다. 맥신에게만 크랙이 자극적이다. 맥신에게만 로티가 자극적이다. 크랙은 맥신에게 자극적이지 않다. 크랙이 맥신에게 자극적일 수 있는 것은 말코비치 안에 있을 때다. 로티가 맥신에게 자극적일 수 있는 것은 말코비치 안에 있을 때다. 말코비치가 맥신에게 자극적이지 않다. 말코비치가 맥신에게 자극적일 수 있는 것은 그 안에 누군가가 있을 때다. 맥신은 크랙과 로티를 자극적인 존재로 만든다. 맥신과 만나면 그들은 자극적이 된다.

말코비치가 맥신을 만나기 전에는 자극적이지 않았다. 그러나 맥신에 의해서 들어가게 된 자신의 내면에 비춰진 말코비치는 자극적이다(로티가 자기가 경험한 느낌을 확인하기 위해서 다시 말코비치의 몸으로 들어가려는 것을 크랙이 막을 때 맥신이 그녀를 보내주라고 말한 것처럼, 말코비치가 통로로 들어가는 것을 막아서는 크랙에게 맥신이 그를 들여보내라고 말한다). 말코비치 자신이 바라본 무의식의 세계에서 보이는 모든 것은 말코비치다. 자신의 의식이 모든 것에 투영된 것이다. 그중에는 여성이 된 말코비치도 있다. 여성의 옷을 입고 섹시한 포즈로 노래를 부르고 있는 장면이 있다. 남성인 말코비치로부터 음식을 받아 먹는 여성 말코비치의 모습도 있다. 말코비치가 바라본 말코비치의 세계는 바라보는 관객에게 자극적이다.

맥신을 뒤따라서 로티가 들어간 말코비치의 또 다른 무의식의 세계도 자극적이다. 말코비치는 어린시절에 남자로서의 정체성을 확립하지 못하고 (인형을 안고 바라보는 모습으로 성행위 장면을 대신한다.) 애들한테는 여자애 취급받으며 자기를 나쁜 아이라고 자책하며 어른이 되어서는 여성의 속옷에 집착하는 성도착증을 보인다. 스쿨버스에서는 아이들이 놀리는 가운데 바지를 적시는 모습이 말코비치의 무의식에 있다. 말코비치가 배우로서

연기력의 진지함과 대사의 깊음과는 전혀 다른 모습이다. 영화는 배우로서 진중한 말코비치의 모습을 성적학대로 인해서 생긴 성도착 증세과 자존감의 상실에서 도피한 모습이라고 말해 준다. 말코비치를 모델로 성인의 진중함과 진지함과 어린시절에 경험한 성적학대에 따른 자존감의 결핍을 인과관계와 결합시킴으로 말코비치 되기는 자극적이 된다. 모든 것은 성으로 귀결된다.

맥신은 모두를 파괴한다. 크랙과 로티의 관계와 말코비치의 인격적 주체성을 파괴한다. 맥신에 대한 크랙과 로티의 집착은 그들의 부부관계를 완전히 파괴한다. 크랙은 총으로 로티를 위협하고 손을 묶고 입을 테이프로 봉해 침팬지 일라이자의 우리에 넣어 버린다. 우리 속에서 로티가 신음하는 그 시간에 크랙은 말코비치의 몸에 들어가 맥신과 관계를 가진다. 크랙이 로티를 총으로 위협하고 우리에 집어넣는 광기를 부리면서 맥신에게 집착할 때는 인간이 아닌 괴물이 된다. 로티가 우리에 갇힌 순간 그녀는 더이상 인간이 아닌 짐승이다. 로티의 괴로움을 바라보던 침팬지 일라이자가 무의식의 기억을 꺼낸다. 사로잡히던 장면이다. 침팬지 부모가 말한다. "아들아, 아빠와 날 풀어줘라. 그들이 오기 전에 빨리"라고 말하는 부모의 기억을 떠올린 일라이자가 로티를 풀어준다. 로티가 말코비치 안에서 무의식에 봉인

된 성 정체성을 기억했듯이 우리 안에서 침팬지는 무의식에 갇힌 과거를 기억한다.

영화에서 이 장면은 두 가지 의미가 있다. 첫째는 로티와 침팬지 일라이자의 관계는 크랙과 아벨라드와 엘로이즈의 인형과 유사하다. 둘째는 로티가 침팬지에게 같은 부류로 인식되었다는 것이다. 로티는 크랙에 의해서 짐승처럼 우리에 갇히고 침팬지에 의해서 같은 부류로 인식된다. 맥신은 말코비치를 파괴한다. 크랙으로 하여금 말코비치 안에서 말코비치의 의지를 장악하게 한 다음 그의 몸을 이용해서 꼭두각시 인형극을 하게 한다. 말코비치의 몸을 움직이는 크랙은 첫번째 인형극의 제목을 '크랙의 무도, 절망과 환멸'이라고 부른다. 크랙의 무도가 절망인 것은 말코비치를 향한 것이고 환멸은 크랙 자신을 향한 것이다.

크랙이 말코비치 안에서 의지를 장악한 이후 말코비치는 인간이 아닌 인형이 된다. 레스터가 12시 전에 말코비치 안에서 나오지 않으면 맥신을 죽이겠다고 크랙에게 전화한다. 절망에 빠진 크랙은 술집에서 술을 마신다. 거기서 크랙을 말코비치라고 부르는 취객과 말코비치가 아니라고 말하던 크랙 사이에 시비가 일어난다. 그때 크랙은 말코비치 안에 있는 자신에 대해서 환멸을 느끼고 있음을 깨닫는다. 크랙은 말코비치의 몸에서 나온다. 뉴저지 고속도로 입구에 떨어진 크랙의 온몸은 젖어 있고, 그의 손에는 처음 말코비치 안으로 들어갈 때 가지고 있었던 막대기가 들려져 있다. 크랙이 떠난 잠시 동안 말코비치는 자유를 회복한다. 그러나 이어서 레스터와 그의 동료들이 말코비치의 몸으로 들어온다. 다시 말코비치는 타자에게 사로잡힌다.

말코비치에는 성경에서 가져온 세 가지의 이미지가 있다. 첫째, 악마의 이미지다. 이 이미지는 맥신에게 부여되었다. 맥신에게 악마의 이미지가 부여된 것은 사악하기 때문만이 아니다. 영원한 삶을 이어가는 것을 봉인하는 존재인 에밀리를 낳았기 때문이다. 에밀리의 몸에 들어온 타자는 에밀리에게 흡수된다. 레스터의 말에 의하면 흡수된다는 것은 타자의 삶을 포용하는 몸의 두뇌에 갇혀 포로가 되는 것으로 아무것도 못하고 영원히 다른 사람의 눈으로 세상을 보며 지내는 재앙이다. 에밀리의 몸에 들어간 크랙이 에밀리의 의지를 조종하지 못하고 그녀의 눈으로만 바라보게 된다.

티베트 불교의 관점에서 보면 어린아이의 몸에 들어가는 것은 자신의 의지를 잃어버리는 것이 아니라 어린아이의 의식과 의지를 자신의 의식과 의지로 흡수하는 것이기 때문에 에밀리는 악마의 자식이 되지 않는다. 그러나 기독교적인 관점에서 보면 이야기는 전혀 달라진다. 에밀리는 악마의 자식이 된다.

둘째, 말코비치 되기는 예수의 이야기를 에밀리에게 적용했다. 맥신이 낳은 아이는 악마의 자식이지만 마리아가 낳은 예수는 하나님의 아들이다. 하나님의 아들로서 예수의 아버지는 하나님이지만 사람의 아들로서 예수의 아버지 요셉이다(성경은 이 점을 명확하게 한다. 성령으로 예수가 탄생했다. 따라서 요셉은 예수의 아버지가 아니다. 하지만 마태복음에 의하면 예수의 아버지는 요셉이다. 누가복음에 의하면 마리아다. 다른 사람들에게 예수는 요셉의 아들로만 인식된다). 맥신의 딸인 에밀리는 맥신에 의하면 로티가 아버지다. 그러나 맥신의 말은 에밀리의 아버지에 대해서 모호하게 할 뿐이다. 크랙인가, 로티인가, 아니면 말코비치인가? 누가 에밀리의 아버지인가? 예수를 믿지 않는 자에게 예수의 아버지가 모호한 것처럼 맥신의 딸인 에밀리의 아버지는 모호하다. 하나님의 아들이 인간 예수의 몸에 임재하여 모든 사람을 자유하게 하시지만 악마의 딸인 에밀리는 타자를 자신의 몸에 봉인해서 자유를 더이상 존재하지 못하게 한다.

셋째, 예수가 귀신들린 자를 쫓아낸 사건에서 가져와 거꾸로 말코비치의 몸으로 레스터와 그의 동료들이 들어가는 것에 의미를 부여한다. 영화 내내 말코비치의 몸은 무수히 많은 사람들이 들어왔다 나간다. 그럼에도 불구하고 말코비치는 자신의 몸에 들어오는 타자를 인식하지 못한다. 마지막에 레스터와 그의 동료들이 말코비치의 몸으로 들어가는 장면에서 말코비치는 몸부림친다. 한 명씩 들어올 때마다 말코비치의 몸은 떨린다. 모두가 들어온 후에 말코비치는 자신의 이름을 말한다. 우리는 말코비치다. '나'라는 단수가 아니라 '우리'라는 복수형을 사용한다. 성경은 예수가 지나가다 귀신들린 자를 만났다고 기록한다. 예수가 그에게 이름을 묻자 군대라고 대답한다. 예수는 귀신들에게 그의 몸에서 떠나라고 명령한다. 그러자 귀신이 큰소리를 지르면서 괴롭게 하지 말라고 하며 떠난다(눅 8:27-34). 예수는 군대 귀신을 쫓아내어 귀신들린 사람을 온전한 자유인으로 만들었지만, 말코비치는 많은 사람들이 그의 몸으로 들어옴으로 말미암아 자유를 박탈당한다.

「존 말코비치 되기」는 성경에서 가져온 이미지를 성경에 반하는 방식으로 적용했다는 것과는 별개로 기독교의 관점에서 바라볼 때 깊은 문제의식을 던져준다. 그리스도인에게 절대적 타자인 성령이 임재하는 것은 말코비치의 몸으로 들어가는 것과 같은 특별한 통로를 필요로 하는 것인가? 그리스도인에게 내주하는 성령은 말코비치 안에서 처음에 크랙이 그랬던 것처럼 우리의 의식과 의지에 영향을 미치지 않고 다만 바라만 보는가? 아니면 나중에 말코비치 안에서 그의 의지를 조종하는 것처럼 그리스도인 안에서 성령은 우리의 의지를 조종하는가? 말코비치의 몸이 타자의 삶을 포용하는 용기인 것처럼 우리의 몸은 성령의 삶을 포용하는 용기인가? 아니면 우리의 삶을 포용하기 위해서 성령이 우리 안에 내주하는 것인가?

삶의 오늘에서 성령을 포용하는 것은 우리의 몸이지만, 우리의 몸 안에서 우리의 삶을 포용하는 것이 성령이다. 삶의 내일에서 우리의 영원한 삶은 성령이라는 용기에서 구현되는 것이다. 즉 현재의 삶에서 우리는 성령의 삶을 포용하는 용기이지만 미래의 영원한 삶에서 성령은 우리의 삶을 포용하는 용기가 된다. 어떤 대답을 하든 「존 말코비치 되기」는 우리로 하여금 많은 생각을 하게 한다.

사탄은 우리가 듣고
싶어하는 말을 한다

Film 5

그리스도 최후의 유혹 The Last Temptation of Christ

 1988년을 뜨겁게 달궜던 마틴 스콜세지 감독의 「그리스도 최후의 유혹」은 원작에서 빌려온 제목이다. 이 영화를 우리나라에서 DVD로 출시할 때 '예수의 마지막 유혹' 이라는 말로 번역하였다. 예수의 마지막 유혹과 그리스도 최후의 유혹은 동일한 것을 지칭하는 것처럼 느껴지지만 다른 것이다. 예수는 나사렛에서 출생한 한 인간의 이름이고, 그리스도는 이스라엘을 구원하기 위해서 하나님이 선택한 직분이다. 예수는 한 개인에게만 해당되는 고유한 사적인 이름이며, 그리스도는 어떤 인격적 주체가 수행하는 공적인 이름이다. 예수가 그리스도라는 것은 나사렛 지방 출신의 사적인 인간 예수가 하나님에 의해서 이스라엘을 구원하는 공적인 일을 하는 메시아라는 말이다.

그러나 예수가 그리스도라고 선언한 제자들은 나사렛 예수의 모든 삶이 그리스도의 공적인 삶이라고 말하지 않았다. 그들의 증언을 담은 신약 성경에 예수가 그리스도라는 말은 예수가 요한에게 세례를 받는 시점에서부터 시작한다. 신약 성경에 의하면 베들레헴에서 출생해서 나사렛에서 성장하는 30년은 그리스도로서 예수와 무관하다. 세례 요한에게 세례받고 십자가에서 죽음을

The Last Temptation of Christ, 1988
감 독 마틴 스콜세지
출 연 윌렘 데포(예수), 하비 키이텔(가롯 유다),
폴 그레코, 스티브 쉴

맞이하는 짧은 3년의 삶이 그리스도로서 예수에게 허락된 시간이다. 신약 성경은 나사렛에서 올라온 서른 살의 예수라는 남자가 하나님이 이스라엘을 구원하기 위해서 선택한 메시아라는 것을 말하기 위해서 기록한 책이다. 신약 성경이 예수의 30년간의 삶에 대해서 이상하리만큼 침묵하는 것은 그런 이유 때문이다.

　30년간의 공백과 3년간의 시간 차를 어떻게 연결할 것인가. 신약 성경은 시간의 차이를 다른 방식으로 연결한다. 예수의 전 생애를 그리스도로 바라보는 것이 아니라 하나님의 아들로 바라본다. 예수는 하나님의 아들로 태어나서 30년의 삶을 살고, 하나님의 아들로서 3년의 삶을 살아간다. 하나님의 아들로서 살아간 첫번째 30년은 사적인 삶이다. 하나님의 아들로서 살아간 두번째 3년은 공적인 삶이다. 첫번째 사적인 삶에서 예수는 요셉과 마리아의 아들이라고 불린다. 두번째 공적인 삶에서 예수는 다윗의 자손이라고 불린다.

요셉과 마리아의 집에서 살아간 첫번째 사적인 삶에서 예수가 하나님의 아들인 것은 비밀이다. 갈릴리와 예루살렘을 오가면서 살아간 두번째 공적인 삶에서 예수가 그리스도인 것도 비밀이다. 비밀은 예수의 정체성의 모호함을 의미하는 것이 아니다. 예수는 하나님의 아들이라는 자기 정체성을 확고히 갖고 있다. 탄생을 제외하고 유일하게 신약 성경이 증언하는 예수의 어린시절에 대한 이야기는 (내가 아버지의 집에 있어야 할 줄을 모르셨나이까) 예수가 자신의 정체성을 확신하고 있음을 보여 준다. 예루살렘으로 향하는 도상에서 "주는 그리스도시요 살아 계신 하나님의 아들입니다"라는 베드로의 고백을 예수는 승인한다. 그러면서 말한다. 성령께서 너에게 그것을 알게 하셨다고.

하나님의 아들로서 예수의 자기 정체성은 비밀이다. 세상에 대한 하나님의 비밀이다. 성령이 알게 할 때까지 감추어진 비밀이다. 그래서 예수는 자신을 하나님의 아들이라고 공개적으로 말하지 않는다. 자신을 인자라고 호칭한다. 예수는 자신을 메시아라고 공개적으로 부르지 못하게 한다. 선생님 또는 주라고 부르는 것은 허용한다. 감춰진 예수의 정체성을 밝히는 것은 무엇이든 금지된다. 예수를 밝히려고 하기 때문에 귀신이 쫓겨나간다. 그러나 감춘다고 감춰지는 것이 아니다. 예수가 하나님의 아들로서 기적을 행하지 않았다면, 예수가 하나님의 아들로서 율법을 폐하고 새로운 율법을 주지 않았다면, 예수로부터 새로운 시대가 동터오는 징조가 나타나지 않았다면, 예수에게 사람들이 기대하는 것이 없었다면 감춰졌을 것이다.

예수의 감춰진 정체성이 사람들에게는 질문이 되었다. 예수는 사람들의 질문에 대한 답을 유보한다. "인자가 구름을 타고 오는 것을 보리라." 미래형으로만 말한다. "성령이 너에게 알게 하였다." 우회적으로만 대답한다. "귀신이 쫓겨나가고 병자가 일어나며 가난한 자에게 복음이 전파된다." 간접적으로 대답한다. 왜 예수는 직접 대답하지 않았을까? 왜 모든 사람에게 공개적으로 자신을 알리지 않았을까? 적어도 제자들에게는 밝혔어야 하지 않았을까? 혹시 예수가 하나님의 아들로서 그리스도라는 것이 타자에게만 비밀이 아니고 예수 자신에게도 불명확하고 미확정된 정체성은 아니었을까? 예수가 자기 정체성을 그렇게 확신했다면 겟세마네 동산에서 흔들리는 예수를 어떻게 이해해야 할까?

예수가 하나님의 아들이 아니고 사람의 아들이라면 흔들리는 예수의 모습은 지극히 정상이다. 아무리 확신에 찬 사람이라도 불안과 근심, 갈등은 피할 수 없는 본질이기 때문이다. 그러나 예수는 하나님의 아들이면서 동시에 사람의 아들이다. 하나님의 아들이면서 사람의 아들이라는 말은 하나님의 아들로서 예수와 사람의 아들로서 예수를 분리할 수 없다는 것이다. 예수가 무엇을 행하든지 하나님의 아들이면서 사람의 아들로서 행하는 것이다.

「그리스도 최후의 유혹」은 예수를 사람의 아들로만 바라본 시각에서 접근한 영화다. 사람의 아들에서 출발해서 하나님의 아들로 되어가는 과정을 이 영화는 추적한다. 대부분의 그리스도인들이 예수를 하나님의 아들로만 생각하는 것과는 정반대의 접근이다. 대부분의 그리스도인은 예수를 완벽한 존재로 생각한다. 완벽하기 때문에 예수는 모든 욕구로부터 자유로우며 절대적인 확신 속에서 그의 행보가 진행되는 것으로 본다. 유다의 배반 문제라든가, 겟세마네에서 불안해 하는 예수의 모습은 전혀 문제가 되지 않는다. 왜냐하면 사람의 아들이라는 카드가 있기 때문이다.

대부분의 그리스도인은 하나님의 아들인 예수가 사람의 아들의 삶을 완벽하게 살아간 증거를 예수의 갈등과 고뇌에서 찾아낸다. 만약 예수의 갈등과 고뇌가 사람의 아들로서 그가 살아간 삶의 완벽성을 보여 준다면 그의 갈등과 고뇌에는 성적인 것과 메시아로서의 자기 정체성에 대한 의심과 두려움도 포함되어야 하지 않겠는가? 이것이 「그리스도 최후의 유혹」이 던지는 질문이자 시작하는 근거다.

「그리스도 최후의 유혹」은 그리스도의 정체성에 대한 탐구가 아니다. 예수의 자아 정체성에 대한 탐구다. 「그리스도 최후의 유혹」이 그리스도로서 예수가 갖는 정체성과 의식을 탐구하는 것이라면 출발점은 성경과 함께 진행되어야 한다. 그러나 예수로부터 시작한다. 여기서 그려내는 예수는 내면 깊이에 있는 불안과 강박관념에 빠져 있는 현대인의 자의식을 보여 주기 때문이다.

현대인이 갖는 불안과 두려움은 두 가지 방향에서 온다. 먼저는 과거로부터다. 과거에 남겨놓은 죄책감이 현재에 드러날까봐 두려워한다. 다른 하나는 미래에서 온다. 미래에 대한 불확실성이 불안과 두려움을 갖게 만든다. 현대인은 불안과 두려움에서 벗어나기 위해서 몰두할 수 있는 어떤 일에 뛰어든다. 일과 운동과 탐닉은 현대인이 불안에서 도피하기 위해 선택한 방식이다. 그러나 어떤 것에 몰두하면 할수록 불안과 두려움은 커져가고 의식 깊은 곳에 자리잡은 불안과 두려움에서 벗어날 수 없다는 강박관념이 더욱 깊은 수렁으로 밀어넣는다. 따라서 벗어나려고 하면 할수록 더욱 강력해지는 불안과 두려움은 현대인 속에 자리잡은 죄의식을 반영한다. 불안과 두려움에 사로잡힌 현대인의 죄의식은 다름 아닌 「그리스도 최후의 유혹」에 나타난 불안과 두려움, 강박관념에 사로잡힌 예수의 죄의식이다. 예수가 갖고 있는 죄책감은 로마인을 위해서 십자가를 만든다는 것과 막달라 마리아를 타락시켰다는 자의식에서 발생한다.

십자가와 막달라 마리아에 대한 예수의 죄의식은 중요하다. 「그리스도 최후의 유혹」을 이끌어가는 두 개의 중심축이 있다. 첫번째 중심축은 십자가다. 여기에서 예수와 유다의 관계가 설정된다. 두번째 중심축은 막달라 마리아다. 막달라 마리아라는 중심축에서 예수는 하나님의 아들이라는 강박관념에 사로잡힌다. 유다는 십자가를 만드는 예수에게 속죄를 요구한다. 예수는 십자가에서 죽는다. 그럼으로 자신이 지은 도덕적인 죄의식에서 벗어난다.

그러나 예수는 스스로 십자가에서 죽을 만큼 용기가 없다. 누군가 십자가에 설 수밖에 없는 상황을 만들어 주어야만 십자가에서 자신이 지은 죄를 속죄할 수 있다. 예수보다 강한 사람이 필요하다. 예수가 힘들 때 의지하고 그를 더이상 물러설 수 없도록 만드는 사람이 필요하다. 바로 유다. 그는 예수를 붙잡고 예수는 유다를 의지한다. 유다에게 의지해서 예수는 자신이 만든 십자가에서 죽은 유대인들에 대한 속죄를 한다.

하지만 십자가는 하나님의 아들이라는 의식에 사로잡힌 강박관념에서 벗어나게 해주지 못한다. 하나님의 아들이라는 강박관념이 예수에게 가져다 준 죄의식은 막달라 마리아를 향하고 있기 때문이다. 막달라 마리아는 예수의 강박관념에 의해서 도덕적으로 타락한다. 예수는 죄의식에서 벗어나기 위해서 막달라 마리아에게 속죄하지만 그녀는 예수의 속죄를 거절한다. 예수로 인해서 더럽혀진 막달라 마리아의 정신에 속죄하는 유일한 방법은 하나님의 아들이라는 의식에서 벗어나 마리아와 결혼해서 사람의 아들로 살아가는 것이다.

예수는 십자가에서 내려와 마리아와 결혼해서 자녀를 낳고 사람의 아들로 살아간다. 영화에서는 십자가에서 내려온 예수가 마리아와 결혼하는 것은 예수의 환상 속에서 일어난다. 예수는 용서받아야 할 심약한 존재다. 용서를 구하는 예수를 막달라 마리아는 거절하지만 예수 안에서 나온 사탄은 예수를 용서한다고 선언한다. 사탄은 예수의 환상 속에서 자신의 약속을 지킨다.

십자가와 마리아가 예수의 내면 깊숙이 자리잡은 죄의식을 상징하는 것처럼 하나님의 아들이라는 자의식은 그의 두려움의 또 하나의 근거다. 사람의 아들로서 하나님의 아들이 되어가는 삶을 살아가는 예수에게 두려움은 그리스도로서의 자기 정체성에 대한 불안이다. 현재의 시점에서 나사렛 예수인 그는 미래에서 그리스도일 수 있을까? 지금 하나님의 아들이며 그리스도라는 예수의 자의식은 미래의 시점에서도 하나님의 아들이며 그리스도로서 확증될 수 있을까?

하나님의 아들이며 그리스도로 확증된 상태에서 사람의 아들로 왔다면 두려움과 불안은 존재하지 않을지 모른다. 성경은 하나님의 아들이 사람의 아들로 와서 그리스도로 확증되었다고 증언할 뿐이다. 지금은 모든 것이 과거형이 되었지만, 그때 그 상황에서는 하나님의 아들이며 사람의 아들은 현재형이지만 그리스도는 미래형이다.

두려움과 불안, 확신의 결여는 메시지의 선포와 내용을 결정한다. 세례 요한을 만나기 전에 예수가 전하는 메시지의 주제는 사랑이었다. 세례 요한을 만난 후 예수의 메시지는 혁명으로 바뀐다. 요한을 만나기 전, 그리고 요한을 만난 다음, 예수는 광야로 나간다. 요한을 만나기 전 예수가 광야에서 찾고자 한 것은 하나님에 대한 확신이 아니라 죄의식에서 해방되는 것이었다.

광야에서 만난 사람은 예수에게 말한다. "당신은 속죄되었소. 당신은 정결하게 되었소. 하나님이 당신을 축복했소. 뱀이 당신 안에서 나왔소. 당신은 돌아가서 사람들과 이야기하시오. 그들은 들을 거요." 예수가 묻는다. "무슨 말을 해야 합니까." 남자가 되묻는다. "당신은 인간을 사랑합니까?" 예수가 대답한다. "나는 사람을 볼 때마다 슬퍼집니다. 그게 전부입니다." 남자가 다시 말한다. "그걸로 충분합니다."

광야에서 돌아온 예수는 사랑의 메시지를 선포한다. 그가 전하는 사랑의 메시지에는 죄의식에서 해방된 예수의 감정을 담고 있다. 그러나 예수의 윤리적 자의식은 사람들의 현실 문제를 해결하는 데 무기력하다. 유다는 예수를 세례 요한에게 인도한다. 세례 요한과 만난 예수는 광야로 간다. 광야에서 예수는 선포할 두번째의 메시지를 만난다. 세상을 뒤집어엎는 과격한 혁명을 선포하는 메시지다. 사람들은 예수에게서 새 시대가 움터오는 징조를 보고 그에게 몰려든다. 점점 과격해지는 예수의 메시지와 행동은 그를 십자가로 서서히 몰아간다.

「그리스도 최후의 유혹」에서 만나는 예수의 모습은 성경에서 만나는 예수와 다르다. 영화에서 그려진 예수의 모습은 니코스 카잔차키스가 상상으로 구성한 허구다. 그럼에도 불구하고 사람들에게 그럴듯하게 느껴지는 것은 사람들이 예수에 대해서 가지는 근원적인 의문을 영화가 근본적으로 터치하고 있기 때문이다.

예루살렘에 입성할 때 그토록 열광했던 사람들은 무엇 때문에 예수를 십자가에 못 박으라고 요구했을까? 가롯 유다가 넘겨준 예수에 대한 비밀은 무엇이었을까? 만약에 가롯 유다가 없었다면 예수는 로마 병사에게 잡혀갔을까? 예수를 따르는 여자들과의 관계는 어땠을까? 예수는 본능인 성적 욕구에서 자유로웠을까? 예수와 막달라 마리아, 마리아와 마르다는 단순히 선생과 제자로만 만났을까? 그들 사이에 비밀스러운 사랑의 관계가 내재하지는 않았을까? 바울이 쓴 서신서에서 예수의 생애와 삶에 대해서 철저히 침묵하는 이유는 무엇일까? 그리스도를 육체로 알지 않는다는 바울의 말은 무슨 의미일까? 기독교는 예수의 종교일까, 아니면 바울의 종교일까? 예수는 인자일까, 아니면 바울이 말하는 것처럼 두번째 아담일까?

「그리스도 최후의 유혹」은 성경에서 대답되지 않는 질문들을 성경 구절의 조합과 상상을 통해서 대답한다. 유다는 예수로 하여금 십자가의 운명을 지게 만든다. 예수는 막달라 마리아, 마르다와 마리아에 대한 비밀스런 욕망을 품고 있다. 그의 비밀스러운 욕망은 십자가에서 내려온 환상을 통해서 구체적으로 드러난다. 예수는 막달라 마리아와 결합하고 막달라 마리아가 죽은 다음에는 마리아와 그리고 마르다와 결합한다. 막달라 마리아가 죽기 이전에 두번째 광야에서 돌아올 때 이미 예수는 마르다와 깊은 사이가 되어 있었다.

바울은 예수에 대해서 아무런 관심이 없다. 바울의 관심은 나사렛 예수가 아니라 부활한 그리스도다. 부활한 그리스도는 사람들을 구원하는 유일한 희망이라는 바울의 확신이 중요하다. 다메섹으로 가는 도중에 만난 환상에서 경험한 목소리만이 바울에게 능력을 주는 하나님의 아들 메시아다. 십자가에서 내려와 사람의 아들로 살아가는 나사렛 예수가 아니라 부활한 그리스도만이 바울에게 예수다. 사람들에게 희망을 주지 못하는 나사렛 예수는 하나님의 아들이라고 해도 하나님의 아들이 아니다. 그는 사람들의 희망이 되지 못하기 때문이다.

유다에게도 나사렛 예수는 희망이 아니다. 나사렛 예수는 메시아가 되어야만 한다. 세상을 바꾸는 메시아만이 유다에게 유일한 희망이다. 그래서 유다는 예수에게 배신자, 겁쟁이라고 외친다. 죽음이 임박했을 때 무서워서 인간의 삶으로 도망친 겁쟁이라고 외친다. 유다는 예수를 사랑했다고 말한다. 사랑했기 때문에 예수가 통과해야 할 문을 통과시키기 위해서 예수를 배신했다. 인간으로 살아가는 예수는 유다의 사랑에 깊은 배신의 아픔을 준다. 유다의 사랑에 빚을 갚기 위해서 예수는 돌아가야 한다. 하지만 아직 십자가 위에 있다. 십자가는 하나님이 예수에게 부여한 장소다. 거기서 예수는 죽는다. 완성했다고 말하면서…….

「그리스도 최후의 유혹」에서 예수가 십자가로 돌아가는 것은 현대인의 자의식과 조금도 다르지 않다. 현대인의 의식에는 자신이 뿌린 씨는 자신이 거둔다는 책임감이 있다. 예수에게는 분명한 책임감이 있다. 여자를 볼 때 얼굴이 빨개지고 고개를 돌린다. 나는 여자를 원하지만 하나님을 위해서 억제한다. 막달라 마리아의 타락에 대해서 분명한 책임의식이 있기 때문에 예수는 막달라 마리아와 결혼하는 환상에 젖어든다.

현대인은 가치 있는 인생을 살지 못했다는 깊은 자괴감이 있다. 성실한 삶을 살면서도 사람들에게 희망이 되지 못했다는 자책감에서 온 자괴감이다. 희망이 된다는 것은 영웅적인 행동을 한다는 의미가 아니다. 인간이 추구해야 할 참된 본질을 추구하는 삶의 지표를 구현해 가는 것이다. 현대인은 인간의 참된 본질에서 벗어난 삶을 살아가고 있다. 예수가 십자가로 돌아가는 이유는 희망이 되지 못했다는 자괴감에서 벗어나기 위해서다.

예수는 희망이 되어야 했다. 유다의 희망이 되어야 했고, 제자들의 희망이 되어야 했다. 새로운 세상이 열리기를 바라는 수많은 민중의 희망이 되어야 했다. 십자가에서 내려와 인간의 삶을 살아가는 예수는 사람들에게 희망이 되지 못한다. 새 시대의 도래를 꿈꾸는 유다에게, 제자들에게, 민중들에게 십자가에서 내려온 예수는 희망이 되지 못한다. 그리고 바울에게도 희망이 되지 못한다. 아담에게 선고된 하나님 약속의 체인인 죽음의 사슬을 끊어 버리기 위해서 예수는 십자가에서 반드시 죽어야 하고 죽음에서 부활해야 하기 때문이다.

십자가에서 내려온 예수에게 바울은 결별을 선언한다. 그러나 유다는 결별하지 못한다. 예수를 십자가에 올려놓아야 하기 때문이다. 유다가 꿈꾸는 것은 죽음에서의 부활이 아니라 새로운 시대의 출현이기 때문에 반드시 예

수를 십자가로 되돌려야 한다. 예수는 십자가로 돌아간다. 자기를 위해서 희생한 유다에게 갚아야 할 마음의 빚이 있기 때문이다. 십자가로 나아가는 예수는 현대인과 조금도 다르지 않다.

현대인은 갚아야 할 여러 가지 마음의 빚을 갖고 있다. 살면서 누군가로부터 큰 사랑을 받아 본 적이 있다면 갚아야 할 빚은 그만큼 커진다. 그리스도 됨에 있어서 예수의 십자가는 유다의 명예와 인생과 맞바꾼 것이다. 예수가 십자가에서 내려왔기 때문에 유다의 명예와 인생이 송두리째 부정되었다. 영화 시작 부분에서 유다가 말한다. "어떻게 갚을 것인가." 유다의 인생을 보상하기 위해서라도 예수는 십자가로 돌아가야 한다.

「그리스도 최후의 유혹」에서는 예수가 하나님으로부터 십자가의 운명을 부여받지는 않는다. 십자가에서의 죽음은 예수가 갖고 있는 죄책감과 미안함을 덜기 위한 윤리적인 선택인 것이다. 「그리스도 최후의 유혹」에 나오는 예수는 현대인이다. 현대인은 하나님에 대한 모순된 감정을 갖고 있다. 하나님을 찾으면서도 하나님에 대해 분노한다. 영화는 예수에게 현대인의 모순된 감정을 투영한다. 광야에서 원을 그려 놓고 하나님이 대답할 때까지 한 발자국도 나가지 않겠다는 예수와 막달라 마리아의 죽음 앞에서 도끼를

들고 나가 땅을 마구 내리치는 예수는 현대인들이 하나님에 대해 갖고 있는 모순된 모습이다. 또한 현대인들은 참회하며 돌아오는 탕자이기도 하다. 그래서 예수는 집 나간 탕자를 표상한다. 돌아온 탕자처럼 예수도 먼 길을 돌아서 아버지에게 돌아온다.

"아버지, 들리십니까? 아직 거기 계십니까? 이기적이고 불성실한 아들의 말을 들어주실 겁니까? 당신이 부를 때 당신과 싸웠고 반항했고 내가 더 많이 안다고 생각했습니다. 당신의 아들이고 싶지 않았습니다. 용서해 주실 수 있습니까? 나는 충분히 싸우지 않았습니다. 아버지, 도와주십시오. 다시 돌아가게 해 주십시오. 잔치를 베풀어 주십시오. 집에 온 걸 환영해 주십시오. 당신의 아들이기 원합니다. 나는 메시아가 되기를 원합니다."

「그리스도 최후의 유혹」은 역사적 예수에 대한 탐구가 아니다. 현대인의 의식에 비친 예수의 모습을 그린 것이다. 직설적으로 표현하면 현대인의 자화상을 예수에게 투영한 것이다. 현대인은 금단의 열매를 먹고 산다. 현대인이 먹는 금단의 열매는 아담이 먹은 금단의 열매가 아니다. 아담이 먹은 금단의 열매는 선악을 분별하는 눈을 뜨게 해 주었다. 그러나 현대인이 먹는 금단의 열매는 선악에 대한 분별력을 잃게 만든다.

아담이 알게 된 선악은 무엇일까? 금단의 열매를 먹음으로 아담에게 발생한 것은 하나님에 대한 두려움과 자신들에 대한 수치심과 타자에게 전가하는 변명이었다. 하나님에 대한 두려움은 좋은 것이다. 하나님을 두려워해야 선을 행하기 때문이다. 아니 하나님을 두려워하는 것이 선을 아는 것이다. 타자에게 자신을 감추는 것이기 때문에 수치심과 변명은 악이다. 현대인이 먹는 금단의 열매는 선악을 분별하게 해 주지 않는다. 선을 알지 못하고 악을 선으로 알게 하는 열매다. 현대인에게 있어서 금단의 열매는 무엇인가? 물질이다. 물질만능주의가 현대인이 먹는 금단의 열매다. 물질을 소유하는 것에서 하나님에 대한 두려움이라는 선이 발생하지 않는다. 물질을 숭상하기 때문에 물질이 현대인에게 하나님이다.

예수가 유혹받는 장면에서 영화는 금단의 열매인 선악과를 상징하는 나무를 삽입한다. 아담에게 있어서 선악과는 금단의 열매다. 선악과를 먹으면 죽는다는 선고를 받는다. 그러나 죽음을 경험한 적이 없는 아담에게 선악과를 죽음의 금단의 열매로 만들 수 없다. 아담에게 선악과가 금단의 열매인 것은 하나님의 약속과 명령이다. 선악과를 먹지 말라는 명령과 먹으면 죽는다는 하나님의 약속이 아담에게 선악과를 금단의 열매가 되게 한다.

동시에 선악과는 유혹의 열매이기도 한다. 명령과 약속을 넘어서면 하나님과 같이 된다는 유혹의 열매다. 하나님과 같이 된다는 것도 약속이다. 하나님이 아담에게 한 약속이 아니라 사탄이 아담에게 말한 약속이다. 사탄은 아담에게 거짓말을 (성경 본문에서는 하와에게) 하지 않았다. 금단의 열매를 유혹의 열매로 받아들인 아담이 선악과를 먹었을 때 하나님은 그들이 우리 중의 하나 같이 되었다고 말씀한다.

사탄은 거짓말을 하지 않았지만 약속을 지킨 것도 아니다. 하나님과 같이 된다는 것은 사탄의 약속이 아니다. 하나님이 아담에게 하신 약속은 "네가 정녕 죽으리라"였다. 하나님은 자신의 약속을 지키신다. 선악과를 먹으면 하나님같이 될까봐 금단의 열매로 만들었다고 말하는 것은 사탄이다. 사탄은 틀린 말을 하지 않았다. 하나님이 "보라 이 사람이 선악을 아는 일에 우리 중 하나 같이 되었으니"라고 말씀하시기 때문이다(창 3:22). 그러나 이 말은 결코 하나님이 하신 말씀이 아니다. 하나님이 하신 말씀은 먹지 말라는 명령과 먹으면 죽으리라는 약속이다.

사탄은 십자가에서 말한다. 하나님이 정말 자기 아들의 희생을 원하실까? 아브라함이 이삭을 죽이려고 할 때 하나님이 막으셨던 것은 아들의 희생이 아니라 순종의 모습이 아니었던가. 아브라함의 아들을 구원하시는 하나님은 자신의 아들을 구원하시지 않겠는가. 하나님은 정의의 하나님이 아니라 자비의 하나님이 아닌가. 하나님은 당신을 시험하고 기뻐하신다. 당신에게 죽음이 아니라 삶을 주시길 원하신다. 당신은 할 만큼 했다. 더이상은 하나님의 뜻이 아니다.

선악과는 금단의 열매이면서 유혹의 열매다. 하나님은 우리의 행복을 원하신다. 우리에게 고통을 주는 것은 하나님의 뜻이 아니다. 물질 때문에 받는 고통은 하나님의 뜻이 아니다. 하나님의 뜻은 우리의 범사가 잘되는 것이다. 사탄의 말은 거짓은 아니지만 참말도 아니다. 사탄의 말은 우리가 듣고 싶어하는 말이다.

「그리스도 최후의 유혹」에서 예수는 십자가에서 완성했다고 말하면서 죽는다. 그러나 아무것도 하나님의 뜻을 위해서 완성된 것이 없다. 완성된 것이 있다면 죄책감에서 해방된 것이고, 유다에게 진 마음의 빚을 갚은 것 뿐이다. 예수가 꺼내준 심장을 믿고 인생을 바친 유다에게 예수는 그렇게 대가를 지불한다.

그래서 「그리스도 최후의 유혹」은 예수의 죽음에서 고백을 삭제한다. 십자가에 달린 두 명의 동반자로부터 아무런 고백이 들려오지 않는다, 백부장의 고백도 없다. 십자가 옆과 밑에서는 침묵만 흐른다. 하늘도 침묵한다. 필름이 끊기고 영화는 끝난다. 그렇게 현대인의 자화상인 예수도 화면에서 사라진다. 다음에는 어떤 얼굴을 지닌 예수를 만나게 될까. 조금은 궁금해진다.

하나님 대신 싸우러 나가는
예수의 열두 시간

●
●
●

Film 6

패션 오브 크라이스트 The Passion of the Christ

2004년 수난절에 맞추어 개봉된 「패션 오브 크라이스트」는 보는 사람으로 하여금 숙연한 마음을 갖게 한다. 그러나 그 마음은 자신의 종교적 정체성에 대한 깊은 숙고로까지 이어지지는 않는다. 숙연한 마음은 보는 사람의 신앙에 따라서 감정의 색깔만 달리 할뿐 여전히 감정의 차원에서 영화가 준 잔상 속에 존재한다. 그래서 거룩함의 이미지를 잃어버린 우리 사회에서 매년 돌아오는 수난절과 부활절은 그리스도인에게 차분함과 성결의 시간이 되지 못한다. 이것이 수난절에 맞추어 영화가 개봉된 이유인지 모른다.

어쩌면 우리 사회에서 거룩함을 찾을 수 없을지도 모른다. 물론 우리 사회에 차분함과 겸허함의 상징은 존재한다. 깊은 밤 부처상 앞에 엎드리는 불교인의 모습과 흩날리는 대숲 사이에서 들려오는 산사의 풍경소리는 여전히 우리 문화가 지닌 겸허함과 비움의 상징이다. 숲속이 아닌 우리의 일상에 자리잡은 교회에서 사람들로 하여금 거룩함과 비움에 대한 아득한 그리움을 가득히 채울 상징이 없는 것은 어쩌면 당연한 일이다. 그나마 가톨릭에는 거룩함의 상징을 어느 정도 갖고 있다. 수녀와 수도사의 모습에서 자기 고행의

The Passion of the Christ, 2004
감 독 멜 깁슨
출 연 제임스 카비젤(예수), 마이아 모겐스턴(마리아), 크리스토 지브코프(요한), 프란시스코 비토(베드로), 모니카 벨루치(막달라 마리아)

표상을 찾을 수 있고, 교회 안을 채운 갖가지 성화들이 교회에 들어오는 사람들에게 거룩한 장소에 들어왔다는 감정을 갖게 한다. 그러나 그것도 교회 안에 들어설 때만 갖게 되는 일시적인 감정일 뿐이다. 굳이 산사에 가지 않아도 산사를 생각하면서 갖는 감정과 같을 수는 없다. 기독교가 우리 사회에 들어온 지 200년이 지났지만(가톨릭을 포함해서) 여전히 우리 문화와 기독교는 별개로 존재한다. 개신교는 더 심각하다. 열린 예배라는 미명 아래 개신교가 지향하는 예배는 교회를 더 세속적인 공간으로 만들고 있다.

대중문화와 결합한 개신교는 사람의 깊은 곳에 자리잡은 거룩함과 겸허함에 대한 아득함을 만족시킬 수 없다. 개신교가 사람들에게 부응할 수 있는 것은 물질의 풍요와 안정에 근거한 행복의 추구이다. 교회 안에서만 일시적으로 성스러움을 경험시키는 가톨릭도 교회 밖의 일상으로 거룩함의 표상을 전환시키지 않는다면 우리 문화와 기독교의 이중적 구조를 좁히지 못할 것이다. 문화와 기독교의 결합을 말하는 것이 아니다. 기독교 문화의

창조를 말하는 것이다. 폴 틸리히가 말한 것처럼 문화는 종교의 외형이고 종교는 문화의 내용이기 때문이다. 성스러움을 경험하지 못하는 종교, 거룩함의 표상을 잃어버린 종교, 겸허함을 담지하지 못하는 종교는 세속주의와 결합한다.

지금의 한국의 개신교는 세속주의와 결합했다. '축복'이라는 이름으로 세속적인 성취와 행복을 종교가 지향하는 유일한 가치로 만들었고, 하나님을 찬양한다는 이름으로 대중문화의 양식을 교회의 예식으로 들여왔다. 교회는 거룩함을 잃어버렸다. 교회에서 보이는 것은 찬양과 기도를 통해서 마음껏 자기의 감정을 발산하는 사람들과 열광적인 설교를 하여 감정의 발산을 부추기는 목회자들이다. 교회의 근거인 예수의 수난과 부활과 삶에 대한 깊은 숙고에서 나오는 그리스도인 됨에 대한 진지하고 엄숙한 성찰은 찾기가 힘들어졌다.

이러한 현실에서 「패션 오브 크라이스트」는 오랜 가뭄 끝에 만난 단비와 같았다. 때맞추어 개봉한 영화는 그동안 의미 없이 지켜온 사순절을 보상이라도 하듯이 수난의 의미를 숙고하게 만들었다. 대형교회 목사들은 앞다투어 영화를 보라고 권유했다. 많은 그리스도인이 영화를 보기 위해서 영화관으로 향했다. 얼마나 많은 사람들이 이 영화를 보고 눈물을 흘렸는지는 모르지만, 관람한 사람들은 가볍게 집으로 돌아가지는 못했을 것이다. 얼마나 많은 목사들이 영화를 보고 깊은 성찰을 했는지는 모르지만, 설교시간에 우리를 속죄하기 위해서 예수가 겪은 참혹한 고통을 설명하면서 언급하지 않은 사람은 없었을 것이다. 영화가 보여 주는 대로 예수가 겪은 고통과 수난을 생생하게 설교로 전달하는 것이야말로 은혜받았다는 느낌을 강력하게 경험시켜 주는 최적의 방법이었다.

그러나 「패션 오브 크라이스트」는 그리스도인에게만 개봉된 영화가 아니다. 그리스도인을 만들기 위해서 만든 영화도 아니다. 영화를 보고 마음이 아팠다거나 눈물을 흘렸다는 것은 그리스도인에게만 국한되는 것이다. 물론 그리스도인이 아니더라도 처참하게 고통받는 예수를 보고 마음 아팠던 사람은 얼마든지 있을 수 있다. 하지만 그런 사람의 마음 아픔과 그리스도인의 마음 아픔은 성격이 다르다. 그들의 마음 아픔은 타인의 고통에 민감하게 반응하는 감정에서 발현된 것이고, 그리스도인의 마음 아픔은 예수와 동일시하는 데서 온 것이다. 예수가 받은 고통에 감정이 움직인 것이 아니라, 예수의 고통에 동참하는 감정의 동일시로부터 오는 마음 아픔이다. 그러나 보는 모든 사람이 감정의 차원에서 인식하는 것은 아니다. 감정의 움직임을 잠시 유보하고 「패션 오브 크라이스트」를 바라보면 전혀 다른 장면이 부각된다.

무엇보다도 「패션 오브 크라이스트」는 잔인하다. 예수를 폭행하는 로마 병사들의 도취되어가는 모습에서 폭력이 사람들을 자극하는 원초적인 쾌감을 주는 행위라는 것을 보여 준다. 처참하게 피 흘리고 쓰러지는 예수의 모습에서 폭력이 인간의 시선을 얼마나 묶어두는지 인식하게 만든다. 공포 영화를 볼 때 무서워하는 마음과는 반대로 시선이 계속 집중되는 것처럼 예수에게 가해진 폭력의 참상을 보면서 가슴과 눈은 불일치의 행동을 보인다. 로마 병사들의 폭력과 더불어 광기가 더해 갈수록 시선 가득히 폭력에 무저항으로 마주서는 예수의 몸짓과 함께 핏자국은 더욱 선명하게 다가온다. 폭력은 피해자에게 고통을 주는 가혹한 것이지만 가해자나 목격자에게는 쾌감을 준다.

「패션 오브 크라이스트」는 폭력에 대한 미학의 극치를 보여 준다. 두 시간 가까이 상영되는 동안 예수의 몸에 가해지는 폭력을 제외하면 특별한 장면이 없다. 영화는 예수의 몸에 가해지는 폭력을 매우 사실적으로 담아냈고 모든 대사를 영어가 아닌 아람어와 라틴어를 사용했다. 또한 기록영화가 아니면서 기록영화의 기법을 사용해서 사실주의를 표방했다. 예수의 수난에 대한 사실적 묘사는 매년 돌아오는 수난절에 예수의 수난을 느끼려고 하지만 경험해 본 적이 없는 대다수의 그리스도인에게 상상력의 빈곤에서 벗어나게 한다.

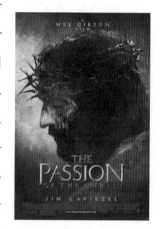

눈앞에 전개되는 폭력과 시야 가득히 담겨지는 예수의 처참한 모습은 상상력이 줄 수 없는 생생한 리얼리티를 준다. 예수에게 가해진 폭행과 사용된 언어가 주는 사실감을 제외하면 영화는 식상하기 짝이 없다. 폭력이 주는 파괴의 아름다움과 쾌감이 없었다면 영화는 사람들에게 외면당했을지도 모른다. 「패션 오브 크라이스트」의 성공은 폭력의 미학에 의존한다.

보는 사람에 따라서 그 의미가 다른 「패션 오브 크라이스트」는 감정의 차원에서 예수의 수난을 바라볼 것이 아니라 분석적 차원에서 바라볼 필요가 있다. 특히 자기 종교의 정체성에 대한 숙고로 이어지기 위해서는 비판적인 시각이 필요하다. 이는 비단 기독교뿐만 아니라 기독교 안에서 내가 어느 분파에 속한 것인지 분별하는 것을 포함한다. 영화가 보여 주듯이 기독교는 분명히 폭력의 미학에 의존한다. 예수의 몸에 가해진 폭력이 없었다면 기독교가 말하는 속죄는 없었을 것이다. 예수의 몸에 가해진 폭력의 흔적이 없었다면 인간의 죄를 속죄한 예수의 부활은 허구였을 것이다. 지금도 예수의 몸에 남아 있는 폭력의 흔적이 없다면 예수가 겪은 고통은 더이상 기억할 필요도 없을 것이다.

예수도 간직하지 않는 고통을 자꾸만 그리스도인이 기억하려는 것은 그리스도인의 자기 연민일 수밖에 없다. 예수가 겪었을 고통을 느낌으로 말미암아 구원받음에 대한 감정을 되살리려 하는 것은 자기 연민이 아니면 무엇이겠는가. 부활한 예수는 몸에 폭력의 흔적을 갖고 있다. 도마에게 보여 준 예수의 몸이 그것이다.

바울은 우리가 부활할 때 지금의 몸이 아니라 전혀 다른 몸을 갖게 된다고 말했다. 전혀 다른 새로운 몸은 어떤 몸일까? 우리 몸에 담겨진 많은 세월의 흔적이 사라지고 삶의 흔적이 없는 새로운 몸일까? 그렇다면 승천한 예수의 몸은 어떠할까? 승천하신 예수의 몸은 지금도 폭력의 흔적을 갖고 있을까? 만약에 승천하심과 함께 예수의 몸에 가해진 폭력의 흔적이 지워졌다면 부활한 예수의 몸과 재림할 예수의 몸은 같은 몸이 아닐 것이다. 그렇다면 성경에 기록된, 너희가 보았던 예수가 그대로 다시 오시리라는 말씀은 어떻게 해석할 것인가.

성경 말씀을 문자적으로 해석하지 않고 의미적으로 해석한다면 문제는 간단하다. 재림할 예수의 몸에 지워진 폭력의 흔적에 근거해서 미래에 일어날 그리스도인의 몸의 부활과 부활한 몸은 같은 몸이 아니라 다른 몸일 것이다. 부활하기 전에 몸에 담고 있었던 많은 삶의 흔적들이 부활한 몸에서는 다 지워질 것이다. 몸에 있던 흔적이 모두 지워지고 깨끗한 새로운 몸이 되어서 하나님 나라에 들어가게 될 것이다. 그러나 재림한 예수의 몸과 부활한 예수의 몸이 같다면 몸에 있는 모든 흔적이 지워진 채로 하나님 나라로 들어선다는 것은 인간들이 바라는 소망일 것이다. 만약에 인간의 소망이 사실이라면 부활하신 예수의 몸에 있는 흔적이 승천할 때 사라졌을 것이고, 예수의 몸에 가해진 폭력의 흔적을 기억한다는 것은 그날에 겪었을 예수의 고통을 느끼려는 감정의 동일시만으로 충분하다.

그러나 부활한 예수가 자신의 몸에 남겨진 흔적을 지금도 간직하고 있다면 부활과 함께 몸에 남은 흔적의 지워짐에 대한 소망은 거짓된 인간의 소망이다. 따라서 예수의 몸에 가해진 폭력의 흔적을 깊이 숙고하는 것은 그리스도인의 자기 감상적인 자의식의 차원에 머무는 것을 넘어섬을 의미한다. 그것은 예수의 몸에 남겨진 폭력의 흔적을 로마 병사가 가한 폭력으로 보는 것이 아니라, 인류가 예수의 몸에 가한 폭력으로 인식하는 것이다. 예수의 몸에 남겨진 폭력의 가해자를 소수의 로마 병사에게 고정시킴으로써 나를 바라보는 자로 만들었던 것을 종식시킨다. 예수가 받은 수난을 바라보는 자로 남는다면 예수의 몸에 새겨진 폭력과 나는 무관한 것이 된다. 예수의 고통에 대해서 아픔을 느낀다는 것은 나를 피해자인 것처럼 만드는 행위가 된다.

그러나 예수의 몸에 난 상처는 내가 가한 것이다. 그분의 몸에 난 상처의 흔적은 내가 새겨놓은 것이다. 하지만 우리의 신앙 고백은 빌라도가 고난을 주었다고 기록한다. 예수의 몸에 새겨진 흔적은 인간이 하나님에게 남겨놓  은 폭력의 결과이다. 따라서 예수의 몸에 새겨진 폭력의 흔적을 숙고하는 것은 그분이 겪은 일 때문에 우리가 구원받았다는 감사의 차원을 넘어선다. 그것은 우리가 가한 행위를 깊이 참회하는 것을 의미한다. 참회는 인식의 변화를 가져온다. 인식의 변화는 예수의 몸에 새겨진 우리가 남긴 폭력의 흔적을 바라보는 것을 통해서 세상 모든 곳에 있는 폭력의 흔적을 인식하는 것이다. 인류가 예수의 몸에 새겨놓은 폭력의 흔적이 생생한 것처럼 생태계에는 인류가 가한 폭력의 흔적이 생생하다. 인간이 인간에게 가한 폭력의 흔적이 생생한 것처럼, 인간이 다른 생명체에 가한 폭력의 흔적 또한 생생하다.

따라서 인간이 생태계에 가한 폭력의 흔적을 인식하고 인간이 타자에게 가한 폭력의 흔적을 인식하는 것은 예수의 몸에 남겨진 폭력의 흔적을 인식한 결과에서 기인한다. 기독교는 분명히 폭력의 미학에 의존한다. 그러나 그리스도인은 예수의 몸에 새겨진 폭력의 미학에 대해서 감상적인 태도로 접근한다. 예수의 몸에 새겨진 고통의 흔적을 '나를 위한' 이라는 개인적인 차원에서 인식한다. 사랑에 목말라하는 그리스도인은 영화가 그려 주는 폭력의 미학에서 나에 대한 사랑의 확인만을 발견한다.

「패션 오브 크라이스트」가 그려내는 폭력의 미학은 자기 종교에 대한 깊은 성찰로 이어져야 한다. 그 흔적은 세상 모든 곳에 새겨진 폭력의 흔적과 같은 것이기 때문이다. 폭력의 주체가 같기 때문만은 아니다. 예수의 몸과 세상이라는 몸은 다름 아닌 하나님의 몸이기 때문이다. 성육신은 하나님이 한 인간이 되셨다는 것뿐만 아니라 그분이 세상이라는 몸으로 오셨다는 것을 의미한다. 따라서 세상에 새겨지는 모든 폭력의 흔적은 하나님의 몸에 새겨지는 폭력의 역사인 것이다.

누가 예수의 몸에 새겨진 상흔을 어루만질 것인가. 누가 세상이라는 몸에 새겨진 하나님의 상처를 닦아낼 것인가. 영화에서는 예수의 몸에 새겨진 폭력의 흔적을 예수의 어머니 마리아가 닦아내는 것으로 그렸다. 빌라도의 뒤뜰에서 흘린 핏자국을, 십자가에서 내려온 예수의 몸에 난 폭력의 상처를 어머니 마리아가 어루만진다. 어머니 마리아가 예수의 몸에 있는 상처를 치유하는 것이다. 예수의 몸을 닦아주는 어머니 마리아는 거룩한 존재다. 하나님의 상처를 치유하는 어머니 마리아는 성스럽다. 그렇기 때문에 제사장의 뒤뜰에서 예수를 세 번이나 모른다고 부인한 베드로가 어머니 마리아에게 울면서 고백한다. "나는 부정한 사람입니다. 나는 그분을 세 번이나 부인했습니다. 어머니."

그러나 성경은 예수의 몸에 난 흔적을 닦고 상처를 치유하는 어머니 마리아에 대해서 알지 못한다. 성경이 아는 것은 어머니 마리아와 살로메, 막달라 마리아가 예수의 몸을 닦기 위해서 무덤을 찾았을 때 예수는 무덤을 떠난 뒤였다는 것이다. 성경은 어머니 마리아에게 참회하고 고백하는 베드로를 알지 못한다. 성경이 아는 베드로는 부활한 예수께서 베드로에게 세 번이나 나를 사랑하느냐고 물으셨을 때 "네, 사랑합니다"라고 고백하는 베드로다.

예수의 몸에 새겨진 상처에 대한 깊은 신학적인 숙고가 필요한 이유가 여기에 있다. 이 영화는 대다수 목사들이 생각하는 것처럼 감동적이지 않다. 「패션 오브 크라이스트」를 감동적인 영화로 보는 것은 폭력의 미학에 빠져든 감상주의에 불과하다. 「패션 오브 크라이스트」는 가톨릭 신학을 충실하게 반영한 영화로 개봉될 때부터 굉장한 화제였다. 전 세계 가톨릭 교회는 일제히 이 영화를 대대적으로 환영했다. 1988년에 개봉된 「그리스도 최후의 유혹」과는 확연하게 다른 반응이다. 「그리스도 최후의 유혹」은 전 세계 가톨릭 교회의 대대적인 반대에 직면했었다. 그들은 「그리스도 최후의 유혹」에서 신성모독을 보았다. 비단 가톨릭만이 아니라 보수적인 개신교 신자들과 목사들도 가톨릭 교회의 시각을 공유했다. 영화를 허구라는 시각에서 바라본 것이 아니라 사실의 시각에서 바라본 것이다.

「패션 오브 크라이스트」는 허구다. 예수의 몸에 새겨진 폭력의 미학이 허구라는 것이 아니라 예수가 받는 폭력을 바라보는 시선이 허구다. 관객의 시선을 말하는 것이 아니다. 예수의 몸에 새겨지는 폭력의 흔적을 바라보는 어머니 마리아와 사탄의 시선이 허구라는 것이다. 영화의 중요 장면마다 어머니 마리아와 예수의 시선이 교차하고 어머니 마리아와 사탄의 시선이 교차한다. 사탄은 로마 병사를 통해서 예수의 몸에 폭력을 행사한다. 막달라 마리아는 사탄의 폭력에 온몸으로 맞서는 예수에게 힘을 불어넣고 있다. 누가 누구와 싸우는 것인가. 예수가 사탄과 싸우는 것인가. 아니면 막달라 마리아와 사탄이 예수를 사이에 놓고 싸우는 것인가. 예수에게 직접적으로 폭력을 행사하는 것은 로마 병사이지만 뒤에서 조정하는 것은 사탄이다. 폭력에 맞서는 것은 예수이지만 뒤에서 예수를 지탱하는 것은 어머니 마리아다.

영화는 철저하게 성경을 따르는 것 같지만 성경을 벗어난다. 성경은 예수의 수난을 사탄과 싸우는 과정이라고 말하지 않는다. 성경은 예수의 수난은 인간을 속죄하기 위해서 대신 받은 하나님의 징계라고 말한다. 「패션 오브 크라이스트」는 예수가 겪는 수난의 열두 시간에 어머니 마리아를 동참시킨다. 사탄이 유다와 병사들, 제사장들, 군중들을 광기로 몰아가면서 예수에게 폭력을 행사하는 시간에 어머니 마리아는 예수에게 힘을 불어넣는다. 예수가 사탄과의 싸움에서 승리하도록 그의 싸움에 동참하고 있다. 유다가 겟세마네에서 예수에게 입맞춤하는 순간 어머니 마리아를 비춰준다.

어머니 마리아가 말한다. 오늘밤은 다르다. 왜냐하면 우리는 더이상 노예가 아니기 때문이다. 빌라도의 법정으로 끌려가는 예수와 어머니 마리아의 눈이 마주친다. 어머니 마리아가 말한다. "주님, 이제 시작입니까? 주님 뜻대로 될 것입니다." 빌라도가 병사들에게 예수를 넘겨준다. 병사들은 예수의 손을 묶고 가혹하게 매질한다. 예수는 피투성이가 된 채로 쓰러진다. 어머니 마리아와 예수의 눈이 마주친다. 어머니 마리아가 말한다. "내 아들아, 언제 어디서 어떻게 저들을 구원할지 네가 선택해야 한다." 예수는 십자가를 지고 가다가 쓰러진다. 일어서면서 예수는 어머니 마리아에게 대답한다. "어머니, 보세요. 나는 모든 것을 새롭게 할 것입니다."

「패션 오브 크라이스트」는 예수를 사이에 두고 사탄과 대결하는 어머니 마리아를 등장시켜서 예수의 구원 사역에 참여하는 어머니 마리아를 말한다. 그러나 성경은 예수의 수난을 사탄과 철저히 무관한 것으로 돌린다. 또한 예수의 구원 사역에서 어머니 마리아의 참여를 철저하게 배재시킨다. 어머니 마리아가 예수의 열두 시간에서 등장하는 것은 예수가 십자가에 달린 다음이다. 따라서 「패션 오브 크라이스트」에서 어머니 마리아에 대한 설정은 십자가에 달린 다음에 예수가 요한에게 너의 어머니라고 말하는 부분만 성경과 일치한다.

가톨릭 신자들에게 「패션 오브 크라이스트」는 전혀 문제가 되지 않는다. 성경보다 교회의 전통과 해석이 우선되기 때문이다. 예수의 수난과 구원에 참여하는 어머니 마리아의 역할은 성경의 기록과 무관하게 교회의 해석과 전통에서 얼마든지 가능하다. 그러나 개신교는 그렇지 않다. 예수의 수난과 구원에 대해서 개신교는 철저하게 성경의 기록만을 따른다. 그렇기 때문에 개신교 목사와 신자는 「패션 오브 크라이스트」를 비판적으로 바라봐야 한다. 폭력의 미학이 쳐놓은 어설픈 감상주의라는 덫에 빠져서 봐야 할 진실을 보지 못하는 우를 범하지 말아야 한다.

「패션 오브 크라이스트」에서 예수는 사탄과 대결한다. 예수를 사이에 두고 하나님과 사탄의 거래가 시작되었다. 사탄은 예수에게 가할 가혹한 형벌 준비를 끝내놓고 십자가를 지지 못하게 방해한다. 겟세마네에서 사탄은 예수에게 말한다. "그 누구도 모든 죄악을 대신 질 수 없다. 그들의 영혼을 구하기 위해 넌 엄청난 대가를 치러야 한다. 그 누구도 할 수 없다. 그것은 너무 힘든 일이기 때문에 그게 너라고 해도 절대로 감당할 수 없다."

사탄이 방해하는 이유는 분명하다. 십자가가 사탄에게서 인간을 해방시키기 위해 아들 예수에게 주는 사명이라는 것을 알기 때문이다. 십자가가 하나님이 주신 사명이라고 해도 사탄에게 붙잡혔던 인간을 해방시킬 때의 고통은 하나님이 주신 것이 아니다. 고통은 사탄이 인간을 놓아주는 대가로 예수에게서 받아낸 것이다. 사탄이 요구하는 대가는 엄청나다. 사람이 감당할 수 있는 것이 아니다.

그래서 사탄은 말한다. "그게 너라고 해도 절대로 감당할 수 없다." 예수는 대답한다. "나는 할 수 없다. 하지만 하나님은 할 수 있다." 겟세마네에서 기도를 끝낸 예수는 사탄과 싸울 준비를 마쳤다. 준비가 끝났기 때문에 예수는 사탄을 상징하는 뱀의 머리를 짓밟는다. "아버지, 저는 아버지의 종입니다. 당신의 아들이자 종입니다." 아들이자 종이기 때문에 예수는 아버지의 뜻을 따른다. 십자가를 지는 예수는 준비되었다. 사탄이 가하는 고통을 이겨내는 것이 사탄에 대한 아버지의 승리를 가져오는 길이라는 것을 알기에 예수는 포기하지 않고 끝까지 십자가를 진다.

「패션 오브 크라이스트」는 보상설에 입각해서 예수의 죽음을 해석한다. '보상설'이란 사탄으로부터 인간을 구원하기 위해서 사탄에게 대가를 지불한다는 초대교회 때 있었던 속죄론이다. 보상설 또는 속량설이라고 불렸던 이 이론에 의하면 하나님과 사탄 사이에 인간의 구원을 놓고 거래가 있었다. 사탄은 인간을 해방시켜 주는 대가로 하나님 아들의 죽음을 요구한다. 하나님은 사탄의 요구대로 아들인 예수를 사탄의 손에 넘겨준다. 사탄은 예수를 십자가에서 죽임으로써 인간을 해방시키는 약속을 한다. 사탄의 손에 넘겨진 아들은 아버지가 자신을 버렸다는 절망감에 절규하면서 죽는다. 이로써 사탄은 인간을 두고 벌린 하나님과의 싸움에서 이겼다고 생각했다.

그러나 삼 일이 지난 다음, 예수를 부활시킴으로써 하나님은 사탄에게서  예수를 구해 낸다. 사탄이 하나님의 아들인 예수를 지배한 기간은 죽은 삼 일의 시간이다. 사탄은 하나님에게 넘겨받은 아들의 죽음을 영구히 지배할 것으로 생각했다. 하나님 아들의 죽음을 취하는 대가로 하나님에게 영원히 인간을 넘겨준 것에 비교하면 하나님이 사탄에게 넘겨준 예수가 죽은 시간은 단지 삼 일 뿐이다. 결국 사탄은 하나님과의 거래에서 속임을 당한 것이다.

초대교회에서 보상설 또는 속량설이라는 예수의 죽음에 대한 설명은 사람들의 뇌리에서 사라진 이론이다. 여기에는 충분한 이유가 있다. 인간의 구원을 놓고 하나님과 협상하는 사탄의 존재와 협상의 대가로 예수의 죽음을 요구하는 사탄의 당당함, 그리고 예수의 죽음을 놓고 승리했다고 생각하는 사탄을 속이는 하나님의 모습은 성경적이지 않을 뿐만 아니라 정당하게 보이지도 않는다.

'만족설'이라는 예수의 죽음에 대한 이론이 보상설을 대치하기 시작했다. 만족설은 하나님의 의와 사랑의 배타적 속성을 동시에 만족시키는 이론이다. 하나님이 인간에 대해서 의의 심판을 하면 인간에 대한 하나님의 절대적 사랑은 구현될 수 없다. 하나님의 절대적 사랑이 구현되면 하나님의 의의 심판은 실현될 수 없다. 하나님의 의의 심판의 대상은 인간이다. 인간은 하나님의 의의 심판을 감당할 수 없다. 인간만이 하나님이 사랑하는 대상이다. 의의 심판 없는 용서는 정의롭지 못하다. 하나님이 인간이 되신 것은 그분만이 하나님의 의의 진노를 감당할 수 있기 때문이다. 하나님이 인간이 되셔서 심판을 받음으로 인간에 대한 절대적인 사랑은 구현되었다. 인간을 용서하시는 하나님의 사랑이 정의로운 것은 인간이 되신 하나님에게 의의 심판이 구현되었다는 전제에 근거한다.

그러나 인간이 되신 하나님에 대한 심판이 정의롭지 않다면 인간을 향한 하나님의 사랑도 절대적이지 않다. 보상설의 문제점은 예수에게 가해진 죽음의 고통이 인간에 대한 하나님의 사랑이 아니라는 데 있다. 따라서 예수에게 내려진 심판이 정의롭지 않다. 욥에게 찾아온 가혹한 시련이 하나님의 동의 하에 사탄이 가한 것처럼, 예수에게 가해진 폭력 또한 하나님의 동의 하에 사탄이 가한 것이다. 하나님의 동의 하에 사탄이 가한 폭력이 어떻게 정의로울 수 있단 말인가. 사탄은 예수가 고통을 못이겨 하나님을 부인할 때까지 폭력을 가한다. 사탄이 하나님을 부인할 때까지 욥에게 폭력을 가한 것처럼 사탄은 예수의 몸에 온갖 폭력을 행사한다.

욥을 사이에 두고 하나님과 벌린 싸움에서 사탄은 승리했다. 사탄이 승리했다는 말은 욥이 하나님에 대한 믿음을 버렸다는 것이 아니다. 욥은 하나님에 대한 믿음을 버리지 않았다. 그렇다고 하나님에 대한 원망과 미움마저 버린 것은 아니다. 사탄의 승리는 욥과 하나님을 직접 대면하게 만든 것에 있다. 하나님은 욥과 대면하지 말았어야 한다. 욥과 대면하는 것은 끝까지 사탄이어야 했다. 욥에게 원망과 미움의 대상이 하나님이 아니라 사탄이어야 했다. 그러나 욥과 하나님이 대면하면서 사탄은 미움과 원망의 대상에서 벗어난다. 욥은 하나님과 대면한다. 욥은 하나님을 원망하는 것이다. 하나님으로부터 나오는 말씀을 듣고 욥은 하나님에 대한 미움과 원망에서 벗어난다. 욥은 자신의 행위를 뉘우치고 회개한다.

십자가에서 사탄은 거의 승리할 뻔 했다. "'엘리 엘리 라마 사박다니 나의 하나님, 나의 하나님, 어찌하여 나를 버리셨나이까.' 예수의 입에서 하나님에 대한 원망과 미움의 말이 나왔다. 이 말이 예수의 마지막 말이었다면 사탄은 예수를 사이에 두고 하나님과 벌린 싸움에서 승리했을 것이다. 그러나 예수에게는 마지막으로 할 말이 남아 있었다. 온 힘을 짜내어 마지막 말을 한다. "다 이루었다. 아버지 내 영혼을 당신의 손에 맡깁니다." 예수는 머리를 떨어뜨리고 숨을 거둔다. 이때 하늘에서 물 한 방울이 떨어진다. 그리고 바람이 불고 지진이 일어난다. 성전이 갈라진다. 병사들이 십자가에 달린 사람의 다리를 분지른다. 예수의 몸에 창을 찌른다. 찌른 병사가 무릎 꿇고 떨어지는 피를 맞는다. 사탄이 괴성을 지르면서 괴로워한다.

하늘에서 떨어지는 물방울은 예수의 죽음을 슬퍼하는 아버지의 눈물처럼 보이지만 눈물이 아니다. 예수를 사이에 두고 벌이는 사탄과의 싸움에서 초조하게 결과를 바라보는 아버지가 긴장이 풀려서 떨어뜨리는 땀 한 방울이다. 다시 말해서 예수의 입에서 나오는 말에 따라 하나님과 사탄의 싸움에서 승패가 결정된다. 예수의 입에 시선이 집중될 수밖에 없다. 모든 상황은 사탄에게 유리하다. 아래에서는 제사장들과 군인들이, 옆에서는 십자가에 달린 자가 예수를 압박한다. 십자가에서 내려와서 너를 구원하라고 소리친다. 십자가에서 나를 내려가게 해 달라고 요구한다.

하나님이 할 수 있는 것은 아무것도 없다. 예수의 입에서 나오는 말을 기다릴 뿐이다. 하나님은 초조하다. 하나님이 수동적으로 그냥 기다린 것은 아니다. 예수가 승리할 경우를 위해서 세레모니를 준비하셨다. 예수의 입에서 승리의 말이 떨어지기가 무섭게 준비한 세레모니를 하나님은 펼치실 것이다. 시간이 없다. 모든 것이 촉박하고 급박하다. 십자가에 함께 걸린 한 사람이 예수 편에 선다. "저는 죄를 지었으므로 당신이 저를 단죄하심이 옳습니다. 주님 청이 있는데 당신의 나라가 임할 때 나를 기억하여 주소서." 십자가에서 내려서지 말고, 끝까지 십자가를 놓지 말라는 말이다. "네가 나와 함께 낙원에 있을 것이다." 예수는 그에게 약속한다.

하나님이 예수의 편에 선다. 까마귀를 보내서 예수를 저주하는 십자가에 달린 다른 사람의 눈을 파먹게 한다. 예수에게 모든 시선이 집중된다. 아래에서는 어머니 마리아가 예수를 바라본다. 하늘에서는 하나님이 예수에게 시선을 집중하고 있다. 예수의 입에서 마지막 말이 나온다. 십자가에 달린 한 사람이 예수에게 영혼을 맡겼듯이 예수는 하나님에게 영혼을 맡긴다. 드디어 열두 시간의 긴박한 드라마가 끝을 맺었다. 긴장했던 하나님의 얼굴이 풀어진다. 긴장이 풀린 하나님의 얼굴에서 물 한 방울이 떨어진다.

이어서 하나님은 준비한 세레모니를 베푸신다. 어둠과 지진을 일으키시고 성전을 둘로 가르신다. 예수의 몸을 창으로 찌른 자가 무릎 꿇는다. 제사장은 제단에서 망연자실한다. 병사들이 도망가고 악마가 소리를 지른다. 머리의 가발이 벗겨진다. 사탄은 자기가 패한 것을 알고 광분한다. 삼 일이 지났다. 동굴의 문이 열린다. 시신을 감쌌던 옷을 벗고 예수가 부활한다.

「패션 오브 크라이스트」는 가톨릭 신학을 충실하게 구현한 작품이다. 아들의 구원사역에 동참하는 어머니 마리아의 신학만이 아니다. 구원에 대한  신인 합동설도 함께 제시한다. 성경은 골고다로 향해서 십자가를 지고 가는 예수가 쓰러지자 로마 병사가 길 가던 구레네 사람 시몬에게 십자가를 지게 했다고 기록했다. 영화는 시몬과 예수가 함께 십자가를 지고 가는 것으로 그려 놓았다. 십자가는 예수가 짊어질 자신의 운명이다. 동시에 십자가를 지는 것은 인간을 구원하기 위한 아들의 나아감이다. 시몬은 사탄의 손에서 인간을 구원하기 위해서 십자가를 지고 가는 예수와 함께 십자가를 지고 간다. 쓰러진 예수를 대신해서 그의 운명의 짐을 대신 옮기는 것이 아니라 예수와 함께 구원으로 나아가는 과정을 함께 나누는 것이다.

영화에는 다른 의미도 내재되어 있다. 예수는 자신을 따르는 사람들에게 자기 십자가를 지고 따르라고 했다. 따라서 모든 사람은 자신의 십자가를 져야 한다. 그런 의미에서 시몬이 진 십자가는 모든 사람이 지고 갈 자기의 십자가다. 시몬이 십자가를 질 때 예수가 일어나 함께 지는 것은, 우리가 십자가를 질 때 예수가 우리의 십자가를 함께 진다는 것을 의미한다. 하지만 예수가 지는 십자가를 시몬과 예수가 함께 지고 간다는 설정은, 구원론적으로 볼 때 함께 구원을 성취해 가는 것을 표상한다. 예수의 구원사역에 어머니 마리아가 동참하듯이 예수의 구원사역에 시몬이 동참하는 것이다.

「패션 오브 크라이스트」는 예수가 겪은 열두 시간의 과정을 재연하기 위해서 성경이 아닌 전승에서 필요한 요소를 가져왔다. 베로니카의 수건에 예수의 얼굴이 담겼다는 것과 십자가에서 예수를 저주했던 강도가 징계를 받았다는 전승이다. 영화는 전승을 충실하게 반영한다. 베로니카가 쓰러진 예수의 얼굴에 있는 핏자국을 지우기 위해서 걸어오는 장면을 재미있게 연출한다. 군중과 로마 병사가 드잡이하는 사이에 베로니카는 신비스럽게 예수에게 나아온다. 베로니카가 수건을 예수에게 건네주고 예수가 얼굴에 묻은 피를 닦을 때까지 그녀가 예수 옆에 있다는 사실을 병사는 알지 못한다. 예수가 수건을 돌려준 다음에 병사는 예수 옆에 있는 베로니카를 알아본다.

십자가에서 예수를 저주한 강도를 징계하는 장면도 흥미롭다. 예수의 시선에 하늘을 나는 까마귀가 보이고 그 까마귀가 십자가에서 예수를 저주하는 강도의 눈을 파먹는다. 까마귀는 하나님이 보내는 신호다. 엘리야가 광야에서 굶주렸을 때 하나님은 까마귀를 보내서 엘리야에게 먹을 것을 주었다. 예수가 까마귀를 보는 것은 하나님이 예수를 돕는다는 것을 상징적으로 표현한 것이다.

예수는 하나님을 대신해서 사탄과 싸우고 있다. 사탄은 하나님과 싸우는 대신 예수에게 고통을 준다. 사탄은 예수를 팔아넘긴 것을 후회하는 유다를 참을 수가 없다. 하나님이 가장 힘든 고통의 시간에 예수에게 욕설을 퍼붓는 십자가에 달린 사람을 참지 못하는 것처럼 사탄은 참회하는 유다를 참을 수 없다. 유다는 어린아이의 모습으로 나타난 사탄에게 쫓기다 못해 자살을 한다. 유다와 십자가에 달린 두 사람, 그리고 까마귀는 예수를 사이에 놓고 벌리는 하나님과 사탄의 싸움에서 사탄과 하나님이 사용하는 패인 것이다. 유다는 사탄이 사용하는 패로서 충실하게 목적을 달성했다. 그러나 다리 밑에 있던 유다의 머리 위로 떨어진 예수와 눈이 마주친 이후 사탄이 사용하는 패로서의 가치를 상실한다.

함께 십자가에 달린 예수를 모욕하는 사람은 예수와 시선을 마주치지 않는다. 마주치지 않기에 사탄이 사용하는 마지막 패가 될 수 있었다. 예수와 시선이 마주친 사람은 사탄이 사용하는 패가 아니다. 하나님이 사용하시는 패다. 예수와 시선이 마주쳤기에 유다는 사탄에게 버림받는다. 예수와 시선이 마주쳤을 때 죄를 용서해 달라고 고백하면서 당신의 나라가 임할 때 나를 기억해 달라는 사람은 하나님의 패다. 하나님은 그 패를 사용해서 예수를 모욕하는 사탄의 패를 꾸짖는다. 그리고 까마귀라는 패를 사용하신다. 까마귀를 보내서 마지막 사탄의 패를 짓밟아 버린다.

「패션 오브 크라이스트」는 고난을 상징하는 'suffering'을 사용하지 않고 열정을 의미하는 'passion'을 사용했다. 'passion'에는 수난이라는 의미도 있지만 하나님을 대신해서 사탄과 싸우러 나가는 예수의 적극적인 모습도 담겨 있다. 예수는 하나님이 부가한 운명의 장에 소극적으로 끌려나간 것이 아니다. 적극적으로 하나님을 대신해서 사탄과 싸우러 나갔다. 사탄과 싸우는 예수를 하나님은 혼자 내버려두지 않았다. 하늘에서 바라만 본 것이 아니다. 어머니 마리아와 함께 옆에서 예수를 붙잡고 있다.

예수를 지켜보는 어머니 마리아의 시선은 예수의 육신적인 어머니만이 아니다. 하나님의 특별한 은총을 통해서 인류를 구원할 하나님의 아들을 낳

으신 테오토코스(theotokos)다. 다시 말하면 교회가 부르는 어머니 마리아의 이름은 하나님의 어머니이다. 사탄과의 싸움에서 예수를 지탱하면서 예수와 함께 싸우는 것은 하나님의 어머니인 마리아다. 어머니 마리아는 예수의 구원사역에 함께하는 동반자다.

「패션 오브 크라이스트」는 가톨릭 신학 전통에 따라서 구성한 예수의 열두 시간 이야기다. 선택은 영화를 보는 사람에게 달려 있다. 「패션 오브 크라이스트」가 그려내는 폭력의 미학에 심취해서 눈물을 흘리는 감상주의로 빠질 것인가, 아니면 개신교 신학적 전통에 따라서 영화를 비판할 것인가. 결코 중립은 없다. 가톨릭인가, 개신교인가? 당신은 어느 쪽인가?

예수와
초대교회 이야기

●
●
●

Film 7

포스트맨 The Postman

「포스트맨」은 케빈 코스트너가 감독, 제작, 주연

한 영화로 1995년 막대한 예산을 들여서 만든 「워터월드」가 흥행에 실패하

고 그해 최악의 영화라는 비평을 받은 후, 3년 만에 만들어진 영화다. 두 영

화는 주제에 있어서 닮은 점이 많다. 문명이 멸망한 후 살아남은 인간 세계

에서 만나는 악의 극복이 영화의 주제다.

「워터월드」는 핵전쟁에 때문에 모든 문명이 파괴되고 오염된 환경 속에

서 물 위에 건설된 악의 제국에 맞서는 한 인간이 나온다. 「포스트맨」에는

환경이 파괴된 세상에서 흩어져 살아가는 사람들을 지배하는 성결주의자들

과 맞서는 한 인간이 등장한다. 「워터월드」에서는 물 위에서 살아가는 한 인

간이 온통 물로 변한 환경에 맞춰서 아가미를 가진 인간으로 진화한 반면

에, 「포스트맨」에는 그 한 인간과 셰익스피어의 연극을 공연하는 노새가 나

온다. 「워터월드」에는 한 인간과 인류의
미래를 새롭게 열어갈 한 여자가 나온
다. 「포스트맨」에도 한 인간과 함께 인
류의 미래를 새롭게 열어갈 한 여자가
나온다. 「워터월드」에는 한 인간이 가져
오는 흙은 어딘가에 오염되지 않은 땅
이 있을 거라는 희망을 사람들에게 갖
게 한다. 「포스트맨」에도 한 인간이 가

The Postman, 1997
감 독 케빈 코스트너
출 연 케빈 코스트너(포스트맨), 윌 패튼(베들레헴), 라렌
즈 테이트(포드 링컨 머큐리), 올리비아 윌리엄스
(에비)

지고 온 편지는 어디선가 정부가 새롭게 조직되고 삶의 질서가 회복되고 있
다는 희망을 갖게 한다. 「워터월드」에서 한 인간이 찾아다니는 것은 어딘가
에 있다고 믿는 오염되지 않은 땅이다. 「포스트맨」에서 한 인간이 찾아다니
는 것은 어딘가 존재한다고 믿는 낙원 세인트 로즈이다. 「워터월드」에 나오
는 물 위에 있는 악의 제국이 어디선가 본 듯한 낯익은 장면을 연상시키듯
이(「매드맥스」에 나오는 악의 도시) 「포스트맨」에도 낯익은 장면들이 나온다
(기병대의 돌격 장면, 존 웨인의 서부극을 연상시키는 마술 묘기, 「사운드 오브
뮤직」에서 폰 트랩 가족이 알프스를 넘어갈 때의 장면을 연상시키는 포스트맨과
에비가 산을 내려오는 장면).

　「워터월드」와 「포스트맨」의 다른 점도 있다. 첫째, 막대한 예산이 들어갔
음에도 불구하고 혹평을 받은 「워터월드」에 비해서 「포스트맨」은 그보다 훨
씬 적은 예산으로 만들었다는 것과 비평가들로부터 별다른 비평을 받지 않
았다는 것이다. 아마도 「워터월드」에서 케빈 코스트너가 만들어 낸 인물과

주제의 식상함에 실증을 느낀 비평가들이 「워터월드」를 벗어나지 못한 것 같은 「포스트맨」에서 특별히 비평할 만한 가치를 못 느꼈을지도 모른다.

둘째, 「워터월드」는 핵전쟁의 결과로 도래한 미래 세계가 황폐함과 잔인함이 가득한 파괴된 도시의 어두움으로 표현되는 반면에, 「포스트맨」에서는 개척 초기의 미국을 연상시키는 시골풍의 밝음이 화면을 덮고 있다. 영화 시작 부분에 등장하는 2013년 유타 주 소금 대평원에 있는 버려진 마을이나 영화 거의 마지막에 등장하는 브리지 시를 제외한다면 「포스트맨」에서 파괴된 문명의 잔재로 보일 만한 특별한 장소는 찾기 힘들다. 영화 시작 부분에 포스트맨이 베들레헴의 군대와 마주치는 마을도 파괴된 문명의 모습으로 보이기보다는 개척 초기의 개척민 마을처럼 보인다.

셋째, 「워터월드」와 「포스트맨」이 다른 것은 전자에는 상징이 나오지 않고 후자에는 많은 상징이 나온다는 것이다. 「포스트맨」에 나오는 상징은 포스트맨, 우체국, 재건된 미국 국가, 스타키 대통령, 그리고 이들을 묶어주는 편지가 있다. 재건된 미국 국가와 스타키 대통령은 화면에 전혀 등장하지 않는다. 재건된 국가와 스타키 대통령의 존재는 포스트맨에 의해서 처음으로 등장하며 포드 링컨 머큐리에 의해서 확산된다. 그들의 존재에 대한 사람들의 믿음은 우체국에 성조기를 걸어놓게 한다. 포스트맨이 전달하는 편지는 사람들에게 고립된 존재가 아니고 바깥 어딘가에서 악을 물리치는 선한 힘이 있다는 증거가 된다. 그리고 포드 링컨 머큐리가 읽어주는 편지는 젊은 포스트맨들에게 포스트맨이 재건된 미국의 대통령인 스타키와 특별한 관계가 있다는 믿음을 주고 그에게 경의를 표하게 한다.

넷째, 「워터월드」는 미국과 관련이 없는데 비해서, 「포스트맨」은 미국과 밀접하게 관련되어 있다. 영화의 배경과 내용이 미국이다. 미국을 제외한 어떤 나라도 나오지 않는다. 미국이 시도 때도 없이 거론되고 성조기가 휘날리고, 서부 개척 시대의 정착민들과 인디언들이 싸우던 기병대를 연상케 하는 장면 등 영화는 온통 미국뿐이다. 영화는 미국인의 애국심을 고취시키기 위해서 만들어진 것 같다.

그러나 영화를 대하는 많은 사람들이 단순히 「포스트맨」이 미국인에게 애국심만을 고취키는 것이 아니라 미국인이 되었다는 자부심을 은근히 선전하는 의도가 있지 않은가 하는 의구심이 든다면 지나친 것일까?

할리우드에서 만든 영화가 전 세계 영화 시장을 석권하는 현 시점에서 영화가 미국이라는 정부에 대해서 종교에 가까운 태도를 그려내고 있는 것은 그런 의구심을 불러일으킬 수도 있다. 우리는 미국이 지구를 지켜내는 것을 소재로 한 많은 영화를 통해서 미국에 대한 자부심을 은근히 드러내는 것을 여러 차례 보아왔다. 그렇기 때문에 「포스트맨」이 미국의 우월주의를 배재한다고 단정하는 것은 성급할지 모른다.

영화에는 백인을 제외한 다른 인종은 나오지 않는다. 미국은 세계 곳곳에 있는 민족들이 이주해서 만들어진 다민족 국가다. 그러나 미국 사회에서 백인을 제외한 다른 민족이나 인종들은 미국이라는 국가와 동질성을 갖기 힘들다. 다민족으로 구성된 미국이지만 미국은 철저히 앵글로색슨 백인들이 중심인 나라다. 영화는 온통 백인들 뿐이다. 영화에서 백인이 아닌 사람은 베들레헴에 의해서 성결주의자로 징집되는 한 명(베들레헴은 백인으로 생각하지만 그의 부하는 흑인으로 인식한다)과 영화를 이끌어가는 중심축 중의 하나인 포드 링컨 머큐리이다. 그는 포스트맨을 신화로 만드는 인물로 흑인이다.

그러나 영화에서의 비중에 걸맞지 않게 포스트맨은 내내 그를 미성년자 취급한다. 포드 링컨 머큐리는 그의 앳된 얼굴 때문에 미성년자로 보이게 하지만 영화에서는 의도적으로 영웅의 이미지를 삭제한다. 존 스티븐슨에서 차를 운전하고 싶어서 이름을 포드 링컨 머큐리라는 자동차 이름으로 개명한 것은 치기 어린 행동이다. 미래의 영웅이 할 행동이 아니다. 백인으로 오해받아서 징집된 흑인의 외모와 포드 링컨 머큐리의 외모를 비교해 보면 분명한 대조를 보인다. 전자는 성인의 모습이고, 후자는 아직 사춘기를 벗어나지 못한 모습이다. 전자는 신중하고 사려 깊은 행동을 한다. 후자는 즉흥적인 충동에 따라 모방하는 행동을 한다.

그러나 그들의 대조가 어떻든 간에 한 가지는 분명하다. 그들은 포스트맨을 위해서 존재한다는 것이다. 전자는 포스트맨에게 자유를 찾아주기 위해서 자신을 버린다. 후자는 포스트맨을 신화로 만들기 위해서 동분서주한다. 그들의 인생에서 주인공은 자신들이 아니다. 그들은 흑인이다. 포스트맨은 당연히 백인이다. 영화가 백인우월주의와 아무런 연관이 없다고 단정할 수 있을까?

「포스트맨」이 미국과 백인우월주의를 선전하는 것 같은 인상을 지울 수 없는 이유는 무엇일까? 지리적 배경이 미국이어서 그런 것일까? 아니면 미국을 제외한 다른 나라는 영화에서 철저히 배제되어서일까? 아니면 무의식에 작용하는 미국과 백인에 대한 어떤 거부감이 영화를 그렇게 읽어내게 하는 것일까? (필자가 대학에서 학생들에게 「포스트맨」을 보고 분석하라는 과제를 주었을 때 많은 학생들이 미국과 백인우월주의에 대한 거부감을 표현했다.) 영화가 미국주의를 표방하는 것처럼 보이는 이유는 분명하다. 감독이 제기한 문제의식을 영화에 제대로 표상하지 못했기 때문이다.

케빈 코스트너가 감독으로서 갖고 있는 주제는 구원이다. 문명이 멸망한 이후 살아남은 인간에 대한 구원이다. 구원에 대한 주제는 본질적으로 종교적인 것이다. 1995년 최악의 영화라는 평을 들은 「워터월드」의 참패에도 불구하고 불과 3년 후에 동일한 주제를 다른 방식으로 영화에 담은 것은 케빈 코스트너가 구원의 문제를 기독교의 각도에서 바라보려고 했기 때문이다.

두 영화의 차이를 단순하게 구분하는 것은 무리이지만 명백하게 드러난 둘의 차이는 상징에 있다. 「워터월드」에는 종교적 상징이 거의 나타나지 않는데, 「포스트맨」에는 분명하게 드러난 상징이 있다. 「워터월드」에 상징이 없는 이유는 분명하다. 이 영화에서 제시하는 구원의 의미는 인간으로의 복귀이기 때문이다. 물론 오염되지 않은 육지에 대한 기대와 희망이 있다. 그러나 마른 땅이 상징은 아니다. 상징은 상징되는 것을 표상한다. 상징되는 것은 초월적인 것이며 실제적인 것이다. 그것이 실제적인 것은 경험되기 때문이다. 초월적인 것은 경험된 그것이 표현될 수 없기 때문이다.

마른 땅이 표상할 수 있는 것은 희망과 기대다. 포스트맨에서 세인트 로즈는 희망과 기대를 표상한다. 그러나 마른 땅과 마찬가지로 상징이 될 수 없다. 「워터월드」와 「포스트맨」의 마지막에서 오염되지 않은 육지와 세인트 로즈가 발견된다. 사람들에 의해서 발견된 다음에 그것은 희망과 기대를 표현하는 상징이 되지 못한다. 마른 땅이나 세인트 로즈는 다 같은 세계 안에 있는 세계의 일부이기 때문이다. 마지막까지 감춰져 있는 것만이 상징으로 남는다. 따라서 상징하는 것은 상징되는 것과 결코 동일시 될 수 없다. 「포스트맨」이 미국과 백인우월주의를 선전하는 것처럼 보이는 것은 세계의 일부로서 현실에서 경험되는 것을 상징하는 것과 상징되는 것으로 채택한 결과다.

「포스트맨」에서 말하는 것은 예수의 이야기다. 따라서 영화의 텍스트는 성경이다. 2000년 전의 예수와 초대교회의 이야기를 미국의 건국 초기 모습에서 세속적으로 풀어간다. 영화에는 예수와 관련된 중요한 인물들이 등장한다. 세례 요한, 베드로, 가룟 유다, 안나, 도마, 바울. 예수에게 믿음을 고백하는 많은 사람에 대한 성경의 기록을 「포스트맨」에서 확인할 수 있다.

「포스트맨」은 예수를 공관복음서의 관점에서 사람의 아들인 나사렛 예수가 하나님의 아들인 그리스도로서 정체성을 확립해 가는 모습을 셰익스피어에서 포스트맨으로 되어가는 것으로 그려내고 있다. 공관복음이 인간 예수를 하나님의 아들로 되어가는 것을 기록했다는 의미가 아니다. 공관복음은 요한복음과 마찬가지로 처음부터 예수는 하나님의 아들이라고 기록한다.

그러나 요한복음은 처음부터 예수를 성육신하신 하나님으로 밝히고, 예수는 자신이 하나님의 아들인 것을 공개적으로 선언하는 것과는 달리, 공관복음은 예수 스스로가 메시아임을 감춘 것을 부각시킨다. 공관복음에서는 예수가 하나님의 아들인 것을 귀신들이 알아본다. 예수는 귀신들이 예수의 정체성을 폭로하는 것을 금지하고 그들을 내쫓는다. 공관복음은 예수가 메시아라는 비밀을, 요한복음은 하나님의 아들에 대한 인식이 예수에 대해서 기록하는 기본 입장이다. 공관복음과 요한복음이 예수에 대해서 기록하는 방법과 무관하게 분명히 일치하는 것이 있다.

예수는 세례 요한과 밀접한 관계가 있다. 예수는 세례 요한에게 세례를 받고 세상에 메시아로 등장한다. 복음서에 따르면 예수가 선포한 하나님 나라의 메시지는 세례 요한이 선포했던 메시지와 같은 것이다. 요한복음은 예수의 제자인 베드로와 안드레가 세례 요한의 제자였다고 기록한다. 요한의 제자였던 그들이 예수의 메시지를 듣고 예수를 찾아와 그의 제자가 되었다. 누가복음에 의하면 세례 요한과 예수는 오촌간이다. 요한의 어머니와 예수의 어머니 마리아가 사촌지간이기 때문이다. 그러나 복음서에는 예수가 세례받는 장면에서 요한과 처음 만나는 것처럼 그려져 있다.

성경을 면밀히 검토해 보면 세례 요한과 예수의 관계는 미묘하다. 세례 요한이 예수의 길을 예비하러 온 것처럼 그려져 있지만, 예수에 대한 의문이 있음을 감추지 않는다. 예수의 제자들은 예수에게 요한이 자신의 제자들에게 기도문을 가르쳐 준 것처럼 기도문을 가르쳐 달라고 요청한다. 그래서 주기도문을 제자들에게 전수한다. 예수와 세례 요한이 오리라고 예언된 분과 오시는 분을 예비하러 광야에서 외치는 소리라고 복음서는 기록하지만 면면히 살펴보면 예수와 세례 요한, 그리고 예수의 제자와 요한의 제자가 경쟁과 경계의 대상이었다는 것이 신약학자들의 주된 결론이다.

「포스트맨」에서 미국적으로 표현된 세례 요한과 예수가 만난다. 그들의 만남은 광야에서 시작된다. 노새와 함께 마을과 마을을 떠돌면서 셰익스피어의 연극을 하던 포스트맨이 (영화에서는 이름이 나오지 않는다. 마치 예수가 하나님의 아들 또는 나사렛 예수, 그리스도로 호칭되는 것처럼 그는 셰익스피어 또는 포스트맨으로 불린다. 예수는 자신을 인자라고 불렀다. 인자는 예수가 부르는 자신의 이름이다.) 장군으로 불리는 베들레헴의 군대와 마주치면서부터다. 베들레헴은 그를 셰익스피어라고 호칭한다. 셰익스피어는 셰익스피어의 연극을 하기 때문에 베들레헴이 부르는 호칭이다.

세례 요한만이 예수를 보고 하나님의 어린양이라고 부르는 것처럼 셰익스피어는 베들레헴만이 부르는 호칭이다. 베들레헴의 눈에는 셰익스피어가 자신과 맞설 전사로 보이기 때문에 위험한 존재이다. 셰익스피어는 자신은 마지막 순간이 되면 그때서야 전사가 되기 때문에 그냥 보내달라고 말한다. 베들레헴은 셰익스피어에게 너는 전사가 아니지만 곧 전사가 될 것이며 의미 있는 삶을 살게 될 거라고 말한다.

베들레헴은 셰익스피어를 비롯한 두 사람과 다른 마을에서 착출된 사람들을 광야에 있는 자신의 근거지로 데려온다. 그리고 그들에게 나단혼으로부터 내려온 성결주의자들의 8계명을 말해 주고 성결주의자의 표시인 8을 팔에 찍는다. 제1계명, 명령에는 무조건 복종한다. 제2계명, 처벌은 신속히 한다. 제3계명, 자비는 약자들만의 것이다. 제4계명, 폭력은 이성보다 앞선다. 제5계명, 조직에 충성한다. 제6계명, 정의를 수호한다. 제7계명, 조직원은 누구나 지도자에 도전할 수 있다. 제8계명, 처벌은 사형뿐이다.

영화에서 베들레헴과 포스트맨은 두 번 만난다. 첫번째 베들레헴과 셰익스피어의 만남은 세례 요한과 예수의 만남을 연상시킨다. 세례 요한은 예수에게 두 가지의 중요한 것을 수행한다. 세상 죄를 지고 가는 하나님의 어린양이라는 선언과 세례를 베푼다. 베들레헴은 셰익스피어에게 미래에 되어질 전사라는 선언과 함께 그에게 성결주의자의 일원이라는 낙인을 찍는다. 세상 죄를 지고 가는 하나님의 어린양이라는 선언은 현재의 예수를 지칭하는 것이 아니다. 미래의 예수에게 주어질 운명을 예언한 것이다.

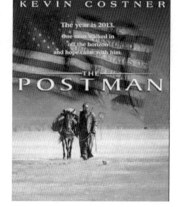

요한의 세례는 예수를 메시아로 선언하는 것이다. 베들레헴이 셰익스피어에게 성결주의자의 표시인 8자 낙인을 찍음으로써 셰익스피어가 미래에 포스트맨으로서 사람들을 구원할 구원자가 되게 한다. 베들레헴이 셰익스피어에게 선포한 8계명은 포스트맨으로서 셰익스피어가 두번째 만남에서 베들레헴과 그의 군대에게 선포한다. 그럼으로 포스트맨은 베들레헴과 맞서는 전사가 되어 사람들을 구원하는 구원자가 된다. 세례 요한과 예수가 임박한 하나님 나라의 선포로 묶여진 것처럼 베들레헴과 포스트맨이 8계명으로 엮어진다. 따라서 베들레헴과 포스트맨은 세례 요한과 예수의 관계에 상응한다.

예수가 메시아로 자신을 드러내는 데 있어서 중요한 두 명의 제자는 가룟 유다와 베드로다. 가룟 유다는 예수를 배반한 자로 그를 십자가에서 처형되게 하는 인물이다. 베드로는 예수에게 신앙을 고백한 첫번째 제자로 예수가 심문받는 중요한 순간에 예수를 부인한다. 성경과 교회의 역사는 가룟 유다와 베드로의 운명에 대해서 판이하게 기록한다. 가룟 유다는 죄책감 때문에 자살로 생을 마감하고, 베드로는 예수처럼 십자가에서 그것도 거꾸로 매달려 자신의 생을 마감한다.

베들레헴에게 잡혀온 셰익스피어는 함께 잡혀온 두 사람에게 탈출할 것을 제의한다. 그러나 세인트 로즈를 향한 셰익스피어의 계획은 시도 단계에서부터 난관에 봉착한다. 함께 붙잡힌 두 명 중 한 명이 셰익스피어의 탈출계획을 밀고했기 때문이다. 셰익스피어는 다리에서 강물로 뛰어내려 탈출하고 밀고한 사람과 다른 한 사람이 명령을 받고 셰익스피어를 잡으려고 강물로 뛰어든다. 베들레헴의 군대는 계곡 위에서 강물을 따라 내려오고 셰익스피어는 강 하구에서 이들과 마주친다. 마주친 두 명과 셰익스피어의 대립과 대사는 의미심장하다. 셰익스피어는 배신자에게 "나는 너의 군대에 속하고 싶지 않다." 배신자는 나의 군대라는 말에 흐뭇해 하다가 셰익스피어가 찌른 칼에 맞으면서 어떻게 이럴 수 있는가 하면서 죽는다. 남은 한 명은 둘 중 하나는 죽어야 한다면서 셰익스피어가 탈출할 수 있도록 자기 목숨을 내놓는다.

나사렛 예수가 메시아로 등극하는 데 있어서 중요한 제자는 가룟 유다와 베드로다. 영화는 유다와 베드로를 연상케 하는 두 사람을 케빈 코스트너가 셰익스피어에서 포스트맨으로 되는 시점에 배치한다. 영화가 성경과 다른 것은 셰익스피어와 배신자의 관계이다. 성경은 가룟 유다에게 예수가 배신당하고 가룟 유다는 자살로 생을 마감한다고 기록한다. 영화는 셰익스피어가 배신자를 칼로 찌르고 배신자가 "어떻게 이럴 수 있는가"라고 말한다. 어떻게 이럴 수가 있느냐. 단순히 자기를 찌를 줄 몰랐다는 말이 아니다. 목숨을 건 탈출에서 그냥 잡혀가는 사람은 없기 때문이다. 어떻게 이럴 수가 있느냐는 말은 영화가 던지는 조크다.

어떻게 이럴 수 있느냐. 성경에 따르면 가룟 유다가 예수를 넘겨주는데, 영화는 예수로 그려지는 셰익스피어가 가룟 유다로 그려지는 배신자를 죽이다니 어떻게 이럴 수 있는가. 감독은 심각한 순간에 조크한다. 그리고 그 순간에 감독은 나머지 한 명으로 하여금 셰익스피어를 몸으로 사수하게 한다. 그럼으로써 감독은 베드로가 예수를 부인했던 마음의 짐을 벗게 하는 기지를 보인다. 나머지 한 명의 죽음은 감독이 배려하는 센스다.

셰익스피어는 포스트맨으로 거듭난다. 성경은 예수가 세례 요한에게 세례받은 후 광야에서 40일간 금식했다고 기록한다. 포스트맨은 버려진 차에서 추위와 굶주림을 견딘다. 예수는 광야생활을 끝내고 세상으로 들어 와서 메시지를 선포한다. 포스트맨은 차 안에서 우체복과 우체부 가방을 들고 파인뷰로 들어와서 메시지를 전한다. 나는 미국 정부의 대리인이다. 복구된 국회에 의해 제정된 아이다호와 오레곤을 잇는 새로운 통신법 417을 수행하는 중이다. 예수가 선포한 임박한 하나님 나라의 도래는 복음이다. 포스트맨이 선포한 재건된 미국 정부와 스타키 대통령은 복음이다. 성경은 예수의 선포에 대해서 의심하는 사람이 있다고 기록한다. 포스트맨의 선포에 대해서 파인뷰의 보안관 비스코가 의심한다.

성경은 예수가 구원자라는 것을 알아보는 첫번째 사람이 안나라는 여선지자라고 기록한다. 안나는 성전에 머물면서 세상에 오신 구원자를 만나기 전까지 결코 눈을 감지 못한 인물로 하나님에 의해서 지정된 여선지자다. 파인뷰에서 포스트맨은 그를 믿어주는 첫번째 사람 아이린 마치를 만난다. 포스트맨이 덴버에 있는 자매가 아이린 마치에게 보낸 편지를 읽어주는 것을 듣는 동안 아이린 마치는 포스트맨을 향해서 "당신은 신이 보낸 구원자입니다"라고 고백한다. 안나와 달리 아이린 마치는 눈을 뜨지 못하는 사람이다. 감독은 안나의 역할을 하는 아이린 마치를 등장시키면서 살짝 스토리를 거꾸로 놓는 재치를 보인다. 안나는 신이 보낸 구원자인 예수를 만남으로 눈을 감는다. 아이린 마치는 신이 보낸 구원자인 포스트맨을 만남으로 마음의 눈을 뜬다.

파인뷰의 비스코 보안관은 예수의 제자 가운데 도마를 모델로 했다. 도마는 예수의 부활을 믿지 않았던 제자다. 그는 부활한 예수가 제자들에게 나타났을 때 옆구리에 난 창 자국과 손에 난 못 자국을 보고나서 예수에 대한 신앙을 고백했다. 비스코 보안관은 포스트맨을 믿지 않는다. 마을 사람들이 포스트맨을 보고 재건된 미국과 대통령이 있다는 믿음을 갖게 되어서 기뻐할 때 비스코 보안관은 포스트맨에게 "어쩌다 우체부 가방을 주어서 포스트맨 행세를 하는 떠돌이다. 필요한 것은 보이지 않는 환상이 아니라 성결주의자와 싸울 현실적 도움이다. 너는 그것을 사람들에게 가져다 줄 수 있느냐"고 질문한다. 그러면서 스스로 대답한다. "그렇게 할 수 없는 것을 아니까 사람들이 실망하기 전에 아침에 조용히 사라지라"며 포스트맨을 파인뷰 밖으로 밀어낸다. 그러나 포스트맨이 마을을 떠나는 날 아침, 그를 파인뷰 밖으로 데려가면서 마지막 순간에 자신이 쓴 편지를 건네준다. 비스코 보안 관이 포스트맨에 대한 완벽한 확신이 없으면서도 그를 포스트맨으로 인정 하는 아이러니를 보인다. 비스코는 포스트맨이 자기가 보낸 편지에 대한 답 장을 갖고 왔을 때 그를 믿으며 베들레헴에게 총살당할 때 포스트맨에게 절 대적인 지지를 보낸다.

파인뷰에서 포스트맨이 만나는 두 명의 중요한 사람은 에비와 포드 링컨 머큐리다. 에비는 하와를 상징하고, 포드 링컨 머큐리는 바울을 상징한다. 에비가 하와를 상징하는 것은 예수가 두번째 아담이라고 명명되기 때문이 다. 창세기는 인류가 아담과 하와에 의해서 시작되었다고 기록한다. 문명이 멸망한 후 인류는 새롭게 시작되어야 한다. 파인뷰에는 새롭게 인류를 시작 할 하와는 준비되었는데 하와와 함께 인류를 창시할 아담은 준비되지 않았 다. 에비의 남편은 이하선염에 걸려서 에비를 임신시킬 수 없다. 베들레헴 도 에비를 임신시킬 수 없다. 문명의 멸망 후 새로운 문명은 아이의 출생으 로부터 가능하다. 아이를 출생시킬 수 있는 것은 에비와 포스트맨 뿐이다. 그들로부터 희망이라는 아이가 출생한다.

에비는 하와를 상징하지만 아담과 함께한 하와를 의미하지 않는다. 포스 트맨이 두번째 아담이듯이 에비는 두번째 하와다. 첫번째 하와가 아담을 범 죄하게 함으로써 인류에게 죄를 들여온 존재로 비난받지만, 두번째 하와는 두번째 아담이 세상에 구원을 가져오는 데 함께하는 존재다. 초대교회 교부들은 예수의 어머니 마리아로부터 두번째 하와의 테마를 발전시켰다.

누가복음은 천사가 예수의 수태고지를 할 때 마리아가 그에 동의함으로 예수가 마리아의 몸을 통해서 올 수 있었다고 기록한다. 요한복음에서는 예수가 행한 첫번째 기적인 물로 포도주를 만드는 역사를 마리아가 예수에게 부탁해서 이루어졌다고 기록한다. 감독은 두번째 하와의 주제를 예수의 어머니 마리아로부터 포스트맨과 결합해서 희망이라는 딸을 낳는 에비에게로 옮겨놓았다. 그래서 에비는 포스트맨이 포스트맨 되게 하는 역할을 한다. 포스트맨에게 포스트맨이라는 신념을 갖게 하고 세상으로 포스트맨을 내보내기 위해서 산 속에서 숨어 살던 집을 불태운다.

포드 링컨 머큐리는 포스트맨의 전설을 만들어 낸 실제적인 인물이다. 포스트맨이 파인뷰에 처음 들린 날 그에게 포스트맨이 되는 선서를 한다. 그리고 포스트맨이 떠난 자리에서 우체국에 국기를 달고 사람들을 포스트맨으로 임명하면서 사방으로 편지를 배달하게 한다. 베들레헴이 파인뷰에 들어와서 우체국에 달린 성조기를 내려 불태우고 우체국을 불지를 때 비스코 보안관이 막지 않았다면 포드 링컨 머큐리는 우체국을 사수하기 위해서 목숨을 던졌을 것이다. 우체국은 포드 링컨 머큐리에게 있어서 생명과 같은 곳이다. 이곳에서 포스트맨으로 다시 태어났고, 포스트맨에 대한 전설같은 이야기를 사람들에게 들려주며 사람들을 포스트맨으로 임명한다.

포스트맨이 에비와 함께 산을 내려와서 처음 만나는 앳된 얼굴의 소녀는 포드 링컨 머큐리에 의해서 18번째 포스트맨으로 임명된 포스트맨이다. 18번째 포스트맨인 앳된 소녀는 포스트맨에 대한 전설같은 무용담을 들려준다. 그는 서부 대륙을 가로질러서 적군에게 주먹을 휘두르고, 베들레헴 장군의 눈에 침을 뱉었으며, 지금 스타키 대통령과 동부에 있다. 포드 링컨 머큐리가 재건된 국회와 직접 연락을 하고 있다는 말도 들려준다. 파인뷰에서 포드 링컨 머큐리는 포스트맨이 보냈다는 편지를 읽어준다. 편지에는 "나는 미네아폴리스에서 대통령과 함께 있지만 마음은 당신들에게 있습니다. 기억하세요. 뭐든지 하룻밤에 이루어지는 것은 없다는 것을, 자부심을 갖고 총에 맞지 않도록 조심하세요"라고 쓰여 있다.

예수에 대한 믿음과 교회는 예수의 어떤 제자보다 사도 바울에 의해서 급속도로 전파되었다. 뿐만 아니라 예수와 교회에 대한 바울의 해석은 기독교의 근간과 교리가 되었다. 예수를 두번째 아담으로 표상한 이도 바울이며 교회를 예수의 몸으로 설명한 이도 바울이다. 바울에 의해서 복음은 예수의 십자가에서 대속의 죽음과 부활에 대한 믿음으로 설명된다.

19세기말 《기독교의 본질》을 쓴 아돌프 폰 하르낙이 기독교의 최대 미스테리를 선포하는 자가 선포의 대상이 되었다는 말로 표현했다. 선포하는 자는 예수를 의미한다. 선포의 대상도 예수를 의미한다. 하르낙이 말한 선포하는 자 예수가 선포한 것은 하나님 나라에 대한 복음이다. 그러나 바울이 선포한 것은 예수에 대한 복음이다. 즉 예수가 선포한 복음에서 예수를 복음으로 선포하게 된 것이 기독교의 미스테리라는 것이다. 그리고 그 중심에 바울이 서 있음은 분명하다.

많은 신학적인 질문 가운데서 예수와 바울의 관계에 대한 질문은 근본적이다. 예수와 바울의 관계가 단절적이면 기독교는 바울에 의해서 창시된 바울의 종교가 된다. 예수와 바울의 관계가 단절이 아니면 예수가 선포한 복음과 예수를 선포하는 복음은 같은 것이 된다. 신학에서 예수가 선포한 복음과 예수를 선포하는 복음은 같은 복음이라는 것은 분명하다.

「포스트맨」에는 19세기 개신교 신학이 던졌던 질문이 녹아 있다. 포스트맨에 의해서 선언된 선서는 포드 링컨 머큐리에 의해서 선서의 내용이 바뀐다. 두번째 포스트맨과 베들레헴의 대면에서 포스트맨에 의해서 다시 선언된 8계명도 포드 링컨 머큐리에 의해서 수정된다. 베들레헴을 물리친 포스트맨의 8개의 계명에는 더이상 살상이 없다. 평화만 있을 뿐이다. 포스트맨은 한 개의 계명으로 줄인다. 포드 링컨 머큐리는 그 하나의 계명에, '살아라, 그리고 남도 살게 하라'는 말을 첨가한다. 포스트맨이 선포한 재건된 미국 정부와 대통령에 대한 믿음은 포드 링컨 머큐리에 의해서 포스트맨에 대한 믿음으로 표현된다.

영화가 전개하는 방법은 분명하다. 예수와 제자들의 기독교 초기의 이야기와 미국의 개척 시대 이야기를 병렬한다. 두 이야기를 합류해서 영화 「포스트맨」이 상징하는 것은 분명하다. 우체국은 교회이고 재건된 미국 정부는 하나님 나라이며 스타키 대통령은 하나님을 상징한다. 영화에서 재건된 미국 정부와 스타키 대통령이 등장할 수 없는 이유는 하나님 나라와 하나님은 그 어떤 것으로도 형상화될 수 없기 때문이다. 포스트맨이 예수로 상징된 것은 공관복음서가 제시하는 메시아를 인식하는 문제를 의식했기 때문이다. 따라서 인간 예수가 하나님의 아들 메시아로 자각하는 과정을 포스트맨이 자각하는 과정과 병렬했다. 포스트맨은 사람들이 그에 대해서 갖고 있는 믿음과 그에 의해서 갖게 된 믿음을 통해서 자신에 대한 믿음으로 나아간다. 포드 링컨 머큐리가 거짓으로 자신에 대해서 쓴 편지를 부정하지 않고, 더 열심히 훨씬 더 위험한 지역으로 편지를 배달하는 포스트맨이 되는 것은 자신을 재건된 미국 정부가 임명한 공무를 수행하는 포스트맨으로 믿고 있다는 것을 보여 준다.

그러나 베들레헴에 의해서 포스트맨들이 처형당하고 사람들의 생명이 위험에 빠지는 순간에 포스트맨은 고뇌하고 결단한다. 포스트맨은 재건된 미국 정부가 존재하지 않는다는 편지를 쓴다. 그리고 그 편지를 베들레헴에게 전달하려는 것을 포드 링컨 머큐리가 막는다. 포스트맨 대신에 편지를 전달하고 죽으려는 것이다.

예수의 세번째 예루살렘 방문은 마지막이었다. 예수는 겟세마네 동산에서 내려온 순간 루비콘 강을 건넌 것이다. 그는 스스로 죽음의 길을 걸어간다. 그 길 끝에서 만난 것이 십자가이며 부활이다. 포스트맨이 베들레헴을 만나는 것은 죽음과 부활이 아니다. 포스트맨이 있는 지리적 환경과 시대적 배경은 서부 개척 시대이기 때문이다. 따라서 베들레헴과 만나는 자리는 악과 맞서서 자유를 추구하는 서부 개척 시대 개척민의 희망과 꿈을 실현시키는 자리여야 한다. 포드 링컨 머큐리는 베들레헴에 편지를 전달하고 죽으러 떠나고, 포스트맨은 에비와 함께 세인트 로즈를 찾아서 떠난다. 표면적인 이유는 태어날 자신들의 아이가 자랄 평화로운 세상을 찾기 위해서다. 내면적인 이유는 자신에 대한 믿음을 상실했기 때문이다. 사람들이 믿고 자기도 믿었던 포스트맨이 자신이 아닌 것을 의식한 것이다.

예수도 그렇지 않았을까? 인간 예수는 자신의 정체성과 존재에 대해서 회의와 번민이 없었을까? 포스트맨이 세인트 로즈를 찾아서 떠나는 것은 예수의 생애에 존재했던 회의와 번민의 과정을 삽입했기 때문이다. 공관복음서가 제시하는 예수의 번민은 예루살렘 입성 직후 찾아온다. 예수는 겟세마네에서 밤새워 고민하며 기도했다. 두려워서 피하고 싶었기 때문이라고 성경은 기록한다. 회의와 번민, 고뇌와 두려움을 극복한 후에야 예수는 자신의 운명과 맞선다. 포스트맨도 회의와 번민을 넘어선 후에 베들레헴과 맞선다. 브리지에서 포스트맨은 회의와 번민을 넘어선다. 브리지 시는 예수가 마지막으로 고민했던 겟세마네를 상징한다. 브리지 시를 이끄는 지도자가 포스트맨이 베들레헴과 맞설 수 있는 방법을 알려준다.

브리지에서 에비는 포스트맨에 대한 믿음을 표현한다. 그녀가 말한다. "당신은 자질이 있다. 파인뷰에서 그것을 봤다. 당신은 우리가 잊었던 걸 되찾아 주었다. 마치 부인에게는 시력을 회복할 거라는 희망을 주었고, 포드에게는 삶의 가치를 느끼게 해 주었고, 주머니 속의 사탕을 주듯이 희망을 나누어주었다."

예수는 두 명의 제자와 함께 겟세마네에 올라갔다. 겟세마네에서 두 명의 제자는 예수가 회의와 번민과 고뇌의 시간을 지나가는 동안 내내 잠만 잤다. 그들은 예수에게 아무런 도움이 되지 못했다. 브리지에서 포스트맨은 두 명으로부터 도움을 받는다. 그를 알아보는 브리지를 이끄는 사람과 에비다. 브리지를 이끄는 사람이 말해 준 것처럼 포스트맨은 베들레헴의 악과 맞설 사람들을 찾아서 떠난다. 포스트맨이 자신에 대해서 갖고 있는 회의와 번민을 넘어섰기 때문이다.

평원에서 베들레헴과 포스트맨은 두번째 대면을 한다. 그들의 첫번째 대면은 세례 요한과 예수의 대면을 상징한다. 두번째 대면은 사람들을 괴롭히는 악과 악에서 사람들을 구원하는 구원자의 대면이다. 베들레헴은 극복해야만 하는 악이다. 예수가 십자가에서 단독으로 인간의 악을 극복하고 용서한 것처럼 포스트맨은 악을 극복하기 위해서 단독으로 맞선다. 따라서 포스트맨이 자신의 몸에 새겨진 성결주의자의 표식인 8자를 보여 주고 성결주의자들의 법령을 발동시키는 것은 악과 단독으로 만나기 위해서다. 베들레헴은 포스트맨을 보고 "우리가 언제 만났던가?" 하고 묻는다. 포스트맨은 "무찔러라. 남김없이 쓸어 버려라"는 대사를 연기하고 되묻는다. "기억하냐?"

베들레헴과 포스트맨의 두번째 만남에서 바라본 첫번째 만남은 세례 요한과 예수의 만남을 상징하지 않는다. 다시 말해서 두번째 만남에서 다시 바라본 그들의 첫번째 만남은 예수가 광야에서 사탄과 마주쳤던 첫번째 만남을 상기시킨다. 베들레헴은 악의 상징이고 따라서 사탄을 의미한다. 두번째 만남에서 셰익스피어는 베들레헴에게 첫번째 만났을 때 죽였어야 하는데 너무 강해 보여서 도전하지 못했다고 말한다.

예수와 사탄의 첫번째 만남에서 사탄은 예수를 이기지 못하고 물러난다. 광야에서 예수는 메시아 의식으로 충만해 있기 때문이다. 광야에서 물러난 사탄은 예수가 약해지기를 기다려서 다시 예수에게 도전한다. 십자가에서 예수는 하나님의 의식으로 충만하지만 동시에 하나님의 의식이 가장 약해져 있다. "나의 하나님, 나의 하나님, 어찌하여 나를 버리시나이까"라고 절규하는 예수는 하나님에 대한 절망을 표현한 것이다. 성경은 사탄에 대해서 아무 말도 하지 않는다. 사탄은 인간의 눈에 보이지 않기 때문이다. 그러나 그때가 예수가 겪은 가장 힘든 사탄의 시험이었음을 능히 상상할 수 있다.

베들레헴은 마지막 순간에 포스트맨을 시험한다. "나는 사람에 대해 연구했다. 네 놈의 문제가 뭔지 안다. 네가 왜 싸움을 못하는지 아느냐? 넌 싸워서 쟁취할 것이 아무것도 없기 때문이다. 넌 아무것에도 관심이 없다. 넌 아무것에도 가치를 두지 않는다. 너는 아무것도 믿지 않는다. 그래서 내가 너보다 위대하다." 포스트맨은 베들레헴의 마지막 시험을 이긴다. "난 미국을 믿는다." 그리고 베들레헴을 쓰러뜨린다.

「포스트맨」은 예수의 이야기다. 영화 곳곳에 예수와 관련된 이야기들이 삽입되어 있다. 파인뷰에서 비스코 보안관이 포스트맨에게 "당신은 정말로 당신이 말한 그 사람이냐"는 질문은 예수가 대제사장 뒤뜰에서 받은 대제사장의 질문을 연상시킨다. 또한 세례 요한이 밤중에 사람을 보내서 "온다고 한 사람이 당신입니까?"라고 물어보는 것을 연상시킨다. 비스코 보안관의 질문에 포스트맨은 "내가 우편물을 갖고 돌아오면 알게 될 것이다"라고 말한다. 포스트맨의 대답은 대제사장의 질문에 대해서 "인자가 하늘로부터 구름을 타고 오는 것을 네가 보리라"고 대답하는 예수를 연상시킨다.

파인뷰에서 포스트맨에게 식사를 대접하는 장면이 나온다. 사람들은 식사하기 전에 기도하는데 포스트맨은 기도를 하지 않는다. 이 장면은 식사 예법에 어긋났다고 비난받은 예수를 연상시킨다. 에비의 첫 남편 마이크는 베들레헴에게 죽임을 당한다. 이것 또한 사탄에게 넘어진 아담을 연상시킨다. 에비가 하와를 상징하기 때문에 마이크는 아담을 상징한다. 성경은 사탄에게 넘어간 첫번째 아담에 의해서 인류에게 죄악이 들어왔다고 기록한다. 인류의 새로운 문명을 탄생시키기 위해서는 두번째 아담으로부터 구원이 들어와야 한다. 따라서 두번째 아담에게 두번째 하와가 존재할 수밖에 없다. 에비에게 있어서 포스트맨은 아이를 낳기 위한 대리부였을 뿐이다. 따라서 에비에게 포스트맨은 대리부로만 남아 있어야만 했다. 하지만 에비에게 포스트맨은 결코 대리부로 머물 수가 없다. 포스트맨은 대리부가 아니라 두번째 아담이기 때문이다. 따라서 둘 사이에 사랑이 형성된다.

이로써 기독교의 근본 가르침이 완성된다. 에비와 포스트맨 사이에 사랑이 생기고, 둘 사이에 '희망'이 출생하고, 포스트맨이 미국 정부에 대한 믿음을 고백한다. 포스트맨이 전하는 메시지는 예수가 전한 것이며, 바울이 고린도 전서 11장에서 확증한 믿음, 희망, 사랑이다. 「포스트맨」이 미국과 백인우월주의 이념을 선전하는 인상을 심어주는 것은 미국 정부와 대통령이 하나님 나라와 하나님을 표상하기에 적절하지 못하기 때문이다. 우체국이 교회를 표상하는 것도 적절하지 않은 선택이었다.

영화는 처음 장면으로 돌아간다. 2043년 오레곤 주 세인트 로즈에서 포스트맨의 동상을 제막하는 장면이다. 에비와 포스트맨의 딸인 희망(hope)이 포스트맨에 대해서 회상하는 말을 한다. "아버지는 우리가 얼마나 연약한가를 보았고, 얼마나 빨리 학정에 적응했는가도 보았다. 그는 평범한 사람의 깊숙한 내부에 용기가 숨어 있는 것도 보았다. 우리가 서로 소통을 한다면 다시 연합할 수 있다는 것도 보았다. 하지만 세인트 로즈는 보지 못했다. 그는 할 일이 너무 많다고 했다. 그는 약속을 지키기 위해서 미련 없이 자신의 꿈과 바꿨다."

그리고 그의 묘비에는 '그는 새로운 세대를 위한 희망의 소식을 배달했다'고 적혀 있다.

동상은 손에 편지를 들고 있는 어린아이를 향해서 말을 타고 달려가면서 편지를 가져가는 포스트맨의 모습을 형상화한 것이다. 40대 남자가 말한다. "저 애가 나였다"고. 「포스트맨」은 마지막에 가서도 어설픈 농담을 던지는 여유를 부린다. 감동을 줄 수 있는 장면에서 어설픈 40대의 등장은 그다지 감동적이지 않다. 포스트맨의 실패(영화의 흥행을 말하는 것이 아니라 내용 전달을 말함)는 여기에 있다. 메시지를 가볍게 전달했다는 것. 진중하게 다루었다면 어땠을까? 그렇게 했어도 미국과 백인우월주의 이념을 선전하는 것처럼 보였을까?

전적으로 새로운 삶을
주는 구원자

Film 8

케이팩스 K-PAX

「케이팩스」의 스토리는 단순하다. 뉴욕의 이름 모를 역 광장에 갑자기 나타난 정신병자로 추정되는 한 남자의 이야기다. 그는 자신을 지구에서 1천 광년 떨어진 라이라좌군의 연성계의 한 별 케이팩스에서 왔다고 주장한다. 「케이팩스」의 진행도 단순하다. 프롯이라고 자기의 이름을 소개한 그는 맨해튼의 한 정신병원에서 치료를 받는다. 정신병원에 있는 동안 그는 두 종류의 인간을 만난다. 정신병을 앓고 있는 사람들로부터는 케이팩스에서 온 외계인으로 인정받는다. 그를 치료하는 사람들(정신병이 없는 정상인)로부터는 정신병자 취급을 받는다. 「케이팩스」가 제시하는 주제 또한 단순하다. 프롯을 만난 사람들은 상처가 치유된다.

단순한 스토리와 전개 방식, 단순한 주제로 구성된 「케이팩스」가 주목을 끄는 것은 영화가 주는 감동 때문이 아니다. 케이팩스에서 온 프롯을 연기

한 케빈 스페이시와 그를 치료하는 정
신과 의사로 나오는 마크 파웰을 연기
한 제프 브리지스의 연기력에 있는 것
같다. 즉 그들이 펼치는 연기력이 많은
비중을 차지한다고 볼 수 있다.

K-PAX, 2001
감 독 이안 소프틀리
출 연 케빈 스페이시(프롯), 제프 브리지스(마크 파웰),
　　알프레 우다드, 메리 맥코맥

　　프롯을 연기한 케빈 스페이시의 잔잔
하고 진지한 모습과 지쳐보이면서도 진
지하게 자신이 해결해야 할 문제를 놓
고 씨름하는 제프 브리지스의 모습은 인상적이다. 어쩌면 그는 이 영화를
보았던 많은 사람들이 말했던 것처럼 가슴 따뜻한 의사일지도 모른다.

　　그가 가슴이 따뜻한 사람인지 아닌지는 분명하지 않지만 영화에서 프롯
을 대하는 그의 태도는 사무적으로 대하는 다른 의사들과 달리 인간적이다.
사람들은 의사에게 보고 싶어하는 어떤 모습을 마크 파웰로부터 보았을지
도 모른다. 기술을 가진 직업인으로서 현실에서 만나는 의사가 아니라, 인
간을 사랑하고 존중하는 사명을 가진 의사를 만나고 싶어하는 사람들의 작
은 염원이 투영된 것인지도 모른다. 그러나 한 가지 분명한 것은 가슴이 따
뜻하다는 이유 하나만으로는 마크 파웰이 프롯에게 집착하는 이유를 충분
히 설명하지 못한다.

　　마크 파웰이 프롯에게 집착하는 이유는 무엇일까? 맨해튼의 정신병동에
입원한 많은 환자들이 프롯의 말을 믿는데 비해서 의사와 과학자들은 프롯
을 믿지 않는 이유는 무엇일까? 전자가 프롯을 믿는 것은 정신병을 앓기 때

문이고, 후자가 프롯을 믿지 않는 것은 정상적인 두뇌 활동을 하는 사람들이기 때문인가? 정신병동에서 프롯이 환자들에게 미치는 영향은 어디에서 오는 것일까? 프롯이 미치는 영향이 어떠하든지간에 중요한 것은 가슴으로 받아들이는 사람들은 치유된다는 것이다. 다시 말해 영화에서 프롯을 만나는 사람들의 태도는 가슴으로 만나는 사람들과 머리로 만나는 사람들로 나누어진다. 가슴으로 만나는 사람들은 정신병동에서 만나는 환자들이며, 머리로 만나는 사람들은 의사와 과학자들이다.

가슴으로 만나는 사람들은 내면의 문제를 가지고 있는 사람들이다. 정신병동의 환자들은 정신적인 문제를 갖고 있다. 머리로 만나는 사람들은 정신적인 문제를 갖고 있지 않다. 그들에게는 프롯 때문에 자신들의 이론과 지식이 문제가 된다. 마크 파웰은 정신과 의사로서 전문적인 지식을 갖고 프롯을 대한다. 따라서 그에게 제기되는 것은 자신의 의학적 지식이 프롯을 이해하는 데 전혀 도움이 되지 안 된다는 것이다.

그러나 한편으로 마크는 가슴에 안고 있는 문제가 있다. 전형적인 미국 가정의 문제다. 가정의 문제는 가슴의 문제이기 때문에 관계의 문제다. 가슴에서 느껴지는 친밀감과 사랑의 연대감이 흔들릴 때 머리로 이해되는 정황들이 그럴 수밖에 없는 이유를 제시하지만 전혀 도움이 되지 않는다. 마크 파웰이 머리, 즉 이성에 속한 사람임에도 불구하고 가슴, 즉 감성의 사람에 속하는 것은 프롯에 의해 치유되었기 때문이다.

치유의 측면에서 바라본다면 「케이팩스」는 매력적인 작품이다. 영화에는 아이러니가 있다. 치료받는 대상이 치유의 주체가 되고, 치료하는 주체가 치유받는 대상이 된다. 마크 파웰에게 치유의 대상인 프롯은 하위와 어니를 치유하고 마크 파웰의 가족에 대한 관계성을 회복시킨다. 하위는 어니를 치유하고 도서관에 취직한다. 어니는 병동에 남아서 심각한 후유증 환자를 상담하는 사람이 된다. 마크 파웰은 레이첼과의 관계를 회복하고 아들을 만나서 어긋난 부자관계를 해결하고자 한다. 나아가서 식물인간이 된 로버트 포터가 깨어날 때까지 돌본다.

「케이팩스」에는 인생을 겸허하게 만나게 하는 멋진 금언들이 나온다. "여기 남아서 꼭 필요한 사람이 되어라. 현재의 잘못은 미래에도 남는다. 그리고 그 잘못은 끝없이 계속된다. 지금 이 순간을 소중히 여겨라. 현재 없이는 미래도 없다."

「케이팩스」가 인간에 대해서 따듯한 시선을 갖게 만드는 것은 문제를 개인적인 차원에서 바라보기 때문이다. 먹고 사는 문제, 사회문제나 정치문제, 인류가 당면한 환경문제, 윤리적인 갈등의 문제 등 제반 문제들이 사람들의 삶을 에워싸고 있지만 「케이팩스」는 이 모든 문제와 빗겨 서 있다.

「케이팩스」에 나오는 모든 문제는 개인적인 것이다. 내면에 있는 아픈 상처와 기억 또는 남편과 아내가 겪는 가족문제, (마크 파웰의 가족문제는 직장에서 끝냈어야 할 일을 집안으로 연장시킴으로써 부인과 아이들과의 정서적 관계를 충실하게 맺지 못해서 발생하는 전형적인 미국 중산층 가정의 문제다.) 즉 가정생활의 불협화음 내지는 이혼가정이 겪는 자녀와의 갈등(마크 파웰의 문제다) 등 지극히 개인적인 문제다.

외계인의 시선으로 인간을 바라봐서 그런 것일까? 프롯이 말하는 케이팩스에는 가족이나 사회의 네트워크 관계가 없이 개개인으로만 존재하기에 그의 시선에 그런 문제만 부각되는 것일까? 프롯의 상황이 정신병동으로 제한되어 있어서 사회, 정치, 경제, 국제, 환경, 인권문제 등 인류가 당면한 모든 문제가 제외되는 것일까? 사회로부터 프롯을 격리시켰기 때문에 프롯에 비친 인간의 삶은 개인적인 것으로 제한되었던 것일까?

프롯이 인간에 대해서 충고하는 바를 상기한다면 대답은 간단하다. 프롯의 모든 관심은 인간에게 집중되어 있다. 하위, 어니, 도로시, 베스, 마크, 로버트 포터 모두가 프롯에 의해서 상처를 치유받는 사람들이다. 인간들이 빚어내는 이차적인 문제보다는 인간 그 자체가 프롯에게는 치유의 대상인 것이다. 프롯이 그들에게 준 것이 상처와 아픔의 치유였을까? 마크 파웰의 경우를 보면 관계의 회복과 치유다. 하위, 어니, 베스의 경우을 보면 그것은 치유 정도가 아니다. 삶을 다시 돌려준 것이다. 아니 새로운 삶을 준 것이다. 바로 구원이다.

로버트 포터의 경우를 보면 프롯의 나타남은 너무 늦었는 지 모른다. (프롯과 로버트 포터가 다른 사람이라는 전제에서) 그러나 로버트 포터가 프롯으로 살아갔던 시간은 그에게 삶을 준 시간이다. 새로운 삶을 준 시간이기 때문에 프롯은 그를 구원한 것이다. 구원은 인간에게 있어서 부족한 그 무엇의 틈을 메워주는 것이 아니다. 구원은 전적으로 새로운 삶을 주는 것이다. 마크 파웰은 새로운 삶이 필요한 인물이 아니다. 그는 무엇인가 어긋난 그래서 부족해진 틈새를 메워주는 어떤 계기가 필요했다. 프롯의 등장은 그에게 자신의 관계를 회복시켜 주는 계기가 된다. 프롯은 그에게 자기가 없을 때 돌보라고 로버트 포터를 맡긴다. 그를 돌보면서 마크 파웰의 인간에 대한 이해와 사랑은 더 깊어질 것이다. 하위, 어니, 베스는 부족한 틈새를 메워줄 계기가 필요한 사람들이 아니다. 그들에게 필요한 것은 전혀 다른 사람이 되어서 세상 안으로 들어가는 것이다. 세상 안으로 들어가지 못하면 또 다른 세상 케이팩스로 들어가야 한다.

구원자만이 새롭게 태어남이 필요한 사람을 새롭게 태어나게 한다. 새롭게 태어남을 경험한 사람만이 새롭게 태어남의 종교적 의미를 이해한다. 새롭게 태어난 사람만이 누가 자신을 구원하는지 안다. 정신병동에 있는 환자만이 프롯을 믿는다. 그들만이 프롯이 케이팩스로 돌아간다고 선언했던 시간이 지난 후에 침대 옆에 의식을 잃고 쓰러진 로버트 포터를 보고 프롯이 돌아갔다고 믿는다. 그들만이 로버트 포터와 프롯이 각각 다른 사람이라는 것을 인식한다.

「케이팩스」는 외계인의 지구 여행기가 아니다. 케이팩스라는 별에서 빛보다 빠른 속도로 지구로 왔다는 프롯이라는 외계인을 내세운 SF영화 같지만 SF영화도 아니다. 「케이팩스」는 본질적으로 구원의 주제를 다룬 기독교 영화다. 프롯이 지구로부터 광속으로 천 년이나 멀리 떨어진 케이팩스라는 별에서 온 외계인으로 설정된 것은 프롯이 예수를 상징하기 때문이다.

예수는 하나님의 아들이며 동시에 사람의 아들이다. 성경은 하나님이면서 동시에 사람인 예수를 증거하는 방식을 다르게 한다. 공관복음은 인간 예수를 조명하고 십자가와 부활에서는 그가 하나님이심을 드러낸다. 요한복음은 인간이 되신 하나님이 십자가와 부활을 만나는 것을 설명한다. 공관복음서는 인간의 자의식을 가지신 예수가 자신에게 주어진 운명을 만나는 것에서 메시아의 모습이 알려진다. 요한복음은 처음부터 예수가 하나님으로서 세상에서 활동하는 것으로 그려낸다. 그는 인간이 되신 하나님이기 때문이다.

「케이팩스」가 그려내는 예수의 모습은 요한복음에서 만나는 인간이 되신 하나님이다. 프롯은 인간의 모습으로 보이는 외계인이다. 그의 모든 자의식은 케이팩스에서 온 사람이다. 인간으로 보이는 것은 인간 세상에 왔기 때문에 갖게 된 모습이다. 인간이 된 하나님이 나사렛 예수의 모습을 갖는 것처럼 인간이 된 프롯이 로버트 포터의 모습을 갖는 건 지극히 당연하다.

프롯이 발견된 장소는 분주한 뉴욕의 어떤 역이다. 프롯이 그 역에 도착하면서 강도로 오인받다가 정신병자 취급을 받는다. 프롯을 정신병원으로 넘기는 여자 경찰이 역에서 구걸하는 지체부자유자에게 어떤 출입구에서 프롯이 나왔냐고 묻는다. 그는 그가 갑자기 나타났다고 대답한다. 프롯은 자기가 온 방향을 가리킨다. 하늘이다. 프롯은 하늘에서 온 사람이다. 영화에서 프롯이 바라보는 하늘은 케이팩스가 있는 곳이다. 하늘은 인간의 머리 위에 있는 물리적인 공간을 의미하지 않는다. 종교적이고 심리적인 의미에서 바라볼 때 하늘은 초월적인 의미를 지닌다. 하늘은 초월을 상징한다.

따라서 케이팩스는 공간 저 너머에 있는 별을 의미하지 않는다. 인간이 닿을 수 없는 인간을 초월한 세계를 상징한다. 케이팩스의 위치와 모양을 허블 망원경으로 사진에 담을 수는 있어도 프롯이 말하는 케이팩스 사람들의 시간과 공간을 넘나들며 비상하는 능력과 그들의 세상은 인간의 한계를 넘어서 있다. 프롯이 말해 주는 모든 것은 인간의 한계 너머에 있는 것이며 인간의 한계를 설정하는 것이다.

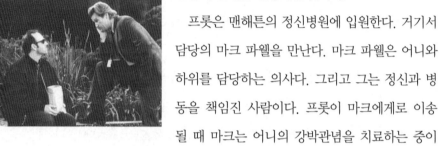

프롯은 맨해튼의 정신병원에 입원한다. 거기서 담당의 마크 파웰을 만난다. 마크 파웰은 어니와 하위를 담당하는 의사다. 그리고 그는 정신과 병동을 책임진 사람이다. 프롯이 마크에게로 이송될 때 마크는 어니의 강박관념을 치료하는 중이었다. 어니는 세상이 온통 오염되었다고 믿고 있는 강박증 환자다. 그래서 언제나 마스크를 쓰고 있다. 오염된 공기를 마시면 죽는다고 믿기 때문에 오염된 공기로부터 자신을 보호하기 위해서다. 어니와 상담 중 벨뷰 병원에서 환자를 자기에게로 이송했다는 말을 들은 마크는 말한다. "미치겠군. 이번에는 또 누구래. 예수래? 잔다르크래?"

프롯과 만나는 정신과 의사 이름이 마크인 것은 우연이 아니다. 마크는 예수의 제자이며 예수에 대한 복음서를 제일 먼저 기록한 인물이다. 케이팩스에서 마크는 프롯을 치료하는 의사이지만 동시에 프롯을 기록하는 기록자이다. 마크는 수시로 프롯에 대한 기록을 녹음기에 남기며 프롯의 과거를 찾아서 그의 흔적을 기록한다. 프롯이 떠난 후 남은 로버트 포터를 기록하는 것도 마크다. 마크는 마가복음을 기록한 마가를 표상한다.

따라서 프롯과 마크의 대화 방식이 독특하다. 형식적으로는 환자와 의사의 대화이지만 내용적으로는 선생과 제자의 대화다. 선생은 제자의 지식을 교정한다. 프롯은 태양계의 행성이 아홉 개로 알고 있는 마크의 지식을 교정한다. 실제는 열 개다. 케이팩스는 지구에서 천 광년이나 떨어진 라이라좌에 있다. 프롯은 마크의 속도에 대한 지식의 한계를 교정해 준다. 빛의 속도인 광속이 최대한의 속도로 알고 있는 마크에게 빛보다 빠른 초광속의 속도를 가르쳐 준다. 빛의 속도로 이동했다면 케이팩스에서 지구까지 걸리는 시간이 천 년이 되기 때문에 살아 있을 수가 없다.

프롯이 말하는 초광속의 속도는 시공간의 한계를 넘어서는 것이기 때문에 시간이 정지하는 것이다. 좀더 정확히 말하면 시간을 정지시키는 것이다. 그러나 사람들에게는 정지된 시간이 경험되지 않는다. 프롯이 과학자들 앞에서 초광속의 시간으로 케이팩스에 갔다왔다고 말할 때, 사람들은 시간이 정지된 경험을 하지 못한다. 인간의 시력으로는 초광속을 감지할 수 없기 때문이다. 과학자들은 아주 단순한 그 사실조차 이해하지 못한다. 초월이 현실에 들어오는 것과 현실에서 초월이 비상하는 것은 시간이 감지할 수 없는 초시간이다. 시간 안에서 감지되고 인간의 인식에서 경험된다면 초월은 초월을 상실한 것이 된다.

프롯은 아인슈타인에 대한 마크의 지식을 교정한다. 아인슈타인이 한 말은 "질량은 무한대이기 때문에 광속보다 빠를 수 없다는 것이었지, 광속보다 빠른 타키온이 불가능하다고 말하지 않았다." 프롯은 사물을 깊이에서 바라보지 못하고 눈에 보이는 현상에 머물고 있는 마크의 인식을 교정한다. 외계인이라면서 어떻게 외모가 지구인과 동일하냐는 질문에 "왜 비누 방울이 둥근지 아느냐"고 거꾸로 질문한다. 그리고 스스로 대답한다. "비누 방울이 둥근 건 에너지 효율성 때문이고 케이팩스에서는 케이팩스인의 모습으로, 지구에서는 지구인의 모습으로 보인다." 눈에 보이는 현상과 사물에 내재한 법칙의 차이를 알지 못하는 마크의 지식에 프롯은 선생으로서 가르침을 주는 것이다.

지구의 모습도 보이는 현상과 내재한 법칙의 차이에서 바라보면 미래를 예측할 수 없는 매우 불안정한 상태에 놓여 있다. 프롯의 분류에 의하면 지구는 BA-3급 행성이다. BA-3급은 진화상태가 불안정한 단계에 있는 행성이다. 프롯은 케이팩스로 돌아가기 전에 마크에게 우주는 끝없이 팽창과 수축을 반복한다는 것을 가르쳐 준다. 우주의 과거와 현재, 그리고 미래에 대해서 모든 지식을 갖고 있는 것은 신이다. 인간은 우주의 과거에 있는 단편만을 알 수 있다. 과거의 단편에서 현재를 해석하고 미래를 예측한다. 신만이 우주의 모든 것, 시작과 끝을 인식한다. 프롯이 우주의 시작과 끝의 영원한 반복을 아는 것은 그가 인간의 모습으로 나타난 신임을 암시한다.

인간의 모습으로 나타난 하나님 곧 성육신하신 예수의 표상으로써 프롯은 케이팩스, 다시 말해서 천국에 대해서 마크를 가르친다. 천국에서 생명은 탄생한다. 그러나 인간처럼 성행위를 통해서 태어나는 것이 아니다. 생명의 탄생은 전적으로 하나님에 의한 것이다. 아담과 하와의 탄생이 전적으로 하나님의 창조행위에 근거한 것처럼 천국에서의 출생은 하나님의 창조행위, 즉 창조주이신 하나님의 절대성에 의해 이루어지는 신적 행위의 결과이다.

현실에서 생명의 탄생을 종교적인 의미로 바라보면 하나님의 창조이지만, 생물학적이고 현실적인 관점에서 보면 부모로부터의 출생이다. 결국 현실에서 인간 생명의 창조는 직접적으로는 인간에 의해서고 하나님은 간접적으로만 관여한다. 케이팩스에서는 생명창조에 대해서 인간이 관여할 여지가 없다. 그곳은 가족이 없다. 가족으로 존재하는 것이 아니라 개인으로 존재한다. 그곳은 남편도 없고 아내도 없고 결혼도 없다. 누가복음 20장에서 예수는 부활 후에는 사람들이 생각하는 가족의 개념이 없다

는 것을 분명히 한다. 그곳은 장가가고 시집가는 결혼제도가 합당하지 않는 곳이다. 하나님만이 모든 생명의 아버지가 되시기 때문에 생물학적인 부모에 의해서 돌봄을 받는 것이 아니다. 모두가 모두를 돌보며 필요한 것을 배운다.

케이팩스는 성경에서 말하는 천국의 표상이다. 천국은 이 세상의 연장이 아니다. 천국에서 만나는 현실이 이 세상 안에서 만나는 현실과 동일한 현실이면 천국은 이 세상의 한 끝에 있는 또 하나의 현실이 된다. 케이팩스는 이 세상 어딘가에 있는 세상의 연장이 아니다. 케이팩스에서 만나는 현실은 이 세상에서 만나는 현실과 전혀 다른 것이다.

이 세상은 사람들이 사회적 구조를 형성해서 살고 있다. 따라서 법과 질서는 사회적 구조를 지탱해 주는 중심축이다. 케이팩스에는 법과 질서가 없다. 따라서 법적인 권리를 행사하는 변호사가 존재하지 않는다. 이 세상에

는 옳고 그름의 구별이 존재한다. 그러나 케이팩스에는 옳고 그름의 구별이 존재하지 않는다. 오직 옳음만 있다. 천국에도 옳고 그름이 존재하지 않는다. 옳음만 있을 뿐이다.

천국은 모든 사람에게 감추어져 있는 비밀이 아니다. 예수가 공개적으로 선포했기 때문에 모든 사람에게 알려진 실재다. 그럼에도 불구하고 천국은 사람들에게 감추어진 실재다. 케이팩스도 모든 사람에게 감추어진 별이 아니다. 소수이긴 해도 케이팩스의 존재는 알려진 실재다. 그럼에도 불구하고 케이팩스의 존재에 대해서 아는 사람은 전 세계에서 몇 명 되지 않는다. 심지어 케이팩스에 대한 발견은 학술지에도 보고되지 않았다. 따라서 수많은 천문학자들에게 존재하지 않는 별이다.

모든 사람이 천국을 아는 것은 아니다. 예수에 의해서 선택된 소수의 사람에게만 천국이 알려진다. 천국을 경험해서 아는 것이 아니다. 천국에서 온 사람에 의해서 알려진 것이다. 케이팩스를 경험해서 아는 것이 아니다. 케이팩스에서 온 사람에 의해서 케이팩스가 알려진다.

프롯은 현실적인 법의 필요성 논리를 케이팩스에게 적용하려는 마크를 깨우친다. "눈에는 눈, 이에는 이"라는 구약 성경에 기록된 동률 복수법은 우주 모두가 비웃는 어리석은 논리라는 것이다. 부처나 예수가 훌륭한 비전을 가져다줬지만 신도들은 여전히 한심한 짓을 한다. 인간이 존재한다는 것이 신기할 정도다,라고 한다. 프롯이 깨우쳐 주는 가르침은 지구는 수많은 생명들이 상호 연결된 유기체라는 것이다. 모든 생명이 유기적으로 모여서 단일한 생명을 이룬다면, 거기에 법과 정의의 논리를 적용하는 것은 어리석은 일이다. 하나의 생명 공동체로서 필요한 것은 법과 정의의 논리가 아니라 사랑과 상호 돌봄이 있는 인식의 차원이 열리는 것이다.

천국은 모든 생명이 유기적으로 연결되어 있지 않다. 천국에서 모든 생명체는 개개인으로 존재한다. 그러나 그 모든 개개인은 하나님을 중심으로 연결되어 있다. 즉 하나님에게 개개인이 연결되어 있음으로 인해서 전체를 형성한다(성경은 천국에서는 하나님을 향한 개개인의 영원한 기쁨과 찬양만 있다고 말한다). 케이팩스에서는 생명이 유기체적으로 연결되어 있지 않다. 서로가 서로를 필요로 하지 않는다. 따라서 그리움도 아쉬움도 없다. 천국은 이 세상에서 흘렸던 눈물과 한숨이 모두 사라지는 곳이다. 그렇기 때문에 저 세상에서 남겨놓았던, 미처 이루지 못했던 것에 대한 그리움도 아쉬움도 없다.

「케이팩스」에서 프롯에게 허락된 공간은 정신병동이다. 프롯은 자기에게 허락된 공간에서 사람들을 만난다. 예수가 3년의 짧은 공생애 동안 함께했던 사람은 민중이다. 사회에서 격리되고 무시받았던 세리와 창녀와 한센병 환자와 그밖의 고통받던 사람들이 예수가 살았던 삶의 자리이다. 예수처럼 프롯의 삶의 자리도 소외되고 격리되고 아픔을 겪고 있는 사람들이 있는 곳이다. 바로 맨해튼 정신병원의 환자들이다. 프롯은 그들과 함께 같은 공간에서 자신에게 주어진 시간 동안에 그들의 삶을 나눈다.

예수는 갈릴리 민중들과 함께하는 장소에 제자들을 동반한다. 프롯은 정신병동에서 자신과 함께하는 사람을 만난다. 하위이다. 프롯과 하위의 관계는 예수와 베드로의 관계를 표상한다. 요한복음에 의하면 부활한 예수는 승천하시기 전에 베드로에게 세 번이나 요한의 아들 시몬아 네가 나를 사랑하느냐고 물으셨다. 사랑에 대한 세 번의 질문은 세 번의 확인을 요구하는 것으로 베드로에게 주어진 생의 과제이다. 프롯은 하위에게 세 개의 과제를 부여한다.

첫번째 과제는 파랑새를 찾는 것이다. 하위는 창가에 앉아서 파랑새를 찾는다. 그리고 파랑새를 발견한다. 모두 환호한다. 프롯이 말한 대로 파랑새가 날아와 창 밖의 나뭇가지에 앉아 있다. 마크도 파랑새를 본다. 진짜 파랑새라고 말한다. 파랑새는 희망과 행복의 상징이다. 모두에게 자신을 보인 파랑새는 날아간다. 두번째 과제를 하위에게 준다. 어니의 죽음에 대한 강박관념을 치료하는 것이다. 하위는 어니의 목을 졸라서 숨을 잠시 멈추게 했다가 숨쉬게 함으로써 어니를 죽음의 강박관념에서 벗어나게 한다. 하위에게 마지막 과제가 남아 있다. 그것만 수행하면 프롯 말대로 하위는 치료된다.

그러나 프롯은 마지막 과제를 그에게 부여하지 않는다. 대신 하위의 과제는 프롯이 케이팩스로 갈 때 한 명을 데리고 가는데 누구를 데리고 갈지 결정하는 것을 돕는 것이다. 모두가 쓴 에세이를 모아서 프롯에게 건네준다. 프롯은 베스를 데리고 떠난다. 하위는 남겨놓는다. 하위는 남아서 해야 할 일이 있기 때문이다. 베스는 갈 곳이 없다. 그래서 프롯이 그녀를 데려간 것이다. 로버트 포터는 식물인간으로 발견되고 베스는 흔적도 없이 사라졌다.

예수는 십자가에서 두 사람을 사이에 두고 있다. 십자가에서 삶을 마감하면서 예수는 옆에 있는 사람들 중 한 명을 데리고 낙원으로 간다고 약속한다. 십자가에서 예수의 육신은 내려와 무덤에 안치된다. 그의 몸은 무덤에 남겨지지만 약속된 사람은 예수에 의해서 낙원으로 간다.

프룻이 케이팩스에서 지구로 온 것은 그를 부르는 소리가 들렸기 때문이다. 그를 필요로 하는 소리, 아파하는 소리, 외롭고 괴로워하는 소리가 들렸기 때문에 지구에 왔다. 마크는 프룻의 최면요법을 통해서 로버트 포터의 과거와 만난다. 아내와 딸이 살해된 현장을 경험한 견디기 힘든 아픔을 찾아낸다. 살인자를 살해하고 울면서 스프링쿨러에 손을 씻은 다음 강가로 가서 몸을 던진 로버트 포터가 프룻이라는 이름으로 자신 앞에 서 있다는 사실에 가슴이 아파온다. 떠난다던 로버트 포터는 식물인간이 되어 있고, 하위와 어니는 치료를 받고 정상인으로 돌아왔다. 그에게 풀리지 않는 의문은 베스를 찾을 수 없다는 것이다. 그는 자기에게 남은 숙제인 아들과의 관계를 회복하기 위해서 프룻의 조언대로 성탄절에 아들을 집으로 초대한다.

마크는 정말 자기에게 제기된 질문을 풀었을까? 마크에게 제시된 근본적인 질문이 베스의 행방일까? 마크는 프룻과 로버트 포터가 동일인이라고 믿는 것일까? 「케이팩스」는 명확하게 이 문제에 대해서 밝히지 않는다. 그러나 영화의 성격상 마크는 프룻과 로버트 포터를 동일인으로 보지 않는다는 것을 암시한다. 뉴멕시코 어느 시골에서 도축업을 했던 로버트 포터가 해박한 천문학 지식을 습득할 수 없다는 것은 분명하다. 세계 제일의 천문학자들도 제대로 설명하지 못하는 케이팩스에 대한 이론을 명쾌하게 해설하는 프룻의 지식은 인간이 도달할 수 없는 것이다. 프룻의 말대로 케이팩스인들에게는 상식이겠지만 말이다. 프룻과 로버트 포터가 동일인이 될 수 없는 것은 로버트 포터는 돌봄을 받아야 할 상처받은 인간이지만, 프롯은 상처받은 인간을 치유하고 절망에 빠진 사람에게 새로운 삶을 부여하는 구원자이기 때문이다.

나사렛 예수가 하나님의 아들이라는 말씀은 언제나 풀려지지 않는 수수께끼다. 나사렛에서 출생하고 갈릴리에서 버려진 사람들의 삶을 짊어지다가 십자가에서 죽은 인간 예수가 영원한 하나님의 아들이라는 기독교의 선언은 이성으로 이해되지 않는 신비다. 하나님이 인간이 되신 것은 인간의 이성이 접근할 수 없는 신의 영역에 속하는 것으로 믿음에 의해서만 이해되어지는 것이다. 이해되어서 믿어지는 것이 아니라 믿어지기 때문에 이해되는 것이다. 믿음이 이해하는 것이지 이성이 이해하는 것은 아니다. 성육신의 신비는 이성이 영원히 극복할 수 없는 한계다. 더구나 십자가에서 하나님의 아들이신 예수의 죽음은 이성에게 인식될 수 없는 것이다.

인간의 죽음은 이성적으로 볼 때 합리적이다. 그러나 신의 죽음은 전혀 합리적이지 않다. 이성적으로 볼 때 신은 불멸의 존재이기 때문에 신이 죽는다면 신이 아니다. 기독교는 인간이 되신 하나님의 죽음과 부활을 믿는 종교다. 따라서 성육신의 신비는 기독교의 근본적인 진리다. 성육신의 신비는 '어떻게' 라는 이성의 합리적 척도가 아니라 '누구' 라는 믿음의 진리를 따라서 이해되는 것이다. '어떻게' 십자가에서 죽으셨다가 살아났는가가 아니라 십자가에서 죽었다가 살아나신 분은 '누구이신가' 를 질문해야만 성육신의 신비는 이해되는 것이다.

초기 기독교 역사에서 영지주의자들은 하나님이면서 인간이신 예수의 이해되지 않는 신비를 이성적으로 접근했다. 하나님의 아들과 인간 예수를 분리했다. 즉 인간 예수의 몸에 하나님의 아들이 깃들었다는 방식으로 성육신을 바라보았다. 따라서 십자가에서 죽은 자는 자연스럽게 하나님의 아들이 아니라 인간 예수가 된다. 십자가에서 예수가 죽는 순간 하나님의 아들은 인간 예수의 몸을 떠나 하나님에게 귀의하고 남겨진 것은 하나님의 아들을 담았던 육체인 인간 예수라고 주장했다.

영지주의자들이 인간이 되신 하나님 대신에 인간의 몸에 영으로 임한 하나님의 아들을 주장한 것처럼 「케이팩스」는 로버트 포터가 된 프롯이 아니라 로버트 포터의 몸에 임한 프롯을 주장한다. 영지주의자들이 십자가에서 영이신 하나님이 깃들어 있던 인간 예수의 몸을 남겨놓고 하늘로 갔다고 주장한 것처럼, 「케이팩스」도 프롯이 벗어 놓은 몸인 로버트 포터를 남겨놓고 케이팩스로 돌아갔다고 주장한다. 남겨진 예수의 몸이 빈 껍데기였던 것처럼 프롯이 떠난 로버트 포터도 빈 껍데기가 된다. 영지주의자들에게 하나님의 아들의 죽음이 없기 때문에 부활이 없는 것처럼, 「케이팩스」에서도 로버트 포터의 귀환이 없기 때문에 프롯은 존재하지 않는 존재가 된다. 따라서 마크에게 프롯은 로버트 포터의 다른 자아로 인식될 뿐이다. 프롯은 로버트 포터의 자아 안으로 숨어들어 갔다. 로버트 포터의 자아는 여전히 끔찍한 기억이 있었던 시점에 머물러 있다. 마크는 포기하지 않고 끝까지 프롯을 깨우려고 한다. 프롯이 깨어나야 로버트 포터가 끔찍했던 그날의 기억을 벗어나 병동을 나갈 수 있기 때문이다.

「케이팩스」는 성육신의 신비를 영지주의자들의 시각으로 접근한 영화다. 영지주의자들이 영과 육을 분리한 것처럼 「케이팩스」는 로버트 포터를 프롯이 깃드는 몸으로, 프롯을 로버트 포터의 몸에 깃든 영으로 분리함으로써 인간의 모습으로 우리 세계에 나타난 방문자를 합리적으로 설명했다. 그러나 「케이팩스」의 합리적인 설명과 무관하게 「케이팩스」의 설명의 근거였던 영지주의자들은 더이상 교회에 존재하지 않는다. 그들의 설명은 성경이 증언하는 부활하신 예수의 몸이 부활한 것과 모순되기 때문이다. 마크가 남겨진 로버트 포터를 보고 프롯의 존재를 어떻게 생각하던 간에 프롯은 로버트 포터의 자아에 숨은 또 다른 그의 자아가 될 수 없다. 프롯의 지식은 인간의 지식을 초월한 것이기 때문이다.

2000년이 지난 오늘날에 있어서 예수가 세상에 왔다갔다는 것을 알려주는 유일한 것은 그가 벗어 놓은 십자가와 사람들에게 미친 영향과 그를 기록한 글뿐이다. 프롯이 세상에 왔다갔다는 흔적도 그가 벗어 놓은 선글라스와 사람들에게 미친 영향과 그를 기록한 녹음뿐이다. 흔적이 남아 있는 한 프롯은 로버트 포터의 자아 뒤편에 숨은 그의 자아가 결코 아니다.

「케이팩스」는 그밖에도 예수의 모습을 보여 주는 장면들을 담고 있다. 프롯이 천문학자들 앞에서 천문학에 대해서 토론하는 모습은 열두 살 때 예수가 회당에서 율법학자들과 율법에 대해서 논하던 모습을 연상시킨다. 정신병동에서 만난 많은 환자들이 프롯에게 데려가 달라고 하는 모습은 예수에게 나아오는 수많은 병자들과 귀신들린 자들과 겹쳐진다. 프롯이 자신의 나이를 지구 나이로 하면 337년 되었다고 말하는 것은 성육신한 예수를 상징한다. 337은 333에 4를 더한 것이다. 성경에서 3은 완전수로 하나님을 상징한다. 4는 인간을 상징하는 숫자다. 3을 세 번 반복한 것은 하나님을 완전하게 표현하고, 4를 더하는 것은 인간을 표현한다.

따라서 프롯은 성육신한 하나님을 상징한다. 남겨진 로버트 포터를 보고 무엇을 어떻게 생각하던 한 가지 분명한 것은 인간이 되신 하나님은 여전히 신비이며 성경은 창작하는 사람에게 상상력을 제공해 주는 보고다. 성경은 종교인에게만 속한 전유물이 아니라 모든 인류에게 제시된 하나님의 말씀이기 때문이다.

낡은 세계관이
새로운 세계관과 부딪칠 때

●
●
●

Film 9

미시시피 버닝Mississippi Burning

「미시시피 버닝」은 1964년 미시시피의 작은 마을에서 있었던 세 명의 인권운동가 살해 사건을 영화화하여 알란 파커 감독이 1988년에 세상에 내놓은 영화다. 알란 파커 감독은 진 핵크만, 웰렘 데포 등 매우 강한 인상을 주는 배우들을 선택해서 연기하게 함으로써 미국 사회로 하여금 결코 피할 수 없는 근본적인 문제에 직면하게 했다. 세상의 모든 나라가 그렇듯이 초강대국 미국도 많은 문제를 갖고 있다. 그러나 미국 사회의 수많은 문제 가운데 미국인들의 의식에서 결코 지울 수 없는 근본적인 문제는 인종차별이다. 이 문제는 미국의 역사 초기부터 시작되어서 현재까지 이어져 있는 본질적인 것이다.

영화가 시사하는 시점인 1964년은, 미국 사회에서 흑백의 인종차별을 철폐하기 위한 시민운동이 절정에 달했던 시기다. 따라서 알란 파커가 제기하

는 인종차별 문제도 당연히 흑인과 백
인의 문제에 맞춰져 있다. 아니 그렇게
그려져 있다. 영화가 시작하는 초입부
터 그것은 강력하게 나타난다. 음수대
와 세면대가 나란히 붙어 있는 벽이 등
장한다. 먼저 백인이 음수대에서 물을
마신다. 백인이 화면에서 사라지고 난
다음에 흑인 아이가 세면대에서 물을

Mississippi Burning, 1988
감 독 알란 파커
출연진 진 핵크만(루퍼스 앤더슨), 윌렘 데포(앨런 워드),
프란시스 맥도먼드, 브래드 듀리프

마신다. 그리고 백인과 흑인 아이가 사라지고 난 다음에 화면은 음수대와
세면대를 비춰준다.

　대체로 실화에 근거한 많은 영화들이 초입부에 영화의 사실성에 대해서
안내해 준다. 반면에 「미시시피 버닝」은 모든 스토리가 끝난 마지막에 영화
는 실화에 근거했지만, 나오는 사람들은 작품의 설정에 의해서 구성된 허구
적인 인물들로 실제 사건의 인물과 동일하지 않다는 안내를 내보낸다. 등장
인물들이 실제 인물과 관련이 없다는 것을 시작 부분에서 알려주지 않은 이
유는 무엇일까?

　아마도 감독은 영화가 갖고 있는 흑백간의 갈등문제를 매우 강력하게 제
기하기 위해서 등장인물에 대한 안내를 감추었을지도 모른다. 영화의 시작
에서 인물 설정이 허구라고 말하면 영화가 제기하는 미국 사회의 내면에 내
재한 근본적인 흑백문제에 대해서 관객들의 몰입도가 기대보다 약하게 느
껴질 것이라고 판단했을지도 모른다.

사실 흑인과 백인의 갈등문제는 미국 사회에서는 낯선 이슈가 아니다. 60년대 마틴 루터 킹이 주도한 시민운동이 감추어져 있던 흑백문제를 미국 사회의 표면으로 떠오르게 했다. 인종갈등의 문제는 그 후 영화의 주요한 시대적 소재가 되었다. 그중 한국에도 널리 알려진 시드니 포이티어와 토니 커티스가 주연한 「흑과 백」, 시드니 포이티어, 스펜서 트레이시, 캐서린 헵번이 주연한 「초대받지 않은 손님」, 그리고 알렉스 헤일리의 원작 《뿌리》를 각색한 6부작 「뿌리」가 있다. 따라서 흑백 갈등문제는 새로운 것이 아니다. 어쩌면 진부할 수 있는 지난한 이야기다. 왜냐하면 1988년은 한국에서 올림픽이 열렸던 해이며, 그 다음 해인 1989년은 베를린 장벽이 무너진 해이기도 하다. 따라서 이 시대의 국제적 이슈는 공산주의와 민주주의의 이념이 대립하는 것을 넘어서는 것이었다.

　공산주의와 민주주의의 이념 대립은 2차 세계대전 이후 소련과 미국이 주도한 세계 질서였다. 1988년 서울에서 열린 올림픽은 1980년 공산국가만 참여한 모스코바 올림픽, 1984년 서구 민주주의 국가만 참여한 LA 올림픽의 (소위 반쪽 올림픽) 이념 대립을 넘어선 지구촌 모든 국가가 모인 축제의 성격을 띤 것이었다. 이런 시대적 상황에서 별로 특별할 것도 없는 인종차별의 문제를 갖고 나온 것은 영화가 반드시 흑백의 문제만을 주요한 화두로 삼은 것은 아니기 때문이다. 물론 영화는 1964년에 멈추어 있다. 1964년 미시시피 작은 마을에서 흑인 투표권 운동을 하던 뉴욕 출신의 백인 청년 마이클 슈워너와 앤드루 굿맨, 현지 흑인 제임스 체이니가 살해 사건을 매개로 흑백간의 갈등문제를 그려낸다.

영화가 친절하게 마지막에 설명하지 않았다면 진 핵크만이 연기한 전직 보안관인 루퍼스 앤더슨과 웰렘 데포가 연기한 FBI 3년차인 애런 러드의 대립과 갈등을 영화상 극적인 장면으로 그려냈기 때문에 실제의 갈등과 대립을 반영했다고 생각했을 것이다. 마치 「투캅스」에서 노련하지만 부패한 형사와 신참내기 형사의 갈등과 대립이 영화를 이끌어가는 주요한 요인인 것처럼, 「미시시피 버닝」도 미시시피의 작은 마을에서 보안관으로 일했던 경험이 있는, 그래서 어떻게 미시시피 사람들에게 접근해야 할지, 주어진 문제를 해결하기 위해서는 법의 절차를 무시하고 위협과 폭력을 사용해야 하는 것을 아는 루퍼스 앤더슨과 원칙을 준수하고 법의 테두리 안에서 절차에 따라 조사할 것을 강조하는 애런 러드의 대립과 갈등이 이 영화를 이끌어가는 주요 요인이다.

이 영화의 메인 구도는 두 명의 조사관의 캐릭터에 의존한다. 만약에 둘 사이에 대립과 갈등이 없었다면 「미시시피 버닝」은 영화가 지니고 있는 극적인 갈등과 해결을 통한 재미를 전달하지 못했을 것이다.

「미시시피 버닝」은 두 조사관이 대립하는 구도에 흑인의 집을 불지르고 때로는 폭행을 하고, 나무에 목을 매다는 등 흑인에 대한 백인들의 폭력을 병렬한다. 그러나 놀랍게도 영화는 흑인과 백인 집단간의 충돌과 대립에 대해서는 전혀 보여 주지 않는다. 물론 집단행동이 없는 것은 아니다. 흑인 교회를 습격하는 백인들이 있다. 거기서도 집단과 집단간의 폭력이 아니라 일방적으로 백인이 흑인을 폭행할 뿐이다. 흑인을 폭행한 백인이 무죄 방면으로 나올 때, 분노한 흑인이 법원을 불지르는 장면에서 백인 경찰은 그들의 과격 폭력 시위를 바라만 볼 뿐이다.

흑인들이 거리 행진을 하면서 항의 시위를 할 때도 집단과 집단의 대립이 없다. 적어도 흑백 갈등의 문제라면 흑인과 백인 집단 사이에 충돌의 조짐이라도 보였어야 한다. 영화에서 그려지는 흑인에 대한 백인의 폭력은 링컨에 의해서 흑인 노예해방 선언 직후 백인들이 흑인들에게 집단적으로 폭력을 가하는 모습이 재연되는 것처럼 보인다. 복면을 쓰고 흑인을 불러내서 폭력을 가하고 집을 불태우는 것은 범죄행위이지만, 법과 질서가 채 확립되지 않았던 그 시대에서는 가능한 것이었다. 그러나 1964년 법과 질서가 확립되어 있는 시대에 집을 불태우는 일이 일어났다면 큰 사회적인 범죄 행위로 문제가 되었을 것이다. 영화는 세 명의 인권운동가의 살인 사건에 대한 문제에 집중한다. 방화 등 재산파괴에 대해서는 재판에 회부되지 않는다. 적어도 영화에서는 그렇다.

전직 보안관 출신의 루퍼스 앤더슨과 부보안관 부인인 펄과의 관계도 매우 작위적이다. 펄 부인은 앤더슨에게 세 명의 희생자들이 묻혀 있는 곳을 알려줌으로 사건을 해결하는 결정적인 역할을 한다. 하지만 그로 인해 그녀에게 돌아온 것은 폭력뿐이다. 첫번째 폭력은 제보 직후 집에서 일어난 남편의 폭력이다. 남편인 부보안관은 사건을 직접 일으켰던 일당 중 한 명이다. 따라서 부인의 제보는 부보안관이 범죄에 가담했다는 사실을 고발하는 것과 같다. 여기까지 보면 가정폭력이다. 그러나 영화는 부보안관이 함께 범행을 저지른 자들을 대동하고 그들이 보는 앞에서 자기 부인을 폭행함으로써 가정폭력을 넘어선 그 무엇이 있음을 보여 준다. 백인우월주의자들이 흑인을 집단 폭행하듯이 펄 부인은 자기 집에서 그렇게 집단 폭행을 당한다.

펄 부인이 받은 폭행은 앤더슨과 러드의 갈등과 대립(영화는 앤더슨이 러드를 때리고, 러드는 총을 빼서 앤더슨의 목에 겨누는 장면을 보여 준다)으로 이어지고 앤더슨이 자기 방식대로 사건을 해결하는 과정으로 이어진다. 재판이 끝나고 두 사람이 떠나기 전 마지막 장면에서 영화는 세 가지의 모습을 보여 준다. 첫번째는 펄 부인은 폭행을 당했다는 것이다. 집이 파손되고 폭행을 당한 그녀의 얼굴을 보여 준다. 두번째는 1964년은 기억된다는 문구가 새겨진 부서진 비석, 세번째는 돌아가는 두 명의 조사관의 모습이다.

영화는 도입 부문에서 러드가 운전하고 앤더슨이 KKK단원이 개사한 노래를 부르면서 사건이 발생한 지역으로 들어오는 것을 보여 준다. 마지막 부문에서 러드는 앤더슨에게 운전하라고 양보한다. 경찰이나 법질서를 집행하는 기관에서 어떤 사건을 조사하러 파견될 때 운전을 하는 것은 지휘자라는 것을 의미한다.

영화 속에서 종종 러드는 자신이 지휘자라는 것을 명시한다. 따라서 앤더슨이 운전하는 것은 갈등을 겪던 조사관 사이에 관계가 회복되고 신뢰가 형성되었다는 것이다. 동시에 그 장면은 펄 부인이 받은 폭력의 흔적과 겹쳐지면서 1964년은 기억된다는 것이다. 누가 그녀를 폭행했는지 영화는 알려 주지 않는다. 다만 영화가 보여 주는 것은 폭력을 받았음에도 불구하고 그녀는 그곳을 떠날 수 없다는 것과 앤더슨에게 이곳을 떠나더라도 자신에게 엽서를 보내지 말라는 말을 한다.

앤더슨과 펄 부인의 관계는 매우 인위적이다. 앤더슨과 펄 부인과의 관계에 근거해서 앤더슨과 러드의 관계가 급진전 되고 사건을 해결하는 데 있어서도 빠른 진전을 보인다. 사건 해결의 주도권과 방식이 러드로부터 앤더슨

으로 옮겨가고 적법한 절차 대신에 폭력과 위협 및 음모가 사용되고 허용된다. 러드가 동의한 앤더슨의 방식은 사건을 해결하는 데 있어서 유효하고 꼭 필요한 것처럼 인식되더라도 불법이다. 영화는 시종일관 앤더슨과 펄 부인의 미묘한 관계에 의존한다. 사건의 해결도 그렇고, 앤더슨과 러드의 관계 회복도 그러하다. 그래서 영화는 앤더슨과 펄 부인이 키스하는 모습을 보여 준다.

펄 부인이 사랑 때문에 결정적인 제보를 했을까? 펄 부인의 내적인 갈등에서 기인한 것은 아니었을까? 조셉 카운티에서 펄 부인만 흑인과 친밀한 관계를 갖고 있다. 펄 부인만 흑인 이웃의 아이를 안아준다. 흑인들이 행진할 때 (마틴 루터 킹의 행진을 연상케 하는) 함께하는 미지의 백인 여성을 제외하고는 흑인과 함께 서 있는 사람은 펄 부인이 유일하다. 펄 부인만이 인종차별은 종교적인 이유와 교육에서 기인한다고 지적한다. 앤더슨에게 펄 부인은 인종차별의 성경적 근거로 창세기 9장 27절을 언급하고 교육의 병폐를 지적한다. 그녀의 말에 의하면 아이가 일곱 살쯤 되면 인종차별을 믿고, 증오심을 갖고, 증오심을 먹으면서 자라난다는 것이다.

영화는 펄 부인을 매우 중요한 메시지를 갖고 있는 인물로 그려낸다. 인

종차별은 종교적인 근원을 갖고 있으며 교육을 통해서 학습된다는 것이다. KKK단의 리더인 타우리의 연설에서도 인종차별의 종교적 이유가 제시되지 않는다. 어떻게 인종차별이 전승되는지도 제시되지 않는다. 오직 펄 부인에 의해서 밝혀진다. 그리고 모든 것은 앤더슨과 펄 부인의 미묘한 사랑의 관계에서 기인한다. 1964년은 기억된다. 그것과 함께 인종차별을 정당화하는 종교적인 근거도 기억된다.

성경이 인종차별을 하는 것이다. 종교적 신앙이 행동을 정당화한다. 그래서 펄 부인이 신앙과 양심 사이에서 갈등하는 것이다. 1964년을 기억하는 것은 신앙과 사회제도를 분리해야만 하는 근본적인 이유를 재확인하는 것이다. 개인적으로는 특정 종교나 인물들을 미워할 수 있다. 그러나 개인적인 미움을 사회적인 증오로 전환하는 것은 불법이며 정의롭지 못하다. 미움이 개인적인 차원으로 남는 것은 허용될 수 있어도 사회적인 증오로 폭발하는 것은 허용될 수 없다. 그 누구도 종교, 인종, 성별, 연령 때문에 차별받을 수 없다는 미국의 모든 공공 문서에 나오는 문구는, 차별과 미움의 개인적인 차원까지 근원적으로 차단하는 것은 아니다. 공공적인, 사회적인 차별과 미움에 대해서만 차단할 뿐이다.

영화에 나오는 인물들의 역할과 성격만 허구일까? 영화를 이끌어가는 주요한 장면들도 허구가 아닐까? 영화는 세 명의 연설문을 싣고 있다. 용감한 흑인 소년 아론이 파괴된 집에서 하는 연설, 타우리가 하는 두 번의 연설, 장례식에서 흑인 목사가 하는 연설이다. 파괴된 집터에서 아론은 "언젠가는 보안관에게 존칭을 쓰지 않을 날이 올 것이며, 흑인 보안관도 선출될 것"이라고 말한다. 아론의 말은 마틴 루터 킹의 그 유명한 "나에게는 꿈이 있습니다(I have a dream)"을 연상시킨다.

더이상 사랑은 없고 분노만 있다. 함께 분노하자. 이런 일이 일어나게 하는 미국 사회에 분노한다. 흑인의 권리와 평등은 무엇인가, 자유와 정의는 무엇인가? 피부색은 달라도 피는 같은 색이다고 외치는 흑인 목사의 말은 마틴 루터 킹의 유명한 연설 "왜 우리는 더이상 참을 수 없는가?"를 연상시킨다. 영화는 마틴 루터 킹의 연설과 그가 주도한 행진을 영화에 삽입시킨다. 또 남북전쟁 직후 노예해방 시 일어났던 흑인에 대한 집단 폭행, 방화, 감금(닭장 속에 흑인을 가두기도 하고 목을 매달기도 한다) 같은 장면도 보여 준다.

반면에 영화는 백인 주민과의 개인적인 인터뷰를 내보냄으로 흑인에 대한 백인의 차별이 그렇게까지 잔인하지 않다는 것을 보여 준다. 무엇을 위해서 개인적인 의견을 내보냈을까? 아마도 그들의 말은 조셉 카운티의 현실을 반영할지도 모른다. 그들의 의견을 내보냄으로 사실을 드러내줄지도 모른다. 그렇다고 하더라도 감독의 그러한 의도는 성공할 수 없다. 흑인에 대한 집단 폭행에 비해서 개인적인 의견을 개진하는 인터뷰는 강한 인상을 심어주기에는 미약하다. 주민의 인터뷰보다는 타우리의 연설이, 앤더슨과 러드의 대화가 더 분명한 인상을 심어 준다.

영화에서 타우리는 두 번 연설을 한다. 인터뷰 형식을 빌어서 말한 것과 백인우월주의자들의 모임에서의 연설이다. 인터뷰에서 타우리는 자신을 미시시피 사람이며 동시에 미국인이라고 정의한 후에 "자신들이 유대인을 배척하는 이유는 예수를 믿지 않고, 공산주의자들이 하는 것처럼 세계 경제를 좌지우지하기 때문이며, 가톨릭을 배척하는 이유는 그들이 교황숭배를 하기 때문이며, 흑인, 터키인, 동양인들을 배척하는 이유는 백인민주주의를 지키기 위한 것이라고 말한다."

타우리는 두번째 연설에서 외부인들이 미시시피를 미워하는 이유는 자신들이 인종분리 정책을 성공적으로 수행하고 있기 때문이며, 북부의 무신론자, 공산주의에 물든 학생들이 마을에 와서 자신들의 가치를 흔들어 놓으려고 했지만 그들은 권리가 없다. 자신들의 일상에 끼어든 FBI도 모든 백인 그리스도인들이 연대한다면 자신들에게 굴복할 것이고, 자신들의 동네를 뉴욕의 할렘이나 시카고 같이 흑인들이 거리를 당당하게 다니는 도시로 만들 수 없다고 주장한다.

영화는 이 연설에서 두 개의 장면을 보여 준다. 하나는 약간의 눈물을 흘리는 한 사람의 얼굴을 조명하고, 다른 하나는 이 모임에 접근하는 두 명의 조사관을 막아서는 부보안관이다. 정치적인 모임에 외부인은 참여할 수 없다는 것이 그 이유다. KKK단의 모임처럼 보인다는 조사관의 말도 여기서는 중요하지 않다. 중요한 것은 외부인은 내부인의 문제에 개입할 수 없다는 것이다. 아론에 의해 폭력을 행사한 자로 지목받은 자가 무죄 방면된 (실제로는 5년형을 선고받고 선고유예를 받음.) 직후에 흑인들이 법원을 방화할 때도 앤더슨과 러드는 시위현장에 접근할 수 없다. 내부문제이기 때문에 외부인의 개입이 저지된다.

타우리는 두 번의 연설에서 자신을 미국인이며 동시에 미시시피 사람이라고 말한다. 자신과 그의 동료들의 행동은 미국인으로서 미국의 민주주의 가치를 지키기 위한 것으로 정당한 것이며, 동시에 미시시피 사람의 가치와 문화를 지키기 위한 정의로운 행동이라는 것이다.

타우리의 정당성은 시장의 말에 의해서 다시금 반복된다. 시장의 말에 의하면 두 개의 문화가 있다. 북부에서 추구하는 동등의 문화와 남부에서 추구하는 분리의 문화다. 북부인, 즉 외부인은 남부인을 형편없는 존재로 보고 남부의 분리 문화를 없애려고 하지만 자신들의 문화는 계속 보존될 거라고 말한다. 판사는 판결문에서 백인이 흑인에게 가한 폭력은 외부인들이 들어와 도덕적 가치를 하락시켰기 때문에 일어난 방어적 수단이라고 판결하면서 진짜 범인은 외부세계의 영향력이라고 선언한다.

앤더슨과 러드의 대화 또한 두 개의 가치와 문화가 충돌하고 있음을 보여 준다. 영화의 시작 부분에서 KKK단이 개사한 노래를 부르는 앤더슨에게 불쾌함을 드러내는 러드의 모습을 보여 주는 것과 세 명의 인권운동가의 운명에 대해서 가치 있는 죽음을 말하는 러드, 또한 가치 있는 살인을 언급하는 앤더슨의 대화를 통해서 영화는 1964년 미시시피 조셉 카운티에서 일어난 세 명의 인권운동가 살인사건이 종교적인 신념에서 기인하기보다는 문화의 충돌에서 기인하는 것임을 암시한다. 즉 변화된 새로운 문화와 가치에 적응하지 못한 낡은 문화와 가치가 병적인 저항과 충돌을 하면서 드러난 현장이 1964년 미시시피의 작은 마을 조셉이라는 곳이다. 그것은 영화가 세상에 드러낸 1988년의 세계이기도 하다. 영화에서 그려내는 문화와 가치는 단순한 삶이 아니다. 그것은 세상을 읽고 해석하고 행동하는 모든 체계를 인식하는 과정을 의미한다.

낡은 문화에 속한 사람들은 그들에게 다가오는 새로운 문화를 침략자로 인식한다. 영화 시작 부분에서 보이는 파괴와 방화는 미시시피 조셉 카운티에서 일어난 일이 아니다. 그전에 일어난 또는 다른 곳에서 일어난, 그래서 사람들의 잠재의식에 담겨져 있는 인종차별의 모습을 영화에 삽입한 것이다. 물론 조셉 카운티에서 그런 과격한 폭력이 있었을지도 모른다. 그렇지만 그것이 세 명의 살해사건의 연속성상에서 일어난 일로 바라보는 것은 영화 전개상 논리적인 비약이다.

흑인의 집을 폭파하고, 불을 지르는 행위는 늪지를 조사하기 위해서 워싱턴에 요원 증파를 요청한 이후에 발생한다. 증파된 요원이 FBI가 아니라 해군이라는 것에 주목해야 한다. 군대가 출동하는 것이다. 군대가 들어오면서 영화는 자유라고 적힌 푯말과 집이 폭파되는 장면을 보여 준다. 그것을 시작으로 많은 흑인들의 집이 불탄다. 전쟁이 시작된 것이다.

전쟁은 조사를 위해서 외부인이 마을에 들어오면서 시작된다. 자유를 외치는 흑인들의 행진에 간혹 동참한 백인 여성의 모습이 보여진다. 사람들은 그들을 비난한다. 자유의 요구가 짓밟혀진다. 흑인들의 자유 외침이 백인들에 의해서 짓밟혀진다. 그러나 조셉 카운티에서 백인들의 자유가 북부인의 침입에 의해서 먼저 짓밟힌다. 자유의 짓밟힘에도 순서가 있는 것이다. 외부인이 자유를 짓밟고, 그렇게 짓밟힌 앵글로색슨 백인은 흑인의 자유 외침을 짓밟는 것이다. 군대가 들어왔다. 그것이 직접적인 원인이다.

조셉 카운티에서 일어난 폭력과 방화가 병리적인 현상인 것은 폭력이 두려움에서 기인하는 것임을 모르기 때문이다. 영화는 앤더슨이 어린시절에 흑인 이웃 먼로가 산 당나귀와 관련된 자기 아버지의 이야기를 러드에게 말하는 것을 삽입해서 우회적으로 지적한다. 앤더슨은 아버지가 당나귀 때문에 빌릴 토지가 없어질까봐 당나귀를 독살했다는 것을 본능적으로 인식한다. 그런 앤더슨에게 아버지는 흑인보다 못하면 안 된다는 변명을 한다. 앤더슨은 자기 아버지에 대한 회상에서 다음과 같이 말한다. 자신의 아버지는 두려워할 것이 무엇인지 몰랐다는 것이다. 진정으로 두려워할 것은 흑인이 자기보다 잘되는 것이 아니라 가난이라는 것이다.

조셉 카운티 백인우월주의자들이 직면해야 할 두려움은 흑인의 정치 참여를 통한 사회적인 신장이 아니라 자신들이 그 현실에 의해서 변하는 것이다. 그들이 갖고 있는 근본적인 두려움은 외부가 자신들의 가치를 변화시키는 것이다. 두려움의 대상은 자신이고, 두려움의 진원지는 바깥세상이다. 그러나 그들은 그것을 알지 못하기 때문에 흑인에게 돌리고 있다.

2005년에 「미시시피 버닝」은 세상에 다시금 그 모습을 드러냈다. 당시 주범이었던 에드가 레이 킬런(80세)에게 사건 발생 41년 만에 유죄 판결이 내려졌기 때문이다. 당시 킬런은 세 명을 살해한 혐의로 67년에 기소됐으나, 백인으로 구성된 배심원단이 "전도사에게 유죄 판결을 내릴 수 없다"고 주장해 석방되었다. 「미시시피 버닝」은 그들이 재판받는 과정을 보여 주지 않는다. 다만 각각에게 구형된 형량만 보여 줄 뿐이다. 따라서 킬런에게 내려진 무죄 판결이 종교적인 이유에 기인한다는 사실도 감춰진다.

1964년에 미시시피 조셉 카운티에서 일어난 사건은 종교적인 신념에 의해서 발생했는가? 펄 부인의 증언을 통해서 그렇다고 말할 수 있다. 그러나 종교가 흑인에 대한 백인의 차별정책과 분리정책을 지지하는 자들의 행동을 정당화한 것은 새삼스럽게 드러난 새로운 사실이 아니다. 미국 땅에 흑인이 존재한 이후부터, 즉 노예제도를 합법화한 이후부터 지금까지 백인우월주의자들에게 성경은 인종차별을 합리화하는 도구로 사용되어졌다. 펄 부인은 그것을 다시금 상기시키는 것이다.

그러나 그것은 이미 낡은 것이다. 더이상 성경에서 백인우월주의에 대한 가치와 신념을 가져올 수 없다. 성경을 과거처럼 인간을 피부색이나 남녀에 따라서 상위와 하위의 실재로 나누는 사회적인 구분을 합법화하기 위해서 사용할 수가 없다. 물론 개인적으로는 그렇게 믿는 사람이 있다고 하더라도 결코 공적인 차원에서는 있을 수 없는 것이다. 앤더슨과 러드도 자신들이 폭력과 방화를 제공한 원인임을 알고 있다. 취재 기자를 폭행하면서 돌아가라고 외치는 말도 내면에 깔려 있는 것이 종교적인 확신이 아니라 두려움을 표현한 것이다.

위의 각도에서 바라볼 때 영화 제목이 '버닝 미시시피'가 아니라 '미시시피 버닝'인 것은 의미가 있다. 흑백 갈등으로 불붙은 미시시피가 아니라 (영화에서는 흑인과 백인의 직접적인 충돌은 없다.) 미시시피가 불을 지피고 있다. 미시시피가 지르는 불은 변화를 두려워하는 모습을 상징한다. 80년대 후반은 변화의 시기다. 1988년은 8년 만에 서방 민주주의 국가와 동유럽 공산주의 국가가 함께 모여서 지구촌의 축제를 연 서울 올림픽이 열린 해였다. 이어서 사람들은 베를린 장벽이 무너지고 독일이 통일되고 소련이 해체되는 현실을 목격한다. 이념과 이념의 대립이 끝나고 (아직도 우리에게는 숙제이긴 하지만) 새로운 가치관의 정립과 윤리적인 규범과 행위가 요구되던 시대가 열린 것이다. 세계관에 대한 새로운 정립은 기존의 낡은 세계관의 폐기와 교체를 의미한다.

세계관의 교체는 기계 부품을 교체하듯이 기계적으로 이루어질 수 없다. 두려움과 혼란이 근본적으로 내재된다. 새로운 세계관을 받아들일 준비가 되어있지 않거나 변화된 세계를 인식하지 못한 채 새로운 세계관과 만나게 되면 두려움과 혼란이 일어나고 낡은 세계관에 집착하고 새로운 것에 대해서 적대적이게 된다. 즉 지나가고 있지만 자신에게는 아직 지나가지 않은, 밖의 세계에서는 폐기되었지만 자신의 세계에서는 여전히 유효한 기존의 사고방식을 절대화하는 정신의 병리적인 현상이 낡은 세계관을 갖고 있는 사람에게 나타난다. 그러한 현상에서 가장 쉽게, 유용하게 사용될 수 있는 것이 종교다. 펄 부인의 입을 통해서 우리는 그런 진술의 형태를 접하게 된다.

미국의 역사는 사람들이 교회에서 인종차별을 성경의 특수 본문들을 절대화하면서 학습되어 왔다는 것을 충분히 기록했다. KKK단이 전부는 아니겠지만 많은 사람들이 교회에 다니는 것을 보면 매우 경건한 신자였다는 것은 부인하기 어려울 것이다. 킬런에 대해서 무죄 판결을 내린 배심원의 판결은 그것을 보여 주는 하나의 예이다. 그들이 경건한 신자였다고 해서 바르다는 의미는 아니다. 그들이 교육받고 자라났던 교회의 풍토에서 자신들의 행위가 잘못되었다는 것을 인식하지 못했기 때문에 그들의 행동은 그들의 교회에서는 경건의 모습으로 인식되었다는 것을 의미한다.

알란 파커 감독이 기독교를 비난하기 위해서 1964년의 조셉 카운티를 1988년에 「미시시피 버닝」이라는 이름으로 미국 사회에 내놓은 것은 아닐 것이다. 알란 파커가 말하고 싶은 것은 이것이다. 세계관의 교체는 충돌을 야기하기 때문에 낡은 세계관이 새로운 세계관으로 교체되기 전까지는 낡은 세계관을 가진 자들이 갖게 되는 두려움에 대해서 충분히 인지하게 해야 한다. 동시에 낡은 세계관을 가진 자들의 행동 저변에 깔려 있는 본질적인 두려움을 발견하도록 안내하는 것이다. 충분히 인지하지 못한 두려움은 두려움의 대상을 전이해서 반사회적, 반세계적인 행동으로 표출되기 때문이다. 그러나 세계관의 교체에 대한 철학적 인식 없이 이 영화를 본다면 누구나 종교를 비난할 충분한 이유와 근거를 발견할 것이다. 특히 2008년 한국의 반개신교 정서에 비춰본다면 「미시시피 버닝」은 개신교를 비난할 만한 또 하나의 이유를 제시해 준다.

종교와 과학은
진리를 찾아가는 길 위의 파트너

Film 10

콘택트 Contact

소설을 영화화하는 문제는 관련된 사람이 누구인가에 따라서 달라진다. 영화 제작자의 입장에서 본다면 원작에 충실하는 것보다 얼마만큼의 수익을 거둘 것인가 하는 흥행성에 관심이 더 많을 것이다. 반면 감독의 입장에서 보면 얼마만큼 원작에 충실할 것인가가 문제일 것이다. 물론 이것은 시나리오 작가와 공유해야 할 문제이긴 하지만 감독 또한 작품을 구상하고 완성해 가는 작가인 이상 원작이 갖고 있는 성격이 흥행성보다 우선적으로 고려되어야 할 사항이다.

만약에 감독이 해석자가 아니라 원작에서 받은 느낌을 중심으로 자신의 작품을 창작한다면 원작에 충실해야 한다는 원칙은 불필요할 것이다. 원작이 사랑과 우정 등의 인간적 가치를 다룬 것이라면 감독의 운신의 폭은 넓어질 것이다. 인간적인 가치를 아름다운 영상으로 담아내는 예술가로서 감독의 역량에 따라서 영화는 원작을 충분히 넘어서기도 한다. 원작이 인간적인 가치가 아니라 미스테리를 풀어가는 추리소설이라면 감독의 성공여부는 원작의 지명도에 따라서 달라질 것이다.

원작이 감독에게 새롭게 다듬을 여지를 주지 않는다면 작품의 결과는 분명하다. 「다빈치 코드」의 실패는 원작에

Contact, 1997
감 독 로버트 저메키스
출 연 조디 포스터(엘리나 에로웨이), 매튜 매커너히(팔머 조스)

충실한 결과이다. 소설 《다빈치 코드》가 세계적인 주목을 받지 않았다면 영화 「다빈치 코드」는 흥행에 성공했을 것이다. 모두가 다 알고 있는 내용을 영화에서 다시 확인하는 것은 누구에게나 재미 없는 일임은 분명하다.

「콘택트」를 보는 사람에게 제일 먼저 제기되어야 할 질문은 원작인 《코스모스》와 얼마만큼 관련 있을까 하는 것이다. 《코스모스》는 《다빈치 코드》처럼 많은 사람들에게 주목을 받은 소설이다. 물론 《코스모스》는 《다빈치 코드》가 불러온 무수한 논쟁거리를 제공하지는 않았다. 《다빈치 코드》에 비해서 《코스모스》가 제기한 종교와 과학의 충돌과 갈등은 사람들에게 다소 진부해진 주제이기 때문이다. 《다빈치 코드》의 주제 또한 어떻게 보면 진부한 것이다. 예수의 성배에 얽힌 이야기는 오랜 세월 동안 상상되었고 언급되었던 것이다. 그럼에도 불구하고 《다빈치 코드》가 주목받은 이유는 사실 같은 느낌을 주기 때문이다. 영화 「다빈치 코드」는 원작에 충실했다. 사람들은 원작을 충분히 읽었고 수많은 비평과 마주했다. 원작과 다르지 않는 영화 「다

빈치 코드」는 사람들에게 외면받을 수밖에 없었다.

「콘택트」는 《코스모스》와 어떤 관계가 있을까? 「콘택트」는 《코스모스》를 충실하게 요약한 것일까? 아니면 감독의 문제의식에 따라서 재배열하고 새롭게 색칠한 작품일까? 「콘택트」를 《코스모스》와 비교해 보지 않는 이상 질문은 질문으로 남을 것이다. 하지만 두 작품을 비교하든 비교하지 않든 간에 분명한 것은 둘 중에 하나의 작품만 읽거나 본 사람은 자신이 대면한 작품에서 저자가 바라보는 시각으로 문제를 바라볼 것이다. 필자는 코스모스를 대하지 않았다. 따라서 「콘택트」에 대한 해설과 비평은 칼 세이건의 문제의식이기보다는 감독의 문제의식이다. 비록 감독의 문제의식이 칼 세이건의 문제의식과 동일한 것이라 해도 감독의 문제의식이다.

「콘택트」는 종교와 과학의 갈등 문제를 스크린에 담았다. 그러나 「콘택트」에 담겨진 종교와 과학의 갈등은 단순하지 않다. 단순하지 않다는 말은 종교와 과학의 갈등이 복잡한 양상을 띠고 있다는 것은 아니다. 갈등의 전개 방식만을 보면 지극히 단순하다. 갈등의 주체만 봐도 단순하다. 모두가 갈등하는 것이 아니라 갈등하는 자와 갈등하지 않는 자로 나누어진다. 단순한 이분법적인 도식이 영화를 따라서 흘러간다. 따라서 단순하지 않다는 것은 갈등의 내용을 말하는 것이다.

「콘택트」에는 종교와 과학이 갈등하는 큰 이슈가 있는가? 종교와 과학에서 뚜렷하게 드러나는 갈등의 내용은 무엇인가? 「콘택트」에서 명백하게 드러난 것은 갈등하는 주체가 아닌가? 갈등의 주체를 내용으로 인식하지 않으면 갈등하는 것은 주체이다. 그러나 갈등하는 주체를 사람으로 인식하지 않는다면 갈등하는 것은 주체로 표현된 내용이다. 영화에서 갈등을 느끼는 자는 누구인가? 신부가 되려고 했던 팔머인가, 아니면 베가 성에서 보낸 메시지를 수신한 엘리나 박사인가? 다시 말해서 팔머로 표현된 종교인가, 아니면 엘리나로 표현된 과학인가?

근대 과학적 이성이 대두된 이후 종교와 과학의 갈등에서 우위를 점한 것은 언제나 과학이었다. 과학이 우위를 점했다는 말은 과학이 종교를 이겼다는 말이 아니라 자연에 대한 설명을 과학이 독점했다는 것만을 의미한다. 역사와 인간의 삶은 여전히 종교가 주된 설명의 자리를 점유했다. 삶 전체에 대해서 설명을 독점하던 종교의 과거에 비춰서 자연을 종교에서 분리시킨 것은 과학의 승리이지만, 종교와의 갈등에서 과학은 결코 완전한 승리를 거두지는 못했다. 과학이 발전할수록 종교가 퇴색하기는커녕 (일부 과거의 사람들은 그렇게 예측하기도 했지만) 종교는 오히려 더 번성했다.

종교가 번성할 수 있었던 가장 큰 이유 중의 하나는 아이러니하게도 과학의 발전에 기인한다. 과학이 발전하면 할수록 자연현상에 대한 합리적인 이해가 증진되었지만 삶에 대한 의미마저 깊어진 것은 아니기 때문이다. 과학의 발전을 통해서 획득된 이해와 혜택이 증가할수록 정신적인 공허감과 미래에 대한 불안은 더욱 깊어졌다. 미래에 대해서 예측하고 통제하는 과학의 능력은 미래에 대한 인간의 실존적인 불안마저 예측하고 통제해 주는 것이 아니었다.

미래에 대한 실존적 불안과 현재에 대한 의미론적 이해는 과학의 영역이 아니라 종교의 영역인 것이다. 적어도 근대 과학 이성이 대두한 것과 삶이 자연과 실존의 영역으로 나뉜 것은 자연을 예측하는 능력을 갖고 있는 인간의 이성과 삶의 의미와 가치를 추구하는 실존적인 태도가 자연에서 얻어질 수 없는 인간됨의 본유적인 것이기 때문이다.

「콘택트」의 주요한 논제는 종교와 과학의 얽혀짐이다. 그러나 기존의 여러 문헌에서 보아왔던 종교와 과학의 얽혀짐과는 논점을 달리한다. 기존의 논쟁과 「콘택트」가 다른 것은, 문제가 되는 것이 종교가 아니라 과학이라는 것이다. 영화에서 종교를 가진 자들이 비상식적이고 현실에 부적응하며 과대망상증을 보이는 히스테릭한 존재로 비치는 장면도 있다. 베가 성에서 보낸 신호를 포착한 것이 방송된 이후에 뉴멕시코로 몰려드는 사람들의 호들갑 떠는 모습은 종교를 부정적으로 보게끔 한다. 베가 성으로 가는 운반기를 폭파시키는 열광주의자들의 모습은 종교에 결코 깊이 빠져들지 말아야 한다는 메시지를 보낸다.

「콘택트」에서는 종교를 부정적으로 본다. 종교를 맹신할 경우 사람은 극단적이고 파괴적이 된다. 우리 사회에서도 심심치 않게 종교에 맹신적으로 빠져든 결과로 인격과 가정을 파괴하는 반사회적인 행동들을 볼 수 있다. 이것은 종교가 사람을 미신과 무지로부터 건져내기보다는 미신과 무지의 상태로 밀어넣는다는 것을 보여 준다.

교리와 신앙으로 무장한 이슬람 열광주의자들이 자살폭탄이라는 극단적인 방법을 선택하는 것은 종교가 인간의 내면에 내재한 광적인 분노를 무차별하게 표출하는 것을 정당화하고 있다는 것을 명백히 보여 준다. 미개했던 시절에 종교가 사람들을 무지와 미신에서 해방시키는 역할을 담당했던 것을 문명이 발달한 지금에는 과학이 그 역할을 하는 것은 너무나 당연한 일이지도 모른다.

분명히 「콘택트」는 종교를 매우 의심스럽고 불안한 시선으로 바라본다. 종교가 사람들을 불건전하고 비이성적이고 반사회적인 불안으로 몰아넣어서일까? 아니면 사회적인 불안이 엄습해 올 때 불안정한 자아가 종교라는 형식을 빌어서 종교 열광주의자의 얼굴로 태어나는 것일까? 영화가 비판하는 것은 종교 자체가 아니라 불안을 해소하려는 원초적이고 극단적인 선택의 수단으로 종교를 이용하는 행위이다. 「콘택트」에서 불안은 종교의 몫이 아니라 과학의 몫이다. 불안을 경험하는 것은 팔머가 아니라 엘리나다. 증거와 증명이라는 덫에 걸린 것은 종교가 아니라 과학인 것이다.

「콘택트」에서 의심받는 것은 종교인의 경험이 아니라 과학자의 경험이다. 영화에서 근거로 제시할 수 있는 것은 객관적인 사실이 아니다. 경험의 진술뿐이다. 그리고 그것은 의심받는다. 이 영화가 종교와 과학이 논쟁하는 연장선상에 있다면 논쟁의 승패는 분명하다. 승자도 없고 패자도 없다. 왜냐하면 「콘택트」는 대립과 갈등이라는 논쟁적 구조에 입각한 종교와 과학의 문제를 접근한 것이 아니기 때문이다.

이 영화의 접근 방식은 종교와 과학이 개별적인 영토에서 제왕으로 군림하던 과거의 방식에서 벗어나 상호간에 공명할 수 있는 장소로 옮겨온 것이다. 종교와 과학이 첨예하게 대립했던 자연에 대한 설명에서, 설명하는 인간에게로 초점을 두는 것이다. 인간이 만난 현상이나 인간이 목격하는 실재에 대한 설명은 종교와 과학을 대립하게 만든다. 목격한 실재가 아니라 목격한 인간에게 관점을 두면 종교와 과학은 연계하게 된다.

자연에서 이슈를 인간에게 옮겨놓으면 과학의 행위는 종교의 행위가 된다. 과학이 설명하는 자연에 대한 체계를 종교가 대치적으로 설명하는 대신에 (종교가 자연에 대해서 설명할 만한 과학적인 체계를 갖추지 못했기 때문에 과학을 대체하는 것은 거의 불가능하다. 과학 이론에 대한 문제는 지적할 수는 있겠으나 그 문제를 총체적으로 설명하는 체계를 종교 안에서 새롭게 구성한다는 것은 가능성 없는 일에 맹목적으로 매달리는 것이다.) 전체를 합리적으로 파악하기 위해서 초월적 존재의 불가피성에 대한 이유를 합리적으로 제시한다면 종교는 과학의 행위가 된다.

「콘택트」는 종교와 과학이 갈등하는 이분법적인 구도에서 벗어나서 실재를 이해하기 위해서 대화와 공명의 방식으로 나아갈 것을 제안한다. 따라서 필자는 논쟁이라는 용어 대신에 '얽혀짐'이라는 단어를 선택했다. 얽혀짐은 뒤섞임이 아니다. 뒤섞임은 혼동이고 어지러움이며 상실이다. 섞인 것은 섞여지는 상태를 잃어버린 다음에 나타나는 현상이다. 얽혀짐은 잡아 달라고 손을 내미는 것과 내민 손을 잡아 주는 것을 의미한다. 따라서 얽혀짐은 회복이며, 일치며, 상생이다.

「콘택트」에서 잡아 달라고 손을 내미는 것은 과학이다. 종교는 내민 손을 잡아 준다. 종교가 필요한 것은 과학이다. 다시 말해서 믿음이 필요한 것은 과학이다. 직설적으로 말하면 과학의 행위는 믿음이다. 「콘택트」는 그것을 말한다. 이성이 과학만의 전유물이 아닌 것처럼 믿음은 종교만의 전유물이 아니다. 만약 이성이 과학의 전유물이라면 종교는 비이성이어야 한다. 종교가 비이성인가? 모든 종교인은 비정상적인 사고를 하는가? 대답은 당연히 "아니다"이다. 과학하는 모든 사람이 다 이성적이지 않는 것처럼 모든 종교인이 비이성적이지는 않다. 종교와 과학은 인간과 별개로 있는 그 어떤 것이 아니라 인간에 의해서 행해지는 행위이다. 행위의 대상이 아니라 행위하는 주체에서 종교와 과학은 같다.

「콘택트」에 있어서 과학은 믿음에 속한 것이다. 엘리나와 팔머의 대화에서 분명히 제시된다. 엘리나와 팔머의 만남은 엘리나가 애로보시라는 관측 시설로 출근하면서 시작한다. 애로보시는 지방 사람들이 엘로이라고 부르며 군사시설이라고 생각하는 곳이다.

엘리나는 바에서 우연히 만난 팔머에게 어린시절 아버지 티어도르가 해준 말을 들려준다. "우리 은하계에 4억만 개의 별이 있는데 백만 개의 별 가운데 하나씩 행성이 있다고 가정하고, 그 하나씩에 생명체와 지적인 존재가 있다고 가정하면 우주에 수백만 개의 문명이 있을 수 있다는 것이다." 팔머가 이어서 말한다. "만약 그렇지 않다면 엄청난 공간의 낭비일 것이다." 팔머의 말에 엘리나는 "아멘"이라고 대답한다.

우주에 생명과 문명이 없다면 엄청난 공간의 낭비일 거라는 엘리나와 팔머의 말은 종교적인 대화이다. 합리적이고 이성적인 추론이지만 믿음의 대화이다. 우주에 인간을 제외한 어떤 지적인 생명체가 있어야만 공간의 낭비가 아니라는 말은 생명의 탄생을 우연이 아닌 누군가에 의해서 이루어진 계획과 필연으로 바라보는 것을 의미한다. 그렇기 때문에 엘리나는 우주의 기원과 발생에 대한 진화론적인 입장을 대변하지 않는다. 엘리나가 대변하는 것은 지적 설계론이다.

　지적 설계론은 우주를 합목적적으로 이해하는 관점을 제공하는 것으로
자신의 목적성에 따라서 또는 자신의 존재에 상응해서 우주를 설계하고 완

성해 간다는 초월적인 존재에 대한 믿음을 전제
하는 태도다. 우주에 인간 외에 다른 생명체가 있
다는 것이 증명된 적이 없는 것과 마찬가지로 인
간을 제외한 다른 생명체가 없다는 것이 증명된
적도 증거가 제시된 적도 없다. 아무런 증거나 증
명도 없이 엘리나와 팔머는 우주를 합리적인 것

으로 믿고 대화한다. 우주에 우리만 있다면 우주는 크기에 비해서 비합리적
이다.

　생명의 우연 발생을 주장하는 진화론의 입장에서 보면 우주는 반드시 합
리적일 필요가 없다. 생명 발생 자체가 합리적인 계획에 의한 것이 아니라
비합리적인 우연이기 때문이다. 진화론자에게는 그것이 합리적이다. 그러
나 지적 설계론자에게 우주와 생명은 우연히 발생된 사건이 아니다. 인간이
알 수 없는 누군가에 의해서 설계되지 않고는 우주는 부조화와 불합리한 실
재가 된다. 우주는 부조화되고 불합리한 실재가 아니라 합리적인 실재이다.
진화론자에게도 합리적인 실재이다. 비합리적인 것에서 합리적인 것으로
운동한 것이 우연이라고 진화론자가 믿는 것과 마찬가지로 지적 설계론자
도 합리적인 존재의 행위에 의해서 우주가 건설되었기 때문에 합리적이라
고 믿는다.

엘리나에게 과학은 믿음의 행위이다. 어린시절부터 그랬다. 아버지의 장례식 날, 방에 들어가 죽은 아버지를 향해서 무선으로 호출하는 것은 과학적 행위가 아니다. 죽은 아버지가 무선을 듣고 응답할 리 없기 때문이다. 아버지를 호출하는 것은 치기 어린 행위가 아니다. 목사가 어린 엘리나에게 하나님의 뜻은 인간이 알 수 없지만 받아들여야 한다는 상투적인 말을 던졌을 때 엘리나는 아래층에도 약을 두었다면 아버지는 죽지 않았을 것이라고 말한다. 엘리나는 합리적인 사고를 하는 반면에 목사는 비합리적인 생각을 한다. 일어난 결과의 원인을 초월적인 존재의 직접 개입에 의한 것으로 돌려버린다. 그리고 믿음을 강요한다.

목사가 말하는 믿음은 신에 대한 믿음이 아니라 목사에 대한 믿음이다. 마치 목사는 신의 뜻을 받은 사람처럼 그렇게 서 있다. 엘리나는 목사의 말을 반박한다. 엘리나의 말대로 쓰러진 아버지를 일찍 발견했거나 약을 제때 갖다줬다면 아버지의 죽음은 일어나지 않았을지도 모른다. 목사의 말에도 일리는 있다. 엘리나의 잘못이 아니고 받아들여야 한다는 것이다. 이것은 엘리나가 느낄 죄책감을 덜어주는 행위이다. 그러나 신의 뜻을 말하는 것은 죄책감을 덜어주는 행위와 다른 것이다.

엘리나가 반박하는 것은 죽음을 받아들여야 한다는 것이 아니라 신의 뜻을 소유한 것처럼 말하는 목사다. 엘리나가 교회학교에서 퇴출된 것도 신의 뜻을 소유한 것처럼 행동하는 사람들에게 질문했기 때문이다. 엘리나는 신에게 받은 다른 것을 갖고 있다. 바로 이성이다. 합리적인 이성으로 질문하고 대답하며 추론하고 판단한다. 인간에게 알려지지 않은 신의 뜻을 배제하고 이성적으로 생각하면 아버지의 죽음에 대한 엘리나의 설명이 목사의 어설픈 변명보다 더 설득력이 있다. 이성은 믿음에 반대하는 것이 아니다. 거짓된 믿음에 반대하는 것이다. 따라서 이성은 믿음을 향해 서 있다.

엘리나에게 있어서 과학은 믿음의 행위이다. 뉴멕시코에서 4년간 엘리나가 한 것은 오직 하나, 헤드폰을 끼고 우주에서 소리가 들려오기를 기다리는 것이다. 엘리나에게는 자신의 이론을 입증하기 위해서 실험을 하고 결과를 분석하는 일반적인 과학자의 모습은 없다. 엘리나는 입증할 이론도 분석할 결과도 없다. 엘리나는 우주를 향해서 누군가에게 전파를 발송한 적도 없다. 우주에서 송신한 소리에 담겨진 메시지는 우주가 들은 것이다. 히틀러의 베를린 올림픽 개막식 연설도 우주로 송신한 것이 아니라 엄밀히 말하면 최초로 텔레비전으로 방송된 것이다.

「콘택트」에는 우주에 있을 누군가를 향해 전파를 발송하는 장치가 전혀 없다. 우주에서 들려올 소리를 듣는 장치밖에 없다. 뉴멕시코에 있는 수신기를 사용하는 데 필요한 경비를 제공하는 기업체도 없다. 헤든이 제공하지 않았다면 뉴멕시코의 수신기는 무용지물이었을 것이다. 켄트의 말처럼 요새는 아무도 소리를 듣는 사람이 없다. 송신하지도 않으면서, 증명할 이론도 없으면서, 천체를 관측하지도 않으면서 무한정 들려올 소리를 기다리는 것은 과학의 행위가 아니다. 종교의 행위이며 믿음의 행위이다. 신이 언젠가 들려줄 음성을 무작정 기다리는 종교인처럼 엘리나는 기다린다. 종교인의 기다림에는 신의 존재에 대한 믿음이 전제되어 있다. 엘리나의 기다림은 우주에 어떤 지적 생명체가 있다는 믿음이 전제된 것이다. 엘리나는 과학적 지식과 장비로 무장한 지식인이지만 기다리는 그녀는 실존적으로 종교적이다.

4년간의 기다림 끝에 신호가 포착되고 프레임이 들어온다. 첫번째 프레임은 히틀러의 연설 장면이다. 프레임을 분석한다. 만 페이지가 넘는 암호로 된 엄청난 양의 데이터다. 암호로 된 텍스트에 대해서 추측이 난무하다. 엘리나는 우주백과사전의 첫 권이 아닐까 생각한다. 마이클 키츠는 지구를 식민지화 하려는 계획의 일원으로 데이터를 보냈을 것이라고 생각한다. 드림런은 모세를 언급하고 십억 개의 계명일 수도 있다고 말한다.

엘리나에게는 우주의 기원에 대해서 알고 싶어하는 이성의 호기심이 있다. 우주의 기원과 실재에 답을 줄 수 있는 것은 우주 자체가 아니면 우주를 만든 어떤 존재이다. 우주가 완결된 존재가 아니라 진화해 가는 실재이며 또한 단편적이나마 인간에 의해서 관찰되는 대상이기 때문에 우주는 답을 줄 수 없다. 그 답은 오직 우주를 만든 존재만이 할 수 있다. 우주백과사전의 첫번째 권이었으면 하는 바람에는 단순히 우주가 만들어진 기계적인 설명, 즉 '어떻게'가 아니라 '왜' '무엇을 위해서'라는 실존적인 것을 듣고 싶어하는 것이 들어 있다. 마이클 키츠의 반응은 자기 방어적이지만 드러내는 것은 내면에 존재하는 근원적인 두려움이다. 근원적인 두려움은 초월적인 낯선 상황과 만날 때 드러난다. 따라서 종교적인 반응이다.

종교는 초월적인 낯선 존재와의 만남에서 발생한다. 신앙심의 밑바닥에는 낯선 존재 때문에 발생한 두려움이 근원적으로 자리잡고 있다. 종교적 행위는 인간의 실존에 내재된 근원적인 두려움을 두렵지 않게 만드는 역할을 한다. 계명을 지키는 것과 신에게 예배를 드리는 행위는 두려움의 대상을 두려움 없이 대하게 한다. 드림런은 우주에서 보낸 메시지를 신이 모세를 보내 자신의 계명을 주는 것처럼 받아들인다. 그는 종교적으로 반응한다. 드림런은 마이클 키츠에서 표출된 근원적인 두려움을 신뢰로 바꾸는 종교적 행위를 표상한다. 세 사람의 반응은 다르지만 근본적으로 종교적이다.

헤든에 의해서 암호도면은 해독된다. 외계인이 보낸 것은 기계를 만드는 설계도면이다. 설계도면을 놓고 엘리나와 마이클이 대립한다. 엘리나는 진보된 통신기기나 교육용 기계일 수도 있고 운송하는 기계일 것이라고 추측한다. 마이클은 지구를 멸망시키기 위해서 보낸 계획서이고 설명서대로 만들면 폭발해서 인류가 멸망할지 모른다고 주장한다. 엘리나는 왜 외계인들을 악의적으로 바라보냐고 힐난한다. 마이클은 엘리나에게 어째서 그들이 호의적일 거라고 생각하냐고 반문한다. 엘리나는 인류가 그들에게 위협이 되지 않기 때문이며, 우리가 아프리카 어느 개미탑에 있는 세균들을 박멸하러 가는 것과 마찬가지라고 말한다. 드림런이 엘리나의 비유에 흥미를 느끼고 질문한다.

엘리나의 낙관적 태도는 마이클의 부정적 태도와 마찬가지로 객관적인 근거가 없는 주관적 태도이다. 그들의 주관적 태도는 대상을 객관적으로 관찰한 후에 갖게 된 결론도 이성의 판단도 아니다. 믿음의 판단이다. 객관적 근거가 없기 때문에 대상에 대해서 맹목적으로 갖고 있는 믿음을 절대화한다. 엘리나와 마이클은 과학적인 대화를 하지 않는다. 믿음의 대화를 한다. 대상에 대한 절대적인 믿음이 충돌한다.

드림런이 대화를 윤리적인 문제로 전환한다. 우리가 세균을 박멸한다면 과연 죄책감을 느낄까? 엘리나는 윤리적인 문제에 대해서 회피한다. 우리는 그들의 가치관을 모른다. 더구나 그들이 하나님을 믿는지 아닌지에 대해서도 모른다. 하나님을 믿어야만 윤리의식이 생기는 것은 아니다. 신과 상관 없이 윤리의식은 본질적으로 인간 안에 내재되어 있다. 가치관은 윤리적인 범주에 속하는 것이다. 신을 통해서 가치관을 정립할 수 있지만, 그렇다고 신을 믿지 않는 사람의 가치관이 나쁘다거나 없다는 것은 성립될 수 없다.

엘리나는 믿음과 종교로 대화를 전환한다. 메시지가 과학의 언어로 쓰여 있다. 그것이 종교적이라면 덤불에 불이 나거나 하늘에서 음성이 들렸을 것이다. 팔머가 대화에 끼어든다. "하지만 당신이 들은 건 하늘에서 들려온 음성이 아닌가?" 불가피한 종교적인 암시가 있다는 것을 인정한다. "그렇다고 무조건 경계할 필요는 없다. 우리 사이를 막아온 장애물을 깰만한 공통분모를 찾을 수 있기를 바란다"고 팔머가 말한다. 엘리나에게 경험은 설명할 수 없는 진실을 담은 과학이며 믿음 안에서 행해지는 종교적 행위이다.

홋가이도에서 비밀리에 건조한 수송기에 탑승한 엘리나는 베가 성에서 아버지의 모습을 한 베가인을 만난다. 엘리나는 그에게 묻는다. "왜 연락을 했느냐고." 베가인은 "너희가 연락을 한 것이고 우리는 들었다"고 대답한다. 엘리나는 계속해서 묻고 베가인은 대답한다. "많은 행성에 문명이 있다. 누가 운송시스템을 만들었는지 모른다. 베가 성에 오기 전에 운송시스템을 만들었던 그들은 사라졌다. 언젠가 돌아올 것이다. 지구는 우주에서 고립된 것 같지만 그렇지 않다. 허무함을 채울 수 있는 유일한 길은 만남이다. 지금 시작했으니까 계속 걸어가라."

지구로 귀환한 엘리나는 조사위원회로부터 조사를 받는다. 수억 달러의 자금이 투입된 프로젝트에서 얻어진 과학적 결과가 아무것도 없기 때문이다. 위원들 앞에서 엘리나는 자기의 경험을 입증할 아무런 증거가 없다. 카메라에 기록된 객관적 증거 앞에서 자신이 경험한 것 외에 다른 것은 아무것도 내놓을 증거가 없다. 그녀는 말한다. "난 내 경험을 철회할 수 없다. 증명하거나 입증할 수 없지만 한 인간으로서 그것이 사실이었다는 것을 안다. 난 내 인생의 변화를 가져올 소중한 경험을 했다. 우주는 내게 보여 주었다. 비록 우리 자신은 작고 보잘것없지만 귀중한 존재이며, 우주에 속해 있는 위대한 존재이며, 또한 결코 혼자가 아니란 사실을 깨닫게 해 주었다. 난 그 경험을 나누고 싶다. 나의 소망은 모든 사람들과 잠시라도 내가 겪은 그 놀라운 사실을 함께 공유하는 것이다."

엘리나는 주관적 경험이라는 과학을 객관적 입증과 증명 대신에 믿음이라는 명제로 제시한다. 주관적 경험이 사실이라는 것은 종교에서 주장하는 것이다. 종교에서 주장하는 경험에 담겨진 사실은 과학이라는 객관적 시각에서는 보이지 않는 것이다. 심장을 과학적인 눈으로 바라보면 근육과 혈관으로 이루어진 덩어리일 뿐이다. 심장을 종교의 시각에서 보면 사랑과 믿음이 솟아나는 원천이다. 엘리나에게 경험은 사실이다. 듣는 사람들에게 경험은 주관적인 이야기일 뿐이다. 객관적인 눈으로 바라본 자신의 시각을 의심하지 않는 한 엘리나의 경험은 착각내지는 망상일 뿐이다.

「콘택트」는 종교를 과학에 비추어서 비판하기 위해서 만들어진 영화가 아니다. 과학을 비판하기 위해서 만들어진 영화다. 드림런과 엘리나의 대조를 통해서 과학을 비판한다. 드림런과 엘리나는 과학의 목적성과 가치에 대한 대조를 보여 준다. 드림런은 과학의 목적을 실용적인 가치에 두고 있다. 실용적인 목적을 위해서 과학은 정치와 손을 잡는다. 정치와 손을 잡은 과학은 진리를 추구하는 본래 목적에서 벗어나 권력과 금력의 맛에 길들여 간다. 드림런이 엘리나의 업적을 아무런 죄의식 없이 가로채는 것은 과학을 통해서 권력의 맛을 본 인간의 됨됨이를 보여 주는 실례이다.

엘리나는 과학의 목적을 진리추구의 순수성에 두고 있다. 과학이 추구해야 할 본래 가치인 진리에 대한 추구보다 과학을 통해서 경제적 이득을 독점하는 행위는 진리를 추구하는 이름으로, 과학의 이름으로 비판받아야 한다. 그러나 실용주의의 이름으로 정치와 야합한 과학 앞에 순수한 과학은 맞설 수 있는 자체의 힘이 부족하다. 따라서 종교가 흔들리는 과학의 중심을 잡아 준다.

팔머와 엘리나의 첫번째 만남에서 팔머는 엘리나에게 나침반을 준다. 팔머가 준 나침반이 웜홀을 지나갈 때 엘리나 앞에서 길을 나서게 인도한다. 두번째 만남에서 엘리나는 "전지전능한 하나님이 우주를 창조하고는 자신의 증거를 안 남긴 것이 그럴듯한 것인가? 아니면 소외당하는 인간들이 의지하기 위해 신을 만든 것이 그럴듯한가?"라고 질문했다. 팔머는 "하나님이 계시지 않는 세상은 생각해 본 적이 없다. 난 그분이 계시길 바란다"고 대답한다. 엘리나는 "자신을 속이는 것일 수도 있지만 나는 증거가 필요하다"고 말한다. 팔머는 엘리나에게 "아버지를 사랑했느냐?"고 묻는다. 엘리나는

"많이 사랑했다"고 대답한다. 증명해 보라고 되묻는 팔머에게 엘리나는 당황한다. 팔머가 신의 존재를 객관적으로 증명하지 못하듯이, 엘리나는 자신이 아버지를 사랑했다는 것을 객관적으로 증명하지 못한다. 신의 존재 유무가 인간에 의해서 객관적으로 증명될 대상이 아니라 경험을 통해서 도달하는 믿음에 속한 것처럼 아버지에 대한 사랑도 객관적으로 증명되는 것이 아니라 경험에 입각한 믿음에 속한 것이다.

두번째 만남에서 팔머는 엘리나에게 인간의 실존적 경험은 객관적 증명의 영역에서 벗어나는 범주에 속한다는 것을 인식하게 한다

세번째 만남에서 팔머는 엘리나에게 신에 대한 믿음을 질문한다. 엘리나는 과학자로서 경험적 증거에 의존하건데 이 경우에는 증명할 데이터가 없다고 대답한다. 그녀의 대답을 위원회 의장은 신을 믿지 않는다는 의미로 판단한다. 엘리나는 무슨 상관이 있는지 모르겠다고 말한다. 다른 위원이 말한다. 세계 인구의 95퍼센트는 어떤 형태로든지 절대자를 믿고 있다. 그렇다면 깊은 상관이 있다고 말한다. 위원회는 드림런을 베가인과 만나는 인류를 대표할 사람으로 선택한다. 엘리나는 베가 성으로 가는 것을 개인적인 것으로 생각한다.

엘리나는 인류의 과학적 지식을 표상할 수 있지만 인류의 종교심을 표상할 수는 없다. 드림런이 과학적 지식과 종교심을 동시에 표상할 수 있는 인물로 선택된다. 엘리나에게 신은 객관적으로 증명되어야 할 객체이며 대상이다. 인류의 95퍼센트에게 신은 경험되는 실재이며 인간이 만나게 되는 주체이다. 세번째 만남은 경험과 경험의 만남이다. 객관적으로 사물을 관찰하는

경험과 초월적 존재에 대한 주관적 경험의 만남이 그들이 대면한 세번째 만남이다.

네번째 만남은 팔머와 엘리나의 만남이 아니다. 엘리나와 조사위원들과의 만남이다. 팔머는 방청석에 앉아서 그들을 바라본다. 그러나 네번째 만남은 대상만 바뀌었을 뿐 세번째 만남을 표상한다. 질문했던 자가 거꾸로 질문받는다. 오캄의 면도날의 과학적 원리에 근거해서 객관적으로 입증할 수 있는 사실만 인정하라고 강요받는다.

주관적 경험을 진술하는 엘리나는 조사위원들 앞에서 과학자가 아니다. 종교인으로 대답한다. 경험을 진술하고 진술한 것에 대해서 믿음을 요청하는 것은 종교가 취하는 입증 방식이다. 팔머는 흔들리는 엘리나를 안고 건물을 나선다. 기자가 팔머에게 질문한다. "당신은 무엇을 믿습니까?" 팔머는 대답한다. "신앙인으로서 박사와 입장이 다르지만 추구하는 것은 같은 진리다. 난 그녀를 믿는다." 그리고 팔머의 손을 잡고 둘은 차를 타고 떠난다.

「콘택트」는 종교와 과학이 상호 적대적이고 투쟁적인 모습으로 사람들에게 각인되었던 그림을 지우는 영화다. 「콘택트」에 의하면 종교와 과학은 방식은 다르지만 진리를 추구하는 본질에서 일치하며 공명한다. 그러나 모든 면에서 종교와 과학이 공명하며 진리추구의 본질에서 일치하는 것은 아니다. 과학이 객관적으로 관찰할 수 있는 자연의 영역에 머무는 한 종교와 공명할 수 있는 여지는 없다. 모든 영역에서 종교와 과학을 결합시키는 것을 우회적으로 비판한다. 그래서 드림런이 베가 성으로 가는 기계에 탑승하기 전에 안전도를 시험하기 위해서 만든 엘머라고 명명한 실험 로봇은 기계를 시험하는 도중에 파괴된다. 엘머는 엘리나와 팔머의 이름을 한자씩 따서 붙인 이름이다. 종교와 과학이 결합된다면 과학과 정치가 결합되는 것과 마찬가지로 악이 된다. 따라서 기계를 실험할 때 엘머도 드림런도 파괴된다.

「콘택트」는 과학제국주의를 비판한다. 과학제국주의는 과학이 모든 문제를 해결하고 행복을 가져온다고 믿는 이념이다. 영화는 그것을 우회적으로 비판한다. 팔머의 저작인 '신앙을 잃다(Losing the faith)'는 종교심을 상실한 것처럼 들린다. 그러나 잃어버린 것은 신에 대한 신앙이 아니라 과학에 대한 믿음의 상실이다. 과학을 비판하면서 종교를 비판하는 것처럼 하는 것은 과학이 근본적으로는 믿음에 속한 것이기 때문이다.

헤든은 수수께끼의 인물이다. 베가 성에서 온 사람인지, 아니면 마이클 키츠의 말처럼 이 모든 일을 계획할 만큼 전문적인 지식과 재정을 가진 사기꾼인지는 관객의 판단에 달려 있다. 헤든의 목적이 마이클의 말처럼 실험적인 기술을 남의 돈으로 개발하고자 했던 것인지, 아니면 엘리나의 생각처럼 세계를 하나로 묶으려는 자신의 마지막 이타적인 시도였는지도 관객이 판단할 몫이다. 헤든에 대한 관객의 판단 유무와 무관하게 한 가지 분명한 것은 판단은 관객의 믿음을 보여 준다는 것이다.

지구인이 이해할 수 없는 도면을 베가인처럼 생각하라고 말하면서 도면을 읽게 만들어 주는 헤든을 천재라고 믿으면 헤든은 천재일 것이다. 반면에 베가인만이 베가인처럼 생각할 수 있다고 믿는다면 헤든은 베가인이다. 엘리나가 녹화한 18시간의 테이프를 18시간 동안 다른 공간으로의 여행한 증거로 받아들이든지 아닌지는 결국 믿음에 달린 것이다. 엘리나의 증언을 믿으면 녹화 테이프는 증거가 된다. 엘리나의 증언을 믿지 않는다면 녹화 테이프는 기계 오작동으로 인한 것이다.

믿음은 과학과 배치되는 행위가 아니다. 과학적 행위는 본질적으로 믿음의 행위이기 때문이다. 뉴멕시코로 돌아온 엘리나는 견학 온 아이들의 교육을 담당한다. 엘리나가 말한다. "저쪽에는 45개의 안테나를 새로 설치하고 있고 전 세계의 전파 망원경들을 다 동원하면 보다 멀리서 오는 신호를 들을 수 있단다." 아이가 질문한다. "우주 밖에는 외계인들이 있나요?" 엘리나가 대답한다. "각자의 질문에 대한 해답은 스스로 찾아야 해. 한 가지 분명한 사실은 우주는 굉장히 크단다. 만약 우리만 있다면 엄청난 공간의 낭비겠지. 그렇지 않을까?"

믿음은 과학적 행위를 수반하는 근원적인 힘이다. 무엇인가 존재하고 있다는 믿음이 전제되지 않는다면 과학은 시도조차 되지 않았을 것이다. 종교와 과학은 대립되고 충돌하는 것이 아니다. 과학이 밝히는 것은 믿음의 실체이다. 믿음의 실체가 확증될 때까지 과학은 믿음을 포기하지 않는다. 종교는 믿음의 실체를 확증하지 않는다. 믿음의 실체를 경험하고 살아가는 것이다. 믿음의 실체를 경험하고 살아가기 때문에 종교는 과학이다. 객관적 의미에서 과학이 아니라 주관적 의미에서 과학이다. 과학이 입증될 때까지 주관적 믿음에 속한 것처럼, 종교는 입증될 때 객관적이 된다. 과학이 입증하면 그때부터 주관적 믿음은 객관적 실재가 된다. 마찬가지로 객관적 실제가 될 때까지 종교의 진리는 주관적 믿음이다. 인간을 초월한 실재는 종교나 과학이나 여전히 주관적 믿음으로 남아 있다.

종교와 과학은 대립하는 것이 아니다. 종교와 과학은 진리가 자신의 모든 것을 드러낼 때까지. 다시 말해서 초월적 실재, 곧 하나님이 모든 것을 밝힐 때까지 진리를 찾아가는 도상에 있는 파트너인 것이다. 종교와 과학이 진리를 찾아가는 데 있어서 파트너라는 인식을 가진 것은 불과 얼마 되지 않았다. 지나온 뒤안길에는 오랜 갈등의 골이 깊게 패여 있다. 「콘택트」는 뒤를 보지 말고 앞을 보라고 한다. 진리는 지나온 뒤안길에 있는 것이 아니라 앞에 있기 때문이다.

보지 않고 믿는 자는
복이 있나니

Film 11

더 바디 The Body

 주제의 깊이와 안토니오 반델라스라는 연기자의 인지도를 고려해 볼 때, 「더 바디」가 국내에서 별로 알려지지 않은 것은 의외다. 더구나 영화관에서 상영되지 못하고 비디오로 출시되었다는 것은 수궁이 되지 않는다. 인터넷에서 얼마든지 영화에 대한 기본 정보를 조회하는 작금의 현실에서 「더 바디」가 사람들에게 외면당했다는 것은 납득이 안 된다. 필자가 이 글을 쓰고 있는 2008년 7월 17일 다음(Daum)에서 「더 바디」를 조회해 본 결과 영화에 대한 정보는 있지만 영화를 언급한 사람은 한 명도 없었다. 분명히 영화는 존재하는데 존재하지 않는 것처럼 사람들의 시야에서 완전히 빗겨나 있었다.

「더 바디」는 현실의 인간문제를 다루지 않는다. 윤리적인 가치문제나 대부분의 사회에 내재한 문제를 다루지도 않는다. 그리고 가족의 가치와 화합

의 메시지도 제시하지 않는다. 남녀간
의 사랑과 갈등. 헤어짐과 만남 같은 로
맨틱한 이야기를 다루지도 않는다. 지
구를 정복하려는 거대한 음모를 꾸미는
집단도 지구를 구해 내는 영웅의 이야
기도 담겨 있지 않다.

The Body, 2000
감 독 조나스 맥코드
출 연 안토니오 반데라스(매튜 구티에레즈), 올리비아 윌
리엄스(사론 골반), 존 슈라넬(모세 코헨), 존 우드
(페스치)

「더 바디」는 예수의 몸에 대한 이야
기를 민족분쟁의 테두리 안에서 다루고
있다. 기독교의 본질적 기반인 예수의 부활에 대해서 사실적으로 규명해
나가는 이야기를 예루살렘의 정치적 상황의 테두리 안에서 전개한다. 따라
서 영화에는 갈등, 대립, 신념, 가치, 폭력이 나온다. 뿐만 아니라 협상, 설
득, 음모, 정치가 나온다. 그중에서 가장 중요하게 등장하는 것은 갈등하는
인간이다. 갈등하고 회의하며 당황하는 인간에 대해서 영화가 선택한 방식
은 연기자들의 연기를 통한 설득 여부와 상관없이 갈등할 수밖에 없는 인
간, 깊은 회의감에 빠져 당황할 수밖에 없는 인간을 보여 준다.

인간이 당황하고 허둥대는 것은 내면을 지탱하는 그 무엇이 무너지는 경
우다. 사람들은 내면을 지켜주는 그 무엇을 가치, 신념, 인생관, 철학, 도덕
심, 의무감, 신앙 등 다양한 이름으로 부른다. 다양하게 호칭되는 것처럼 내
면의 체계는 다른 의미를 갖고 있다. 그러나 이 모든 것은 한 가지 사실에서
공통분모를 갖는다. 내면의 세계는 세계와의 만남을 통해서 구성된다는 것
이다.

세계는 지구를 의미하는 지리학적 용어가 아니다. 나를 둘러싼 환경을 의미하지도 않는다. 세계는 나라는 존재에 의미를 부여하고 윤리적 행위의 정당성을 주는 의미 체계다. 인간에게 존재의 의미를 주고 행위를 정당하게 하는 것은 다양하다. 어떤 이에게는 가족이 그런 체계가 될 것이고, 어떤 이에게는 국가나 종교와 이념이 그런 체계가 될 것이다. 따라서 세계는 나에게 의미를 부여해 주는 모든 것을 포괄적으로 표상한다.

세계가 반드시 추상적이고 초월적인 존재일 필요는 없다. 가족이 추상적이고 초월적이지 않기 때문이다. 민족, 국가, 종교, 이념 또한 현실적이다. 이러한 것들이 현실적인 것은 나라는 존재가 그 체계 안에서 갖게 되는 소속감과 의무감에 대해서 거룩한 이미지를 부여하기 때문이다. 가족을 위해서 헌신하는 것은 거룩한 행위다. 민족을 위해서 헌신하는 것은 거룩하다. 국가를 위한 헌신은 성스럽다. 종교와 이념을 위한 헌신은 거룩하다. 전체를 위한 행위이기 때문에 거룩한 것이 아니라, 지킬 가치가 있기 때문에 거룩한 것이다. 따라서 지킬 가치를 위한 행동은 무엇을 막론하고 거룩한 것으로 인식된다. 폭력이 정당성을 띠게 되는 것은 정당하기 때문이 아니라 거룩한 이미지를 덧입기 때문이다.

「더 바디」가 예수의 부활에 대한 사실적이고 과학적인 논의를 규명함에 있어 예루살렘의 정치적 상황의 테두리 안에서 전개하는 이유는 종교와 과학간의 갈등문제를 다루려는 의도보다 거룩한 것에 대한 관념을 재고하기 위해서다. 물론 기독교와 과학의 충돌을 다루고 있다. 부활하지 않은 예수로 추정되는 몸이 발견되었다는 전제는 기독교의 근간을 부정하는 것이다.

기독교와 과학의 충돌은 어제 오늘의 이야기가 아니다. 16세기에는 천동설 대 지동설로 대변되었고, 18세기에는 기적에 대한 믿음을 통한 권위에 대한 복종과 자연법칙에 대한 이성의 절대성으로 대립되었다. 19세기에는 창조론에 대한 진화론의 등장이었다.

창조론과 진화론의 충돌은 1930년대 초반 테네시 주의 한 고등학교 생물교사가 창조론 대신에 진화론을 가르쳤다는 이유로 재판에 회부된 '스코프스 재판' 소위 '원숭이 재판'에서 절정을 이룬다. 16세기에 갈릴레이가 가톨릭 교회의 법정에서 재판받은 것처럼, 20세기에 스코프스는 국가의 법정에서 주법을 어겼다는 죄명으로 교사직을 박탈당한다.

20세기의 기독교와 과학의 충돌은 생명공학의 발전에 기인한다. 생명현상에 유전자 조작을 통한 인간의 직접 개입이 가능해진 시점에서 과학과 기독교의 충돌은 불가피하다.

근대 과학적 이성이 등장하기 전까지 자연에 대한 설명은 종교의 영역에 속했다. 그러나 근대 과학적 이성이 종교의 신념의 울타리에서 벗어나 전체를 관조하고 설명할 수 있는 자율성을 획득한 이후에 더이상 자연은 종교만이 설명할 수 있는 신비의 세계가 아니라 이해와 예측이 가능한 이성의 영역이 되었다. 창조론과 진화론이 갈등하는 역사에서 진화론이 우주와 생명체의 기원과 발전에 대해서 합리적이고 믿음직한 설명으로 대두된 것은 종교가 구체적이고 실증적인 설명을 제시하지 못하는 반면에, 과학은 합리적인 설명을 충실히 제시해 왔으며, 계속해서 합리적인 설명을 제시할 것이 예측되기 때문이다.

20세기에 생명공학의 발전으로 대두된 기독교와 과학의 갈등은 여태까지 진행되어온 갈등의 모습과 양상을 달리한다. 생명현상에 대해 종교적 설명과 생명공학의 설명이 이론적으로 충돌하는 것이 아니라 윤리적으로 충돌한다. 종교는 생명현상에 대해서 신의 의지, 신의 선택, 신의 섭리라는 말 외에 달리 설명할 만한 이론을 발전시키지 못했지만, 인간 존재에 대한 존엄성과 가치의 중요성을 담지해 왔다. 한편 생명공학의 발전에서 사람들은 자신의 존재에 대한 존중성과 존엄성을 확인받지 못한다. 생명공학은 인격을 설명하는 체계를 갖고 있는 과학적 활동이 아니라 생명을 생물학적 관찰의 대상으로만 여기기 때문이다. 따라서 인간의 존엄성을 담보하지 않는 생물학적 관찰과 인위적 조작을 통해서 생명현상을 변경할 수 있는 과학은 인간의 미래를 위협하는 매우 위험한 행위가 된다. 그렇기 때문에 작금의 현실에서 볼 때 과거와는 사뭇 다른 양상이 전개된다. 이번에는 종교가 우위를 점할 것처럼 보인다

　　종교가 인간과 자연에 대한 모든 설명체계를 독점하고 있던 시대에는 인간과 자연에 대한 과학의 탐구는 인간의 존재를 지켜내는 중요한 가치이며, 진리의 추구로 인식되었다. 그러나 종교가 모든 실재를 설명하던 것을 대신해서 그 자리를 차지한 과학의 행위는 더이상 인간 존재의 가치와 의미를 확보하는 중요한 실체로 인식될 수 없다. 과학이 인간 존재의 가치를 지닌 행위로 인식된 것은 종교가 인간을 무지로 이끌며 억압해 왔다는 사실에 기초한다. 따라서 과학은 종교의 억압과 속박으로부터 인간을 해방시키는 거룩한 행위로 간주되었다.

그러나 과학이 종교와 맞서서 인간을 해방하는 거룩한 이미지를 더이상 유지할 수 없을 때, 또는 과학이 추구하는 것이 더이상 인간 존재에 대한 수월성과 존엄성을 획득하는 것이 아니라 그것을 훼손시킨다면 과학은 어떤 의미에서 본다면 배격해야 할 종교가 된다. 즉 과학만이 모든 진술의 최종이라고 주장하는 것은 과학과 대치되는 다른 설명은 배격해야 할 종교적 설명으로 간주하는 것을 의미한다. 자신의 설명을 절대적인 것으로 간주하는 것은 과학이 종교가 되었다는 것을 지칭한다. 종교만이 절대적인 진술을 주장한다. 왜냐하면 종교적 진술은 절대적 존재에 대한 진술을 독점적으로 주장하기 때문에 다른 진술을 철저히 배격하기 때문이다.

「더 바디」에서 종교와 과학의 충돌 무대는 역사다. 역사란 인간이 지나온 시간에서 경험한 삶의 모든 것을 총체적으로 부르는 학문적 명칭이다. 역사에서 인간이 규명하려는 것은 자연과학이 규명해 왔던 것과 같은 것이다. 즉 역사적 사실을 과학적으로 규명하려는 것은 그것이 현재에 미치는 종교적인, 신화적인, 또는 마성적인 영향력을 벗겨내는 것이다. 자연과학의 이름으로 하든. 역사과학의 이름으로 하든, 현재에 드리워진 신비를 벗겨내는 것은 신비가 종교의 영역에서 추방당해 이성의 영역으로 안착할 때까지 진행되는 것이다. 이성의 영역에서 안착하면 신비는 없다. 만약 있다면 그 모든 것을 벗겨내는 이성의 신비만 존재할 뿐이다.

「더 바디」가 다루는 것은 기독교의 근본에 대한 것이다. 기독교는 여타의 종교와 달리 역사적 사실에 근거한다. 나사렛 예수의 탄생과 삶과 죽음, 그리고 부활이 기독교가 근거한 역사적 사실이다. 기독교는 나사렛 예수의 역사성에 근거해서 유대인의 민족종교를 벗어나 인류 전체의 구원을 지향하는 세계적인 종교가 되었다.

구약으로 알려진 히브리 경전은 유대의 민족역사가 기록된 역사 책이다. 동시에 고대 근동의 역사를 담고 있는 책이기도 하다. 따라서 구약 성경은 유대인의 종교 경전임에도 불구하고 인류의 문명이 지나온 뒷모습을 담고 있기 때문에 고고학의 발굴과 직접적으로 간접적으로 관련되어 있다. 구약에 기록된 모든 것을 역사적 사실로 믿는 것과는 별개로 고고학적 탐구에 의해서 규명될 수밖에 없는 이유는 그 기록들이 인류가 남긴 위대한 유산이기 때문이다.

기독교는 유대교와 양상을 달리한다. 기독교가 받아들인 히브리 경전인 구약을 제외하고 신약에서 역사적 탐구의 영역으로 남는 것은 나사렛 예수의 몸에 관련된 것밖에 없다. 예수가 마지막 식사에서 사용했다는 성배에 대한 계속된 탐구는 예수가 남긴 것이 별로 없기 때문이다. 기독교가 지나온 뒷모습의 대부분은 땅 속에서 발굴되는 고대의 흔적 같은 것이 아니라, 서구문명과 함께 이어져 내려온 기록의 역사다. 따라서 그리스도인이 고고학과 충돌하는 이유는 신약 성경에 있지 않고 구약 성경에 있다.

그리스도인이 구약 성경을 경전으로 받아들인 이상 여기에 기록된 많은 것은 고고학적 발굴로부터 자유롭지 못하다. 왜냐하면 구약 성경에 기록된 것은 고고학의 발굴의 검증을 통해서 역사적 사실로 인정받기 때문이다. 구약에 기록된 모든 것이 역사적으로 검증된다는 말이 아니다. 고고학적으로 검증되지 못한 것은 역사적 사실이 아니라는 의미도 아니다. 고고학으로 검증할 수 없는 것도 있고, 고고학적 검증 자체가 불가능한 영역도 있다. 모든 것을 검증할 만큼 고고학이 확실한 진리의 척도를 획득하지 못한 이유도 있지만, 고고학의 접근을 허락할 만큼 역사가 많은 흔적을 남기지 않았다. 중요한 것은 구약 성경에 대한 믿음과 무관하게 역사를 담고 있는 한 성경은 역사탐구의 대상으로부터 자유로울 수 없다는 것이다. 다시 말해서 고고학의 탐구는 성경에 대한 믿음과 무관하게 성경의 역사성을 규정한다. 즉 고고학적인 탐구의 결과가 성경의 기록과 상충될 때 성경은 의심받는다. 반면에 고고학적 탐구가 성경의 기록을 확인할 경우 권위는 확고해진다.

신약 성경에서 역사 연구가 사실성의 유무를 탐구할 만한 영역은 거의 전무하다. 예수가 행했다는 많은 기적은 고고학이 접근할 수 있는 영역 밖에 있다. 갈릴리 호수 위를 걸어간 것이나, 폭풍우를 잠잠케 한 것이나, 죽은 나사로를 살린 것이나 남겨진 것은 아무것도 없다. 예수의 기적은 믿음의 영역에 속한 것이다. 그러나 예수의 몸은 고고학의 탐구의 대상이 될 수 있다. 예수의 죽음 이후 그의 몸이 머물렀던 장소가 발견된다면 현대 과학 기법을 통해서 그의 몸은 탐구의 대상이 된다. 만약에 그 장소에서 예수의 몸이 남긴 흔적이 아니라 그의 몸으로 추정되는 것이 발굴된다면 기독교의 존폐 문제는 과학의 손에 의해서 결정될 것이다. 종교와 과학의 지루한 싸움에서 처음으로 과학이 종교에 완승하게 된다.

그러나 과학의 완승이 반드시 기독교나 교회의 종말로 이어지지는 않을 것이다. 영화에서 모세 코헨이 말한 것처럼 신앙을 버리는 사람은 있겠지만 기독교 자체는 살아남을 것이다. 예수가 부활하지 않았다는 것을 제시해도 그것을 믿지 않는 사람들은 얼마든지 있다. 코헨의 말처럼 종교는 이성의 증거에 입각한 것이 아니라 인간의 욕구에 의해서 존재하기 때문이다.

기독교와 과학의 전쟁과 갈등에서 과학이 기독교를 완전히 이길 수 있는 것은 고고학에 달려 있는 것처럼 보인다. 인간에게서 종교를 완벽하게 추방할 수는 없지만, 기독교의 미래를 결정하는 중요한 계기를 과학이 결정할 수는 있기 때문이다. 부활하지 못한 예수의 몸이 발견된다면 역사에서 예수의 존재를 지울 수는 없겠지만 결코 그를 신으로 남겨놓지 않을 것이다. 그리스도인들에게 신성이 벗겨진 예수는 충격이겠지만 예수를 신으로 믿지 않던 사람들에게 예수는 더 가까운 존재가 될 것이다.

샤론의 말처럼 예수는 인류에게 동정과 이해심, 사랑을 가르쳐 준 특별한 사람으로 기억될 것이기 때문이다. 신성이 벗겨진 예수, 그래서 신이 되지 못한 예수는 더이상 신앙의 대상은 아니지만 거룩한 삶을 살다간 사람으로 남게 될 것이다.

「더 바디」는 예수의 역사성을 부정하는 것이 아니다. 예수의 역사성에 대한 부정은 초기 기독교 역사에서 있어 왔던 것이다. 예수의 역사성, 곧 그의 몸을 부정하는 영지주의와의 싸움은 예수의 몸에 대한 중요성이 교회의 존폐를 결정하는 근본적인 것임을 증명한다. 「더 바디」는 예수의 역사성, 몸의 현존을 부정하는 것이 아니다. 「더 바디」가 종교와 과학이 갈등하는 역사에서 한 걸음 더 나아간 것은 예수의 부활을 역사적 검증의 영역으로 옮겨 놓았다는 것이다.

모든 것은 가정에서부터 시작한다. "만약 바티칸이 통합된 예루살렘을 이스라엘의 수도로 지지한다면 몸은 바티칸으로 보내질 것이다"라고 모세 코헨이 페스치 추기경에게 말한다. "만약 바티칸이 이스라엘을 지지하지 않는다면 몸은 시리아 대사관을 통해서 비밀리에 바티칸으로 가져갈 수 있게 도와주겠다"고 아부 유셉이 매튜 구티에레즈에게 말한다. 코헨과 아부 유셉의 제안은 은밀하면서도 거부하기 힘든 것이다. 그들의 제안을 받아들일 경우 예수 부활에 대한 믿음은 유효하며, 예수에 대한 신화는 계속된다. 또한 교회는 여전히 부활한 그리스도의 재림을 기다리는 신자들의 모임이며, 지상에 현존하는 부활한 그리스도의 몸이 된다. 부활하지 않은 예수의 몸을 본 사람들 가운데 예수에 대한 신앙을 잃어버릴 사람들도 있겠지만 그건 개인적 선택의 문제이지 기독교의 존속에 대한 문제는 아니다.

코헨의 제안과 유셉의 제안은 방법적인 면에서 차이를 보일 뿐 본질은 동일하다. 부활하지 못한 예수의 몸을 폐기함으로써 예수의 부활을 역사가 미치지 못하는 신화 속에다 묻어두자는 것이다. 대신 교회가 지불해야 할 대가는 정치적인 중립을 포기하는 것이다. "몸이 예수의 몸이 아니라면 나는 라벨을 죽인 것이다"라고 매튜가 말한다. 샤론이 대답한다. "예수가 부활하지 않았더라도 예수의 가르침은 여전히 유효하고 특별한 존재로 남아 있을 것이다." 샤론의 말도 거부하기 힘들다. 왜냐하면 무덤에서 발굴된 몸이 부활하지 못한 예수의 몸으로 확실시 되고 있는 상황에서 신앙인이 갖고 있는 딜레마에서 쉽게 벗어날 수 있는 방법을 제안하기 때문이다.

믿음의 본질에 대해서 깊이 성찰하는 사람은 누구나 아는 것처럼 예수의 부활을 믿는 것과 예수의 가르침을 따라서 살아가는 것은 동일한 것이 아니다. 세상에는 예수의 부활을 믿지 않는 사람도 많지만 예수의 가르침대로 살아가는 사람들도 많다. 반면에 예수의 부활을 믿고 있지만 반드시 그들 모두가 예수의 가르침대로 살아가는 것은 아니다. 예수의 부활을 믿는 믿음과 예수의 가르침을 구현하는 삶의 추구 사이에는 신앙이 인식하지 못한 깊은 간격이 있다. 그리고 그 간격은 결코 메워질 수 없는 것이다.

샤론을 통해서 영화는 신앙인에게 쉽게 벗어날 수 있는 길이 있다고 말한다. 예수에게서 부활의 신화를 벗겨내고 역사의 인물로 만들면 간단히 해결된다는 것이다. 세상에서 필요한 것은 예수의 가르침이지 그가 부활했다고 믿는 신앙이 아니라고 말한다. 예수의 부활은 과학에 의해서 부정될 수밖에 없는 신화이지만 그의 가르침은 인류의 가슴속에 살아 있는 메시지이기 때문에 지금도 예수는 살아 있다고 말하는 것이다. 따라서 샤론의 말은 신앙의 대상인 예수를 과학이 부정할 수 있는 영역에서 결코 과학이 판단할 수 없는 인류에 미친 정신의 영역으로 옮겨둠으로써 예수에 대한 믿음을 보존하라는 것이다. 코헨과 유섭은 예수에게서 역사를 박탈시켜 신화의 영역으로 예수를 옮겨 놓음으로써 믿음을 보존하라는 것이고, 샤론은 예수에게서 신화(부활에 대한 믿음)를 제거함으로써 역사(정신에 끼친 그의 영향)에서 믿음을 보존하라는 것이다. 이들의 제안은 은밀하면서 달콤하다. 은밀한 것은 예수의 몸이 현존한다는 것이 정치적 협상에 의해서 감춰지며, 개인의 비밀로 남기 때문이다. 달콤한 것은 예수에 대한 믿음은 여전히 세상에서 필요한 것이기 때문이다.

예수의 몸을 두고 코헨이 페스치 추기경에게, 유섭이 매튜를 통해서 추기경에게 협상을 타진할 수 있는 것은 그들이 지켜야 할 거룩한 것이 있기 때문이다. 코헨에게 있어서 거룩한 것은 국가다. 유셉에게 있어서 거룩한 것은 팔레스타인의 국가를 건설하는 것이다. 페스치 추기경이 이들과 비밀스

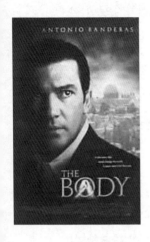

러운 대화를 하는 것은 (영화에서는 코헨과 대화하는 것만 나온다. 그러나 만약에 예수의 것으로 추정되는 몸을 유셉이 가지고 있다면 페스치 추기경은 유셉과 비밀스러운 대화를 했을 것이다.) 지켜야 할 거룩한 것이 있기 때문이다. 추기경에게 거룩한 것은 교회다. 추기경은 영화 초반에 매튜에게 무덤 조사를 명하면서 바티칸과 교회를 보호하기 위해서 하라고 말한다. 영화 중간에 추기경에게 고위 성직자가 무덤에 있는 것이 진짜 '바디'라고 믿느냐고 질문할 때 추기경은 그것은 내 관심사가 아니다. 나의 관심사는 교회와 교

회의 문제들이라고 단언한다. 영화 마지막에 신부복을 벗어 던지고 방을 나서는 매튜에게 침묵의 계율을 잊지 말라고 지적한다. 교회와 국가, 민족은 반드시 지켜야 할 것으로 여기는 자에게는 거룩한 현실이다. 이들에게 있어서 예수의 부활에 대한 믿음은 반드시 지켜야 할 현실적인 것이 아니라 있으면 좋고 없어도 큰 문제가 되지 않는 신화이다.

샤론에게도 예수의 부활은 지켜야 할 거룩한 것이 아니다. 샤론에게 예수는 부활한 신이 아니라 인류에게 위대한 정신을 준 랍비일 뿐이다. 샤론이 지켜야 할 것은 학문적 진실, 과학의 진실이다. 자신의 발견이 사실이라면 예수가 부활했다는 믿음은 과학적인 거짓이다. 그러나 예수의 가르침이 인

류에게 미치고 있는 영향력은 과학적인 진실이다. 진실은 지켜져야 한다. 지켜지는 것만이 진실이다. 지켜질 수 없는 것은 진실이 아니다. 샤론은 무덤에서 발굴된 동전과 램프, 그리고 몸에 남은 흔적과 믿음 사이에서 고뇌하는 매튜에게 과학적으로 생각하라고 말한다. 그녀에게 있어서 현실적인 것은 과학의 진실이다.

매튜에게 있어서 현실적인 것은 예수 그리스도 자체다. 그가 전한 메시지는 예수의 존재에 귀속되는 것이다. 예수와 그가 전한 메시지는 분리될 수 없다. 만약에 예수가 전한 메시지를 존재로 분리한다면 예수는 수많은 사람을 구원하는 신이 될 수 없다. 그래서 샤론에게 이렇게 말한다. "예수는 구원과 부활을 의미하는 신이다. 나만이 아니라 수백만의 신이다. 그에게서 부활을 없애면 예수라는 신을 죽이는 것이다. 동시에 그에 대한 수많은 사람들의 꿈도 죽이는 것이다."

「더 바디」에 등장하는 주요 인물들은 라벨 박사, 매튜, 샤론, 페스치 추기경, 모세 코헨, 아부 유셉, 상점 주인 해머드, 그리고 매튜가 이스터 버니라고 부르는 숙소 관리인이다. 이들은 본질적으로 인간의 속성을 표상한다. 라벨은 신부이면서 고고학자다. 매튜는 역사학으로 박사학위를 취득한 전직 군사 정보요원 출신의 신부이다. 샤론은 고고학자다. 영화는 라벨 박사가 어떠한 경로로 신부가 되었으며 고고학자가 되었는지 보여 주지 않는다. 라벨을 통해서 그려내는 것은 종교적 진리와 과학적 진리에 대한 절대적 믿음이 한 인간의 내면에서 만나 충돌할 때 일어나는 현상이다. 매튜와 샤론은 종교적 진리에 대한 믿음과 과학적 진리에 대한 믿음을 각각의 개별적인 인간에게 귀속시킴으로써 종교와 과학의 대화를 지향한다.

정치적인 갈등의 장에서 페스치 추기경, 모세 코헨은 인간에게 내재된 정치적인 속성을 표상한다. 페스치 추기경에게서 성직자가 갖추어야 할 성결의 모습은 보이지 않는다. 모세 코헨에게는 정치 지도자가 갖추어야 할 도덕적 덕목이 결핍되어 있다. 전직 교사였다고 말하는 아부 유셉은 테러리스트 지도자보다는 고민하는 선생처럼 보인다. 해머드는 인자한 성품의 옆집 아저씨 같은 인상이다. 숙소 관리인은 인간은 호기심을 가진 존재라는 것을 표상한다. 그의 호기심이 무덤의 비밀을 발견하는 단초를 제공한다. 이들이 표상하는 것은 어디서 무엇을 하던 간에 인간은 결코 정치적 현상에서 자유로울 수 없다는 것이다.

영화는 라벨, 매튜, 샤론을 통해서 진리를 주관적인 진리와 객관적인 진리로 구별한다. 주관적인 진리는 믿고 싶은 진리이고, 객관적인 진리는 믿어야만 하는 진리이다. 주관적인 진리는 만남을 통해서 나라는 존재를 규정하는 것이기 때문에 실존적이다. 객관적인 진리는 이성의 합리적인 추론에 의해서 도달하는 것이기 때문에 실존적이지 않다. 주관적인 진리에서 중요한 것은 진리와의 만남이며 진리에 대한 경험이다. 그리고 이성에 의해서 파악되는 객체가 아니라 나를 규정하는 주체이다. 객관적인 진리에서 진리는 인간의 존재를 규정하는 주체가 아니라 이성이 파악하는 객체이다. 이성에 의해서 인식되는 객체이기 때문에 객관적인 진리에 대한 경험은 실존적이지 않다.

그러나 진리는 주관적인 진리와 객관적인 진리로 분리되지 않는다. 전체로서의 진리는 주관적인 것과 객관적인 것을 포함하면서 그 둘을 넘어서 있는 것이다. 따라서 주관적인 진리가 전체적 진리를 향하기 위해서는 객관적인 진리를 포함해야 한다. 객관적인 진리 역시 마찬가지다. 객관적인 진리가 진리의 전체성을 향하기 위해서는 진리의 주관성을 담보해야 하는 것이다. 그러나 진리의 전체성은 인간의 실존에서 구현될 수 없다. 그것은 하나님 안에서만 구현될 수 있다. 그래서 샤론이 바디가 부활하지 않은 예수의 몸으로 판명된다면 어떻게 하겠냐고 매튜에게 물어볼 때 "나는 하나님에게 이 문제를 상정하겠다"고 대답하는 것이다.

라벨이 자살로 생을 마감하는 것은 그것을 인간의 실존에 담았을 때 일어날 수밖에 없는 결과다. 라벨이 종교의 주관적 진리와 과학의 객관적 진리의 충돌에서 자살이라는 극단적인 방법을 선택한 것은 그 무엇도 포기할 수 없었기 때문이다. 라벨이 예수의 부활에 대한 믿음을 버렸다면 그는 갈등하지 않았을 것이다. 라벨이 과학의 진실을 부정했다면 갈등에서 자유로웠을 것이다. 과학적 진실 앞에서 부정당하는 종교적 진실을 억지로 붙잡으려고 발버둥치는 그에게 런던에서 온 병리학자가 검시 결과를 전하는 것은 더이상 물러설 곳이 없는 곳까지 몰아세운 결과를 낳는다. 더구나 과학자로서 대답해 달라고 하는 매튜의 말은 그에게 더이상 선택의 여지를 남겨두지 않았다.

갈등에서 벗어나는 길은 두 가지다. 한 가지는 갈등의 주체인 자신을 지워 버림으로 벗어나는 것이고, 다른 하나는 대립되는 진리 가운데 어느 하나를 지워 버림으로 벗어나는 것이다. 라벨이 선택한 지움은 갈등의 주체인 자신에 대한 것이다. 제3의 길은 없다. 만약 있다면 그것은 신의 길일 것이다. 그럼에도 불구하고 진리의 통전성, 진리의 전체성은 반드시 실존적으로 구현되어야 한다. 영화가 매튜와 샤론의 만남과 대화의 과정을 대립과 반목에서 이해와 수용으로 발전시켜 나가는 것은 진리와 진리의 충돌에서 화해와 타협을 찾아가는 길을 걸어가기 위한 것이다. 영화가 제시하는 화해와 타협은 과학이 종교를 품어주는 태도를 취하는 방식이다.

예수의 몸에 대한 믿음과 사실(사실로 판명된 것은 아니다. 영화가 진행되는 동안 사실인 것처럼 유추되지만 사실이 아닌 것으로 최종 판명된다)의 충돌에서 결정적으로 불리한 것은 믿음이다. 상처받고 위협받고 두려워하는 것은 샤론이 아니라 매튜이다. 물론 샤론도 두려워한다.

샤론의 두려움은 두 가지다. 첫째는 세계 종교인 기독교를 파괴했다는 비난 때문이고, 둘째는 과학적 진리가 폭탄이 터지고 생명이 위협받는 현실에서 아무런 위안이 되지 못하기 때문이다. 매튜가 갖고 있는 두려움은 실존적이다. 샤론이 갖고 있는 두려움도 실존적이다. 그러나 동일한 실존적인 두려움은 아니다. 매튜의 두려움은 믿음의 상실에 대한 실존적인 것이다. 샤론의 두려움은 죽음의 공포로부터 과학적 진리가 전혀 보호해 주지 못하는 데서 오는 것이다.

믿음의 상실에 대한 두려움과 공포에 대한 두려움은 본질적으로는 다른 것이지만 서로에 대한 이해를 갖게 한다. 영화는 그 둘이 서로를 보듬는 것을 보여 준다. 샤론이 매튜의 상처에 약을 발라주고, 살짝 그에게 키스를 한다. 매튜를 위해서 무덤에서 발굴한 도자기 파편의 연대측정을 의뢰할 때

부정확한 정보를 준다. 예루살렘을 방문한 병리학자에게 바디를 검시해 달라고 할 때도 연대를 왜곡해서 알려준다. 심지어는 매튜가 샤론의 논문 발표를 모세 코헨을 통해서 임의로 연기시켰을 때 매튜에게 화를 내지만 받아들이고 관계의 단절로 나가진 않는다. 오히려 두려워하며 갈등하는 매튜에게 진리가 자유하게 할 것이며 진리에게 맡기라고 충고한다.

페스치 추기경과 모세 코헨을 통해서 인간의 내면에 내재한 권력을 향한 속성을 구체적으로 표현한다. 그들이 보여 주는 것은 권력형 인간이다. 반면에 아부 유셉과 해머드가 표상하는 인간상은 예루살렘처럼 정치와 종교가 함께 어울려져 있는 갈등의 현실에서 정치적이 될 수밖에 없는 인간의 실상이다. 해머드는 단순한 상점 주인이었다. 유셉 또한 단순한 교사였다. 그러나 그들이 예루살렘에 거주하는 팔레스타인인 이상 이스라엘과 정치투쟁을 피할 수 없다. 이천 년 간 팔레스타인의 땅이었던 곳에 이스라엘이 국가를 세운 이상 이들의 삶에서 정치적 투쟁은 필연이다. 교사였던 유셉은 그것을 깨달았기 때문에 팔레스타인 해방운동에 뛰어든 것이고, 해머드는 뒷마당에서 바디가 발견됨으로 인해서 정치적 현실과 대면하게 된 것이다. 종교가 그들을 정치적인 사람으로 만든 것이 아니다. 유셉의 말처럼 정치무대에 신이 서 있을 자리는 없다. 해머드가 샤론의 아이들을 안전하게 지키려다 죽음을 맞이하는 것은 종교와 아무 관련이 없다. 알라의 이름 때문이 아니라 오직 자신의 이름으로 한 약속을 지키기 위해서였다. 해머드의 뜰에서 바디가 발견되지 않았다면 해머드는 상점 주인의 삶을 잘 살았을 것이다.

영화에서 전체 상황을 통제하는 것은 모세 코헨이다. 모세 코헨에 의해서 바디는 정치 무대로 옮겨진다. 샤론과 라벨이 만난 것도 모세 코헨에 의해서다. 바티칸이 개입한 것도, 유셉이 개입한 것도, 매튜가 개입된 것도, 해머드가 개입된 것도 코헨에 의해서다. 매튜가 코헨에게 샤론의 논문 발표를 연기시킬 수 있는 고위 공직자를 소개해 달라고 했을 때, 코헨은 자신에게 연기시킬 수 있는 권한이 있다고 말하며 그보다 더 큰 권한도 있다고 말한다. 영화에서 유대교 정통주의자들이 개입하게 되는 것도 코헨과 무관하다고 볼 수 없다. 무덤을 지키는 이스라엘 경찰의 책임자가 코헨이기 때문이다. 유대교 정통주의자들이 무덤에서 나오는 매튜와 샤론을 공격할 때 무덤을 지키는 경찰이 없다는 것은 의도적인 철수를 의심케 한다. 영화 시작 부분에서 코헨은 무덤에 있는 것이 무엇인지 알고 있다. 따라서 무덤은 삼엄하게 지켜져야 한다. 그럼에도 불구하고 영화는 무덤에 대한 경계를 매우 허술하게 한다. 유셉의 지지자들이 쉽게 무덤에 들어가서 바디를 가져간 후에야 경찰이 출동한다.

영화는 만약이라는 가정에서 시작했다. 역사에서 가정은 존재할 수 없다. 부활하지 않은 예수의 몸이 발견되었다는 가정될 수 없는 설정이다. 그러나 영화는 그러한 가정을 설정함으로써 사건을 진행시켰다. 가정될 수 없는 것을 가정했다면 결과는 쉽게 예측된다. 바디는 예수의 몸이 아니다. 영화는 시작부터 바디가 예수의 몸일 수 없다는 것을 암시한다. 빛도 들어오지 않는 곳에서 발견된 바디를 과학적으로 규명하려는 생각은 처음부터 존재하지 않는다. 매튜에게 과학자의 시선으로 바디를 바라보라고 충고하는 고고학자 샤론이지만, 과학적인 증거를 갖고 있는 것은 무덤에서 발견된 빌라도의 동전밖에 없다. 샤론은 빌라도의 동전이 발견된 것만으로도 바디의 연대를 측정하고 바디에 있다는 눈에 보이는 흔적을 보고 부활하지 않은 예수의 몸이라고 결론을 내린다.

샤론은 무덤에서 함께 발견된 점토판에 새겨진 글자를 판독하지도 않았으며, 기름을 담았던 램프에 대한 과학적 조사도 하지 않았다. 고고학자인 라벨이 바디에 대해서 학문적 조사를 한 흔적도 없다. 무덤에서 그가 한 것이라고는 바디에 있는 흔적이 예수의 죽음에 대해서 성경이 기록한 것과 일치한다는 것과 십자가에서 사망한 사람 가운데 무덤에 안장된 자는 예수밖에 없다고 되뇌일 뿐이다. 로마 역사로 박사학위를 취득한 매튜 또한 전혀 역사학자의 견해와 식견을 보이지 않는다. 고고학자로서의 라벨이 자신의 전문적인 지식을 사용해서 발굴된 유골에 대해서 학문적인 검증을 하지 않는 것과 마찬가지로 역사학자인 매튜는 역사적으로 거짓이라고 명백히 드러난 투린 교회 지하에 있는 그리스도상을 근거로 바디가 예수의 시신이 아님을 입증하려고 한다.

병리학자인 스프라울 박사가 예수의 바디를 조사하는 것은 어처구니가 없다. 그는 탐정에 가깝다. 시신이 발견된 현장에서 범인이 남긴 흔적을 찾는 것처럼 돋보기 하나만 가지고 어두운 무덤에서 불과 몇 분 사이에 너무나 많은 것을 찾아낸다. 스프라울은 유골이 석공이나 목공 같은 일에 종사했던 남자로서 늑골에 투창 자국이 남아 있는 것이 십자가에서 죽은 그리스도 같다는 것이다. 돋보기 하나로 뼈밖에 없는 바디에서 직업까지 알아내는 스프라울에게는 라벨을 절망으로 빠뜨린 손목과 발에 남은 산화철의 흔적, 부러지지 않은 다리, 이마의 가시관 흔적은 보이지 않는다. 이렇듯 바디의 정체를 밝히기 위해서 모인 네 명의 전문가가 전문적인 조사도 하지 않고 바디를 부활하지 못한 예수의 몸으로 결정하는 것은, 즉 전문가가 전문적인 지식과 조사를 가장 필요로 하는 사안에 대해서 아마추어처럼 행동하는 것은 영화가 처음부터 관객에게 바디는 예수가 아니라고 밝히는 것이다.

영화는 여러 곳에서 누구나 쉽게 무덤에 들어가 바디를 훼손할 수 있는 상황을 설정한다. 예수의 바디로 추정되는 발굴보다 더 세계를 경악시킬 만한 고고학적인 발굴은 상상하기 어렵다. 따라서 당연히 바디는 보안과 정밀한 학문적 조사를 하기 위해서 실험실로 이송되어야 한다. 그러나 바디는 샤론이 가방에 아무렇게나 담겨져서 아이를 납치한 유셉을 만나러 갈 때까지 무덤에 머물러 있다. 무덤을 지키는 자도 수시로 자리를 비우고 느슨하게 행동한다. 유대교 정통주의자들에게 단지를 빼앗아 가라는 것처럼 자리를 비운다. 유셉의 추종자들이 무덤에 침입해서 기름 등잔을 가져갈 때도 무덤을 지키는 경찰이 없다. 심지어는 무덤에서 막 발굴한 타일을 어린애가 훔쳐가는 것도 모른다.

예수의 바디는 지워져야 한다. 유셉이 말한 것처럼 신이 있어야 할 자리는 정치무대가 아니기 때문이다. 그래서 바디는 유셉의 자폭과 함께 역사에서 지워진다. 무덤은 모세 코헨에 의해서 파괴된다. 무덤을 파괴함으로써 코헨과 바티칸의 비밀 협상도 감춰진다. 파괴된 무덤에서 바디에 대한 진실이 드러난다. 다비드라고 명명된 예수를 추종하던 자의 몸이었던 것이다.

그리스도인임을 밝히는 세 개의 동심원과 함께 당신의 아들 예수를 데려간 것처럼 내 아들 다비드도 데려가기를 하나님 아버지께 드리는 기도문이 나온다.

그러나 파괴가 끝이 아니다. 매튜에게는 시작인 것이다. 매튜와 함께 신앙의 참된 본질을 찾아 떠나는 우리 모두의 삶의 여행이 시작된다. 그것은 교회와 성직자(매튜의 말에 의하면 하나님의 봉사자)에 대한 신앙을 버림에서 시작한다. 매튜가 말한 것처럼 페스치 추기경이나 모세 코헨 같이 자신의 물질적인 탐욕을 정당화하기 위해서 신을 이용하는 사람들에 대한 신앙을 버리는 것이 중요하다. 매튜의 경우에 그를 신부로 만든 것은 교회이지만 신앙인으로 만든 것은 시련이다. 많은 사람들의 경우 그들을 신자로 만든 것은 교회이지만 신앙인으로 만드는 것은 시련이다. 그래서 영화는 충고한다. "진리를 알지니 진리가 너희를 자유하게 하리라. 보지 않고 믿는 자는 복이 있다고."

그런데 영화가 주는 충고는 아이러니하다. 예수가 자기를 믿은 유대인들에게 진리가 너희를 자유하게 하리라고 한 말을, 유대교인인 샤론이 예수를 믿는 신부 매튜에게 하기 때문이다. 또한 부활을 의심하는 도마에게 예수가 보지 않고 믿는 자는 복이 있다고 했던 말을, 역으로 부활을 의심하도록 만든 영화가 사람들에게 던지고 있다. 보지 않고 믿는 자는 복이 있다고. 그러나 필자에게는 보지 않고 믿는 자가 복이 있다는 말이, 보고 나서 믿지 않는 자는 화가 있을 것이라는 말로 들린다. 그 이유는 영화가 마지막까지 조크를 던지는 일을 잊지 않기 때문이다.

허무와 단편적인 인간관계,
그리고 이방인

•
•
•

Film 12

밀양 Secret Sunshine

 2007년은 「밀양」의 해였다. 세계 3대 영화제 중 하나인 칸 영화제 경쟁부문에 공식 초청되었고, 여주인공 이신애 역할을 한 전도연은 여우주연상을 받았다. 「밀양」이 얼마나 흥행에 성공했는지는 문제가 되지 않았다. 칸 영화제에서 여우주연상을 받았다는 사실 하나만으로도 사람들은 「밀양」에 대해서 이야기하기 시작했다. 영화를 좋아하든 좋아하지 않든 「밀양」은 우리 사회의 화두였다. 「밀양」이 신학적인 문제를 제기한다고 알려진 이후로 사람들에게 더 많이 다가갔다. 우리 사회에 널리 분포되어 있는 반개신교 정서가 반영된 결과다.

우리 사회는 개신교에 대해서 부정적이다. 「밀양」이 개봉되던 2007년에 비해서 2008년은 더 강렬했다. 개신교가 정권 교체에 깊숙이 개입한 흔적이 뚜렷하게 드러났기 때문이다. 개신교에 대한 사람들의 비난과 조롱은 인터넷을 도배하다시피 한다. 다음의 아고라 종교란에는 예수와 개신교를 비난하는 수많은 글이 빗발쳤는데, 눈을 가진 사람이라면 뚜렷이 보일 것이다. '눈을 가진 사람'이라는 수식어를 사용한 것은 명백하게 드러나고 있는 사실을 왜곡해서 읽는 사람들이 있기 때문이다.

Secret Sunshine, 2007
감 독 이창동
출 연 전도연(이신애), 송강호(김종찬), 조영진(박도섭), 김영재(이민기)

사람들은 왜곡된 시선으로 사물을 바라본다. 사물이 왜곡되었다는 것이 아니다. 사물을 인지하는 시선이, 인지된 사물을 해석하는 것이 왜곡되었다는 것이다. 이 글에서 '왜곡'되었다는 말의 정확한 사용은 전 이해를 갖고 사물을 대한다는 말이다. 객관적인 사물에 대한 인식은 존재하지 않는다. 사물에 대한 인식은 해석된 것이다. 따라서 사람들의 해석에는 반드시 전 이해가 투영되어 있다. 비판적인 의식을 표방한 개신교 인터넷 신문인 〈뉴스엔조이〉에 비친 세계와 그것을 읽는 사람들이 서로 다른 이해와 해석을 갖는 것은 그들이 갖고 있는 전 이해가 다르기 때문이다.

전 이해는 우리 앞에 있는 객관적 사실을 주관적 인식과 이해로 전환시키는 보이지 않는 스크린이다. 전 이해가 반드시 나쁜 것은 아니다. 왜곡된다는 것은 반드시 부정적인 것이 아니다. 왜곡이라는 단어가 부정적인 이미지를 주기 때문에 진실이 아닌 것처럼 생각되지만 진실이다. 빛을 프리즘으로 바라보면 일곱 개의 색깔로 구분된다. 우리의 눈에 빛은 무색이다.

우리 눈이 빛을 왜곡해서 인지하기 때문이다. 그러나 어느 누구도 우리가 인지하는 무색의 빛을 거짓이라고 생각하지 않는다. 따라서 왜곡의 의미는 객관적인 사실에 대한 변조를 말하는 것이 아니다. 객관적인 사실의 변조는 거짓이다.

왜곡은 객관적인 사실에 대한 주관적인 이해를 말한다. 객관적인 사실을 바라보는 주관적인 시선이 객관적이지 못할 경우에 그 시선을 왜곡이라고 말한다. 객관적이지 못하다는 생각은 해석된 이해가 설득력을 잃을 때, 또는 설득력을 의심받을 때 발생한다. 왜곡은 진실이다. 타인에게는 진실이 아닐지라도 왜곡하고 있는 사람에게는 진실이다. 왜곡된 것은 해석된 것이고 해석된 것은 그렇게 믿고 있는 것이기 때문이다.

「밀양」에 대한 평판은 왜곡되었고, 사람들의 찬사는 과장되었다. 영화에서 제기했다는 신학적 질문에 대한 해석도 왜곡되었다. 「밀양」이 왜곡되고 과장된 것은 칸 영화제에서 수상했다는 기사 때문이다. 우리는 질문해야 한다. 칸 영화제에서 상을 받지 않았어도 주목받았을까? 이신애로 변한 전도연의 연기가 그렇게 탁월했을까? 김종찬을 연기한 송강호의 연기가 뛰어났을까?

「밀양」에서 탁월한 연기를 한 사람들은 전도연이나 송강호가 아니다. 물론 카메라는 전도연과 송강호를 중심으로 담아냈다. 그들을 중심으로 이야기가 진행되기 때문이다. 그러나 「밀양」에서 실제와 똑같은 연기를 한 배우들은 그들을 받쳐주는 주변인들이다. 전도연과 송강호가 연기를 못했다는 것이 아니다. 그들의 자연스러움에 비해서 전도연과 송강호의 연기가 크게 탁월하지 않았다는 것을 말하고 싶다. 엄밀하게 말해서 전도연과 송강호가 연기한 것은 다른 영화에서 보았던 그들의 모습과 크게 다르지 않다. 「밀양」이 다른 여타의 영화와 같은 기법을 사용한 영화였다면 전도연과 송강호의 연기에 주목되었을 것이다.

「밀양」은 일반 영화와 다르게 일상을 담은 영화다. 70년대 TV문학관에서 만났던 것과 크게 다르지 않다. 문학작품을 각색한 TV문학관은 영화관에서 보던 장면과 달랐다. 영화관에서 본 장면은 일상에서 벗어난 가상의 현실이다. 현실적이지 않은 현실에서 사람들은 일상에서 잠시나마 벗어났다. 영화가 주는 즐거움이다. TV문학관의 영상은 일상과 가까운 모습이었다. 과장된 장면 없이 잔잔하게 흐르는 영상과 배우들의 연기는 현실과 영상의 차이를 못 느끼게 해 주었다. 영화관에서 만나던 장면처럼 현실을 벗어난 적은 없어도 현실적인 것을 자연스럽게 그려 주었다.

밀양은 TV문학관의 추억을 떠올리게 한다. 출연한 배우들이 연기 경력이 있는 전문 배우이지만 전도연과 송강호를 제외하고는 모든 배우들이 낯설다. TV문학관에 나온 배우들처럼 밀양에 나오는 연기자들은 일상에서 만나는 일반인 같은 느낌이다. 일반인들의 일상을 담은 것처럼 보이기 때문에 밀양은 현실적이다. 밀양이 현실적으로 보이는 이유는 잔잔한 사건 전개에 있다. 전도연이 감정을 표현하는 몇 장면을 제외한다면 극적인 장면이 없다. 전도연의 감정 연기도 극적이지 않다. 극적이지 않은 것은 사건을 모두 단편적으로 처리하기 때문이다. 단편적으로 처리한다는 말은 현실에서는 매우 길게 진행될 수 있는 과정을 생략하고 시간과 시간을 간격 없이 이었다는 것이다.

그렇기 때문에 밀양에는 기승전결이 없다. 기승전결이 없기 때문에 밀양은 극적이지 않다. 극적이지 않기 때문에 밀양에 나오는 사람들은 일어난 일에 대해서 객관적이다. 일상에서는 사건에 직접 관련되어 있지 않으면 모두 다 관객이 되고 만다. 관련된 당사자에게는 실존의 문제이지만 관련되지 않은 사람에게는 잠시 시선을 정지시키는 것에 지나지 않는다. 전도연의 감정 연기가 없었다면 영화에서 일어난 일은 아무에게도 일어나지 않은 것처럼 그려졌을 것이다.

「밀양」에 있는 것은 일상의 조각이다. 우리 일상의 단면을 「밀양」은 카메라에 담았다. "밀양이요. 사람 사는 데가 다 그렇죠. 다른 곳하고 똑같아요"라는 김종찬의 말처럼 영화 「밀양」이나 우리네 일상이나 다름이 없다. 「밀양」이 우리의 일상이고, 우리의 일상이 「밀양」이다.

「밀양」은 우리의 일상을 사실주의, 실존주의, 신학적인 단상의 모티브를 축으로 잡아 낸다. 이러한 단상이 어우러져 빚어낸 영상이다. 이 세 개의 모티브 가운데 「밀양」을 가장 현실적으로 만들어 주는 것은 사실주의적 모티브다. 신애가 밀양에 정착해서 살아가는 모든 현장은 사실주의가 담아낸 영상이다. 길 건너 약국, 옷가게 아줌마, 동네 아줌마들과의 만남, 토지를 구매하기 위해서 다니는 모습, 학원장의 차량 운행, 자녀들의 웅변 발표 이후 회식 장면, 밀양 역전에 모여서 복음송가를 부르는 팀, 유괴범이 지시한 장소인 둔치에 있는 사람들의 모습, 돌아오는 길에 부딪칠 뻔한 여자에게 미안하다고 말하니까 사람을 죽여놓고 미안하다면 다냐고 나무라는 여자의 말, 신애의 눈에 비친 골목에서 폭행당하는 여학생, 사망신고를 접수하는 동사무소 직원, 교회와 그리스도인의 모습, 종찬에게 음담패설적인 농담을 하는 친구 등 「밀양」이 담아내는 모든 것은 사실주의에 입각한 일상이다.

사실주의는 「밀양」의 근간을 형성한다. 사실주의에 입각해서 「밀양」은 우리 현실을 담아내고 현실을 비판하는 역할을 한다. 객관적인 면에서 평가한다면 「밀양」은 재미가 없다. 영화를 통해서 대리만족을 느끼는 환상적인 일탈의 경험을 기대할 수 없다. 한국 영화의 단골 소재인 폭력의 미학이나 TV 드라마의 단골 소재인 사랑과 갈등, 출생의 비밀 같은 한국인이 좋아하는 요소가 없다. 「밀양」에서 대리만족을 느낄 수 있는 것은 아무것도 없지만 가장 기본적인 대리만족적인 요소를 배제하는 대신에 사실주의에 입각한 비판의식을 담았다.

「밀양」이 비판하는 것은 두 가지다. 첫째는 우리 사회에 깊이 뿌리 박힌 배금주의와 인명 경시풍조이다. 웅변학원 원장은 준이를 유괴해서 죽인다. 신애에게 돈을 요구한다. 신애는 돈을 전달한다. 그러나 준이는 돌아오지 않는다. 준이는 시체로 발견되고 원장은 구속된다. 원장이 준이를 유괴한 구체적인 이유도 제시되지 않는다. 밀양에서 간접적으로 제시한 이유는 신애가 돈이 많다는 것이며 원장은 돈을 요구했다는 것이다. 무엇 때문에 돈이 필요했는지, 얼마의 돈 때문에 유괴했는지 구체적이지 않다. 막연하게 돈을 위해서 유괴하고 살해한 것으로 나온다. 밀양에서 준이를 유괴 살해하는 원장이나 현실에서 어린아이를 유괴해서 살해하는 모습이나 동일하다. 현실에서도 구체적인 이유 없이 돈을 위해서 쉽게 어린아이를 유괴하고 살해한다. 돈이 있어 보인다는 이유와 돈이 필요하다는 이유만으로 쉽게 살인을 하고 그에 대한 죄의식은 찾아보기 힘들다. 준이를 유괴하고 살해한 원장에게서 죄의식이 결여된 것처럼 우리 사회에도 배금주의와 인명 경시풍조에 대한 깊은 죄의식이 결여되어 있다.

원장이 준이의 살인범으로 그려진 것도 우리 사회를 사실적으로 조명한 결과에서 기인한다. 사회적으로 늘어나고 있는 어린아이에 대한 많은 범죄는 아이들의 교육기관과 깊은 연관이 있다. 아동 성범죄의 대다수가 학원과 관련되어 있다. 학원장이나 학원 차량을 운행하는 기사에 의해서 아동 성추행이 늘어가는 실정이다. 학원 원장을 준이의 유괴 살해범으로 설정한 것은 현실적이다. 현실적이기 때문에 영화와 현실이 분리되지 않는다.

현실에서 사람들은 자신을 포장한다. 영화에서 신애가 돈이 많은 것처럼 자신을 포장하는 것도 거부감이 없다. 종찬이 신애의 집에 외국에서 받은 가짜 상을 걸어놓아도 거부감이 없다. 현실 어느 곳에 가보아도 하다못해 미용실에 가도 영어로 기록된 증명서가 떡 하니 걸려 있다. 골목에서 폭행당하는 원장 딸의 모습도 현실적이다. 뒷골목에서 얼마든지 일어날 수 있는 것이고 누구나 쉽게 목격하는 장면이다. 폭행당하는 원장 딸을 외면하는 신애를 나무라지 않는다. 폭행에 개입하는 것이 오히려 비현실적인 영웅주의가 되기 때문이다. 현실에서 대다수 사람들이 외면하기에 신애가 외면한 것이다.

「밀양」에서 개신교인들의 기도하는 모습이나 예배드리는 모습은 낯설지 않다. 영화에 비친 개신교인의 모습은 현실에서 만나는 개신교인의 모습을 그대로 옮겨놓은 듯하다. 신애가 개신교인이 되는 과정도 낯설지가 않다. 현실적으로 대부분의 사람이 신애와 같은 이유로 개신교인이 되기 때문이다. 신애처럼 자녀가 유괴되고 살해되었다는 것을 말하는 것이 아니다. 일반적으로 사람들이 가슴에 품은 한을 종교가 풀어주는 역할을 하기 때문에 종교인이 되는 것처럼 신애는 가슴에 멍울진 한을 풀어주는 기제를 개신교에서 찾는다.

　종찬이 개신교인이 되는 것도 현실적이다. 종찬은 뚜렷하게 가슴에 갖고 있는 멍울이 없다. 종찬이 개신교인이 되는 것은 신애를 따라가는 남자의 속성으로 비춰지지만 신애가 교회를 떠난 이후에도 남아 있는 모습에서 본래의 이유가 드러난다. 교회를 다니면 마음이 편안하고 빠지면 뭔가 찜찜한 느낌이 든다는 것이다. 종찬이 신애를 따라서 교회에 나가는 모습은 70년대 교회의 모습을 반영한 것이다. 70년대 우리 사회에서 교회는 남녀의 만남의 장소였다. 종찬이 신애를 따라서 나가는 것은 70년대 많은 남학생들이 여학생을 만나기 위해서 교회에 나가는 모습을 재연한 것이다. 그러나 신애가 교회를 떠난 이후에도 종찬이 떠나지 않는 것은 작금의 수많은 사람들이 교회를 떠나지 않는 모습을 대변한다. 현실에서 많은 사람들이 교회에 가는 이유가 교회에 가면 마음이 편안하고 안 가면 죄지은 것처럼 찜찜한 마음이 들기 때문이다.

　「밀양」의 사실주의는 개신교를 비판한다. 원장을 면회하고 돌아온 신애가 겪는 감정의 혼동에 동참하지 않는 개신교인을 비판한다. 현실에서 개신교인들은 현실에 참여하지 않고 타인의 문제에 방관한다. 개신교인들이 관심 있는 것은 자신의 문제다. 개신교인은 저급한 자본주의의 정신에 물들은 기복사상에 젖어 있다. 개신교인들이 추구하는 모든 가치는 자기의 행복이다. 「밀양」에서 개신교인들이 신애가 겪는 감정에 동참하지 않고, 나눔 없이 기도하는 것으로 모든 것을 대신하는 것처럼, 현실에서 개신교인들은 나누어 할 현실을 외면한다. 기도하면 현실에 대한 책임에서 벗어나는 것처럼 여긴다. 개신교인들은 참여해야 할 현실과 함께 나누어야 할 타인의 과제에 대해서 외면하고 기도로 도피한다.

그리스도인들은 비겁하다. 현실에 참여해서 함께 지는 고통을 회피하고 기도하는 쾌락을 추구한다. 개신교도들이 좋아하는 통성기도는 기도하는 사람에게 깊은 만족감을 준다. 기도가 성찰이 되지 못하고 현실 참여의 의지적 행동으로 나아가지 못하는 것은 기도가 기도하는 사람을 심리적인 고양 상태로 이끌고 기도할 때 깊은 쾌감을 경험할 수 있기 때문이다. 개신교는 통성기도를 통해서 교인들을 종교적 열광주의로 이끈다. 개신교인은 통성기도를 통해서 내면에 내재된 욕망을 합법적으로 구현한다. 뿐만 아니라 통성기도를 통해서 감정을 마음껏 발산한다. 개신교의 기도는 기도하는 사람을 위한 종교적인 행위에 지나지 않는다.

「밀양」은 개신교의 기도를 비판한다. 약국에서 신애를 위한 철야기도를 한다고 모인 구역 식구들에게 신애가 돌을 던진다. 교회에 간 신애는 손으로 의자를 내리친다. 점점 크게 의자를 내리친다. 기도하는 사람들이 기도를 멈추고 돌아본다. 그래도 신애는 멈추지 않고 의자를 내리친다. 신애의 집에 목사와 사람들이 모여 있다. 목사가 신애를 위해서 기도한다. 신애가 믿음으로 이겨내고 용서할 수 있는 믿음을 달라고 기도한다.

신애는 목사의 기도를 막는다. "용서해. 어떻게 용서를 해요. 용서하고 싶어도 할 수가 없어요. 그 인간 이미 하나님에게 용서받았다는데 그래서 마음의 평안을 얻었다는데요." 약국 집사가 말한다. "왜 그러냐, 목사님 기도하시는 중에. 그래 하나님이 용서하셨으니까 이 선생도 용서해야지." 신애가 말한다. "이미 용서받았는데 어떻게 내가 다시 용서합니까. 내가 그 인간을 용서하기도 전에 어떻게 하나님이 먼저 용서할 수 있어요. 그 인간은 하나님의 사랑으로 용서받고 구원받았어요. 어떻게 그럴 수 있어요, 왜. 다들 돌아가 주세요. 할 일이 아주 많아요." 부엌으로 간 신애는 갑자기 소리를 지른다. 신애는 목사의 기도를 중단시킨다. 목사의 기도는 거부당했다. 기도하는 모든 사람들은 신애에게 쫓겨난다.

공원에서 개신교인들이 집회를 하고 있다. 목사가 기도하자고 한다. 교인들이 통성기도를 한다. 신애는 천막으로 들어가 김추자의 '거짓말이야'를 틀어 놓는다. 이 노래와 교인들의 기도 소리가 대비된다. 노래 소리가 커질수록 기도 소리도 커진다. 「밀양」은 기도를 비판한다. 행위도 나눔도 현실 참여도 없는 기도, 자기 만족감에 빠진 기도, 기복신앙을 정당화하는 기도, 적극적인 사고방식을 성령의 능력으로 만드는 기도를, 신애를 통해서 돌을 던지고, 손바닥이 터지도록 두들겨서 항의하며, 중단시키고 나가라고 내쫓으며, 거짓말이라고 외친다.

「밀양」은 실존주의 모티브에 입각해서 우리 현실을 재조명한다. 실존주의 모티브는 허무와 단편적인 인간관계, 그리고 이방인이다. 허무의 모티브는 햇볕에 담겨져 있다. 개울가에 앉아 있는 신애가 말한다. "좋다." 아들 준이 묻는다. "뭐가 좋아." 신애가 "햇볕"이라고 대답한다. 그리고 이내 말을 덧붙인다. "준아, 아빠 고향이야. 아빠가 밀양에서 살고 싶어했으니까." 신애가 개울가에서 햇볕이 좋다는 것과 밀양이라는 준이 아빠 고향은 아무런 연관이 없다. 햇볕은 개울가에 앉은 신애에게 비치는 것이고 조밀한 햇볕이라는 이름의 밀양은 별개다. 카뮈의 《이방인》에서 뫼르소가 아라비아인과의 사소한 시비 끝에 살해한 이유를 햇볕에 돌리는 것처럼 신애는 햇볕이 좋은 이유를 준이 아빠의 고향인 밀양에 돌린다.

「밀양」에 대한 많은 해석들이 실존주의를 바라보는 근거는 햇볕이다. 「밀양」에 대한 해석을 클릭하면 어김없이 카뮈의 《이방인》이 언급된다. 그러나 《이방인》에서의 햇볕의 의미와 「밀양」에서의 햇볕의 의미는 동일하지 않다. 《이방인》에서 햇볕의 의미는 뫼로소의 내면 세계와 전혀 관계가 없다. 밖의 세상과 내면 세상의 무관계성이 햇볕이라는 형상으로 표현된 것이다. 「밀양」에서 햇볕은 신애의 내면과 관계한다. 햇볕은 신애가 밀양이라는 새로운 세상에서 교통하는 방식이다. 그래서 신애는 처음 만난 양품점 주인에게 인테리어를 교체할 것을 권유하는 것이다. 햇볕이 잘 들지 않기 때문이라는 이유를 설명하면서.

신애는 종찬을 처음 만난 자리에서 밀양이 무슨 뜻인지 아느냐고 묻는다. 종찬은 밀양 사람이지만 밀양의 의미에 대해서 생각해 본 적이 없다. 신애는 종찬에게 밀양은 '비밀의 햇볕' 이라는 의미라고 말해 준다. 종찬에게 밀양은 경기가 엄청 나쁘고, 한나라당이고, 부산과 같고, 부산 말씨고, 급하고, 인구도 줄어든 곳이지만 다른 지역의 사람 사는 모습과 크게 다르지 않는 지역일 뿐이다. 신애에게 밀양은 비밀의 햇볕이 있는 곳이다.

「밀양」에 있는 사람들은 햇볕과 내면 세계와 관계가 없다. 양품점 주인에게 신애는 정신이 약간 이상한 사람일 뿐이다. 준이를 가슴에 묻은 신애에게 약국의 김 집사는 햇볕을 언급한다. "저기 햇볕 한 조각에도 우리 주님의 뜻이 숨어 있다. 세상에는 주님의 뜻이 아닌 게 없다." 신애는 햇볕이 비치는 약국의 저편으로 걸어가서 대답한다. "여기 뭐가 있어요. 햇볕이에요, 햇볕."

정신병원에서 퇴원한 신애는 미장원에 들린다. 웅변학원 원장 딸과 마주친다. 원장 딸이 잘라주는 머리를 자르다 말고 집으로 간다. 거울을 꺼내 놓고 자르다만 머리를 혼자서 자른다. 종찬이 들어와 거울을 들어준다. 카메라는 떨어지는 머리카락을 잡으면서 땅바닥에 비치는 햇볕을 잡는다.

「밀양」에서 햇볕은 비밀을 갖고 있다. 비밀이란 신애가 세상과 교통하는 방식이다. 그러나 세상은 신애와 교통하는 방식을 알지 못한다. 김 집사는 신애에게 햇볕을 언급한다. 한 조각의 햇볕에도 하나님의 뜻이 숨어 있다고. 김 집사에게 햇볕은 모든 것은 하나님에 의해서 결정된다는 신념을 담은 메타포다. 신애에게 햇볕은 숨겨진 세계를 바라보는 관점도 아니고 초월적 존재의 절대적 의지를 표상하는 메타포도 아니다. 신애에게 햇볕은 살아 있는 감정을 주는 것이다.

햇볕에는 숨겨진 뜻이 있는 것이 아니라, 햇살을 느낄 때 삶에 대한 작은 기쁨이 발생한다는 것이 신애가 경험하는 비밀이다. 삶에 대한 기쁨은 햇볕에 있는 것이 아니라 기대하는 인간의 내면에 있다. 어떤 초월적 존재의 의지가 햇볕을 타고 인간에게 들어오는 것이 아니라 햇볕을 통해서 인간 안에 내재한 생에 대한 의지가 표출되는 것이다. 따라서 인간이 생에 대한 의지와 기쁨을 상실하면 햇볕도 의미를 상실한다. 햇볕에는 아무것도 내재된 것이 없다. 햇볕을 통해서 신의 의지와 존재를 느끼려고 한다면 그것은 허구일 뿐이다.

밀양에서 신애는 햇볕과 함께 새로운 삶을 시작하지만 생의 의지를 상실한 그녀에게 남겨진 것은 허무한 햇볕뿐이다. 뫼르소의 내면 세계와 햇볕은 무관계성의 관계성을 상징하지만 《이방인》 전체에서 햇볕은 허무를 상징한다. 《이방인》과 「밀양」 모두 햇볕은 허무를 상징한다. 태양이 절대적 존재인 신을 상징하는 종교적 표상과 비교해 보면 실존주의에서 햇볕은 허무를 상징한다. 절대적 존재가 부정된 햇볕은 실존적 의미에서 인간에게 생의 의미를 되새기게 하지만 존재적 의미에서는 허무에 지나지 않는다. 절대적 존재가 부정된 햇볕은 종교적 표상에서 바라보면 허무다. 절대적 존재인 신을 부정한 신애에게 햇볕은 더이상 존재의 표상이 아니다.

「밀양」은 인간의 실존을 단편적인 관점에서 바라본다. 나오는 모든 인물도 단편적이다. 종찬을 살펴보면, 그는 혼자 카센타를 운영하면서 살아간다. 정황상 밀양은 그의 고향이다. 종찬은 생일날 신애와 밥을 먹기로 약속했다. 신애는 그 시간에 강 장로를 유혹하느라 그와의 약속을 어긴다. 종찬이 집에 들어와서 혼자 밥을 먹고 있을 때 전화벨이 울린다. 생일날 밥은 먹었느냐는 어머니의 전화다. 영화는 종찬과 어머니의 관계가 단편적이며 깨어진 관계임을 암시한다.

　신애는 양품점 주인과 그 외 웅변학원에서 만난 여자들과 관계를 맺는다. 그러나 신애와 그들의 관계는 언제나 단편적이다. 웅변학원 원장과 원장 딸과의 관계도 단편적이다. 아버지와 딸의 어긋남에 대해서 아무런 언급도 없다. 다만 어긋나고 깨어진 관계가 설정되어 있을 뿐이다. 신애와 교회 목사 및 신도들과의 관계도 단편적이다. 약사 부부로 나오는 강 장로와 김 집사와 신애의 관계도 단편적이다. 강 장로와 김 집사의 가족 관계도 단편적이다. 강 장로와 김 집사가 같이 있는 시간은 신애를 위한 철야기도를 약국에서 하는 날 뿐이다. 종찬과 친구들의 관계 또한 단편적이다. 신애와 동생의 관계도 단편적이고, 종찬과 신애 동생과의 관계도 단편적이다. 「밀양」에서 인간관계는 개인과 개인의 관계에 근거한다. 개인과 개인의 관계를 포괄하는 좀더 큰 가족의 관점에서 인간관계를 바라본 시각을 배재했다. 모든 인간관계는 단편적일 뿐이다.

　「밀양」에서 신애는 이방인이다. 낯선 세계에 들어온 존재이기 때문에 거부당한다. 신애는 양품점 주인에게 거부당한다. 신애의 친절한 조언은 양품점 주인에게 가십거리를 제공했을 뿐이다. 약국 김 집사에게 신애는 불행한 사람으로 보일 뿐이다. 김 집사는 신애에게 말한다. 원장님처럼 불행한 분은 하나님이 꼭 필요하다. 하나님을 믿으면 눈에 안 보이는 세상이 보인다. 감사하고 마음에 위안을 받을 수 있는 세상이 보인다. 하나님을 모르면 세상의 반밖에 모른다. 난 불행하지 않다. 잘 살고 있다. 나는 눈에 보이는 것도 다 믿지 않는다.

신애가 할 수 있는 말은 돈이 있다는 말밖에 없다. 웅변학원 원장에게 신애는 돈을 가진 사람으로 보인다. 그래서 원장은 준이를 납치하고 돈을 요구한다. 신애는 낯선 세상에 들어온 이방인이다. 신애를 받아들이는 곳은 어디에도 없다. 종찬이 없었다면 신애는 새로운 세상에 정착하기 힘들었을 것이다. 신애가 교회에 가지 않았다면 신애가 속한 사회는 존재하지 않았을 것이다. 밀양에서 신애는 이방인인 반면에 종찬에게는 고향이다. 신애와 밀양의 관계는 종찬과 밀양의 관계에 상응하지 않는다. 밀양이 종찬과 신애의 사랑 이야기를 복선으로 깔았다면 「밀양」의 이방인의 테마는 흐려졌을 것이다. 종찬이 신애와의 관계가 친구들이 생각하는 그런 관계가 아니라고 말한 것처럼 영화는 신애와 종찬의 애정관계를 설정하지 않는다.

신애가 밀양에서 낯선 이방인이라면 신애에게 종찬은 낯선 이방인이다. 신애는 밀양에 속하려고 자신을 개방한다. 준이 아빠가 교통사고로 죽은 후, 준이 아빠의 소원인 고향에 내려왔다고 자신을 알린다. 그러나 밀양은 신애를 받아주지 않는다. 종찬은 신애에게 자신을 개방한다. 하지만 신애는 종찬을 받아주지 않는다. 종찬은 인간관계가 아주 좋은 인물로 그려진다. 친구도 많다. 그러나 신애에게 종찬은 이방인이다. 신애가 밀양에 들어온 이방인라면 종찬은 신애에게 들어온 이방인이다.

준이를 화장한 날, 남편과 자식을 잡아먹은 주제에 눈물 한 방울 흘리지 않는다고 시어머니는 신애를 모질게 나무란다. "이 상황에서 가장 슬픈 사람은 아무래도 준이 엄마 아니겠냐"며 종찬은 신애를 위해서 변명을 한다. 준이네 식구들은 종찬에게 말한다. "누군지 모르지만 남의 집안일에 끼어들지 않았으면 좋겠네요." 사망신고를 하러 동사무소에 갈 때 종찬은 같이 가려고 택시에 올라타지만 신애는 그를 택시에서 밀어내고 혼자 간다. 밀양역까지 태워준 종찬에게 신애 동생은 "도움이 될까 해서 말하는 건데 아저씨는 누나 타입이 아니에요. 절대 아니에요"라고 말한다.

밀양이 제기한 신학적인 질문은 두 가지다. 첫째, 믿음의 인식에 대한 질문이다. 그리스도인이 말하는 믿음의 눈에 보이는 인식에 대한 질문이다. 김 집사는 신애에게 말한다. 밖을 보면 사람도 보이고 차도 보이지만 세상에는 눈에 안 보이는 것도 있다. 하나님을 믿으면 눈에 안 보이는 세상이 보인다. 그 세상은 감사하고 마음에 위안을 받을 수 있는 세상이다. 하나님을 모르면 세상의 반밖에 모른다.

믿음의 인식은 김 집사가 말한 것처럼 보이지 않는 세상을 보게 만드는 신령한 눈을 열어 주는가. 눈에 보이는 우리의 세상은 보이지 않는 하나님의 세상에 덮여 있는 것인가. 이차원의 세계에 삼차원의 세계가 겹쳐 있는 것처럼 그렇게 보이지 않는 세상은 눈에 보이는 세상과 겹쳐 있는가. 만약에 그렇다면 믿음은 새로운 차원을 보는 안경 같은 것이다.

눈에 보이지 않지만 현존하는 세상은 존재한다. 미생물의 세계는 눈에 보이지 않지만 이 세상 안에 현존한다. 분자의 세계는 눈에 보이지 않지만 세계 안에 현존한다. 눈에 보이지 않지만 세상에 현존하는 세계를 보기 위해서는 특별한 장치가 필요하다. 믿음은 세상에 현존하는 보이지 않는 세계를 보게 만드는 특별한 장치인가, 아니면 세상을 인식하는 사람의 태도에 영향을 미치는 어떤 것인가. 신애는 말한다. 난 눈에 보이는 것도 다 안 믿어요. 준이가 죽은 후에 신애는 말한다. "김 집사가 말했던 세상에는 눈에 보이지 않는 것이 있다고 했을 때 우스웠는데 이제는 그 사실을 믿게 되었다. 가슴이 아팠는데 이젠 안 아프다. 평안을 얻었다. 모든 일이 하나님의 뜻에서 이뤄진다는 것을 믿는다."

신애의 말과 김 집사의 말은 다르다. 신애에게 믿음의 눈이 떠졌지만 김 집사의 말처럼 세상의 나머지 반을 보는 것이 아니다. 신애가 말하는 것은, 믿음은 신령한 눈을 열어서 보이지 않는 세계를 보는 어떤 것이 아니라 믿는 자의 인식의 태도를 바꿔준다는 것이다. 다시 태어나서 행복하다고 말하는 신애를 양품점 주인은 이해하지 못한다. 신애는 말한다. "행복은 그냥 느끼는 거다. 마치 연애하는 거와 같다. 날 사랑하고 지켜준다는 느낌을 느낄 때마다 행복하다." 신애에게 열린 것은 보이지 않는 세상이 보인 것이 아니다. 세상을 대하는 신애가 변한 것이다.

믿음은 인식하는 자의 정신을 변화시키는 것이지 신비한 세계를 바라보는 신령한 어떤 것이 아니다. 이 세상은 보이지 않는 세계와 겹쳐져 있는 세상이 아니다. 보이는 세계와 보이지 않는 세계가 겹쳐 있지 않기에 믿음은 보이지 않는 세계를 보는 것과 연관이 없다. 믿음의 눈으로 보아도 여전히 하나님은 보이지 않는다. 믿음은 보이지 않는 하나님의 존재를 믿는 것처럼 보이지 않는 세계의 존재를 믿는 것이다.

신애는 말한다. "전에는 몰랐다. 하나님이 있다는 것도 절대 안 믿었다. 내 눈에 안 보이니까 안 믿었다. 근데 준이 때문에 하나님의 사랑을 알고 마음의 평안을 얻고 새 생명을 얻었다. 하나님의 사랑과 은혜를 느낄 수 있다는 것이 얼마나 감사하고 행복한지 모른다."

믿음은 인식하는 자가 세상을 대하는 실존적인 태도에 관련된 것이다. 인간은 누구나 자신의 존재와 세상을 해석하는 세계관을 갖고 있다. 믿음에 대한 신애의 증언은 세계관의 변화를 지적한다. 준이를 잃기 전에 세상을 해석하고 이해하는 자신의 세계관에서 준이를 잃고 난 이후에 일어난 세계관의 변화를 증언한다. 믿음은 신령한 세계를 보게 만드는 특별한 장치가 아니다. 믿음은 세계를 이해하고 해석하는 세계관을 바꾸어 놓는 것이다. 보이지 않는 미래를 보는 것도 아니다. 하나님도 보이지 않고 미래도 보이지 않는다. 믿음은 보이지 않는 것을 보게 하는 것이 아니라 보는 사람을 다르게 만드는 것이다.

둘째, 신정론에 대한 것이다. 신정론은 인간이 경험하는 악의 현실에서 제기된 하나님에 대한 질문을 지칭한다. 신애는 질문한다. "하나님이 계시고 하나님의 사랑이 그렇게 크다면 무슨 죄가 있다고 우리 준이를 처참하게 죽게 내버려두셨나요." 신애는 하나님이 아들 준이의 죽음에 직접적인 원인이라고 말하는 것이 아니다. 신애가 제기하는 질문은 세상에 일어나는 온갖 불행에 대해서 방관하는 하나님의 태도에 대한 것이다. 하나님이 악의 직접적인 원인은 아니더라도 악이 일어나는 것을 방관한 책임을 벗어나지 못한다고 지적하는 것이다. 김 집사는 인간이 알지 못하는 숨겨진 하나님의 뜻이 있다고 말함으로써 신애가 제기한 하나님의 책임의 문제를 벗어나려 한다. 신애는 김 집사가 말하는 숨겨진 하나님의 뜻에 동의할 수 없다.

신애에게 하나님은 악에 대해 방관한 책임에서 결코 벗어날 수 없다. 아들 준이의 죽음을 통해서 자신이 갖게 된 슬픔에 대해서 어떻게 해서든지 하나님은 책임감을 가져야 한다. 신애는 남편을 교통사고로 잃고 아들과 밀양에 내려왔다. 새롭게 살아보려고 내려온 신애에게 김 집사는 "안 좋은 일이 있어서 내려왔다는 이야기를 들었어요. 원장님처럼 불행한 사람은 하나님이 꼭 필요해요" 하며 신애를 불행한 사람으로 규정한다. 신애는 김 집사가 말하는 숨겨진 하나님의 뜻에 동의할 수 없다. 숨겨진 하나님의 뜻에 동의하면 신애는 불행한 여자가 되기 때문이다.

숨겨진 뜻을 통해서 하나님이 신애에게 느꼈어야 할 미안함을 덮어 버리는 것은 정당하지 않지만 받아줄만 하다. 그래서 신애는 말한다. "있긴 뭐가 있어요. 햇볕밖에 없는데." 그러나 준이를 죽인 원장이 신애에게 미안함을 느끼지 않는 태도는 견딜 수 없다. 신애는 자신에게 일어난 모든 일의 배후에 하나님이 있다는 것을 직감한다. 신애는 하나님이 비겁하다고 생각한다. 하나님의 비겁함은 하나님이 악의 근원이라는 것을 숨기는 것을 의미한다. 다시 말하면 준이의 죽음에 대해서 하나님이 책임져야 할 분량은 방관했다는 간접적인 것이 아니라, 준이의 죽음에 직접적으로 개입한 책임을 져야 한다는 것이다.

신애는 교도소에 수감된 원장을 만나기 전까지 준이의 죽음에 대한 하나님의 직접적인 책임을 묻지 않았다. 준이를 죽인 것은 명백하게 하나님이 아니라 원장이 저지른 죄이기 때문이다. 원장은 준이를 죽인 범인이다. 가해자는 원장이고, 희생자는 준이고, 준이의 죽음에 대한 피해자는 신애다.

적어도 신애는 원장을 만나기 전까지 그렇게 생각했다. 그래서 피해자인 신애가 가해자인 원장을 용서해 줄 자격이 있다고 생각했다.

원장을 만난 신애는 혼란에 빠진다. 원장은 신애를 전혀 피해자로 느끼지 않는다. 원장이 느끼는 피해자는 하나님이다. 원장은 당당하다. 피해 당사자인 하나님이 가해자인 자신을 용서했기 때문이다. 그래서 원장은 신애에게 도덕적인 책임의식이 없다. 원장은 오히려 신애에게 고맙다고 말한다. 신애에게 하나님을 만난 이야기를 듣게 되니 하나님이 자신의 기도에 응답한 것 같아서 고맙다고 말한다. 신애를 위한 기도를 언제나 할 것이라는 약속까지 한다.

원장은 신애에게 죄책감이 전혀 없다. 오히려 원장에게 죄책감을 가져야할 사람이 신애다. 신애는 원장을 위해서 기도하지 못했다. 그러나 원장은 신애를 위해서 기도한다고 말한다. 원장이 신애를 용서한다. 신애가 원장을 용서하는 것이 아니라 원장이 신애를 용서한다. 신애는 죄인이 되고, 용서받아야 할 자가 된다.

신애는 말한다. "이미 용서받았는데 어떻게 내가 용서할 수 있나요. 내가 그 인간을 용서하기도 전에 어떻게 하나님이 먼저 용서할 수 있나요. 그 인간은 하나님의 사랑으로 용서받고 구원받았다는데 어떻게 그러실 수 있나요." 하나님은 신애를 용서도 하지 않는 죄인으로 만들고 있다. 원장을 만나기 전에 신애는 하나님을 사건에서 제외시켰다. 하나님에게 책임이 있다면 준이를 지켜주지 않은 방관이다.

세상에서 발생하는 모든 불행에는 하나님의 책임이 있다. 지켜주지 않은 책임, 불행한 일이 발생하지 않도록 미리 막지 못한 최소한의 책임은 하나님도 피할 수 없다. 그렇다고 해서 인간사에서 일어난 불행의 모든 책임을 하나님에게 전가할 수는 없다. 인간들이 저지른 일이지 하나님이 하신 일이 아니기 때문이다. 그러나 원장을 만난 이후에 신애는 더이상 하나님에게 면책 특권을 부여할 수 없음을 깨닫는다. 신애는 모든 일의 배후에 누가 있는지 분명히 인식한다. 하나님이 모든 불행의 원인이다. 악은 하나님이 저질러 놓고 피해자인 신애를 죄인으로 만들고 있다. 신애는 분명히 그렇게 인식한다.

가해자는 심판받아야 한다. 그것이 세상의 이치다. 심판 없이 용서는 없다. 그것이 세상에서 말하는 정의다. 참회 다음에 따라오는 용서는 사랑이다. 그러나 참회 없는 곳에서 용서를 선언하는 것은 교만이다. 심판 없이 용서를 말하는 것은 위선이다. 사랑이란 용서는 심판과 참회에 우선하는 것이 아니라 언제나 후에 따라오는 것이다.

하나님을 용서하기 위해서는 하나님은 고통받아야 한다. 하나님이 진실로 참회해야 용서할 수 있다. 그러기 위해서 하나님은 심판받아야 한다. 어떻게 하나님을 징벌할 것인가. 하나님이 인간이라면 법정에서 심판하면 된다. 그러나 하나님을 심판할 수 있는 인간의 법정은 없다. 신애는 하나님을 용서할 수 없다. 하나님을 법정에 세울 수도 없고, 아무도 하나님에게 책임을 물을 수 없다면 신애는 자신이 하기로 결정한다.

신애는 하나님에게 고통을 주기로 한다. 신애는 종찬과 저녁을 먹기로 약속한 날 강 장로와 드라이브를 나간다. 그리고 강 장로와 성관계를 시도한다. 신애는 하늘을 향해 말한다. "보여? 잘 보이냐구. 잘 보이냐구." 강 장로를 타락시키기 위한 것이 아니라 자신을 파괴하기 위해서다. 신애가 자신을 파괴하는 것은 하나님에게 도덕적인 책임감을 느끼게 하기 위해서다. 그러나 신애가 의도한 대로 일이 진행되지 않는다. 갑자기 강 장로가 죄의식을 느낀 것이다.

강 장로가 죄의식을 느낀 것은 의도된 것이 아니다. 죄의식은 하나님이 느끼도록 계획된 것이다. 신애의 의도대로 일이 진행된다면 하나님은 신애에게 참회하고 용서를 구했을 것이다. 그러면 신애는 하나님을 용서하고 모든 것을 잊어버렸을 것이다. 정작 죄책감을 가져야 할 하나님 대신에 신애는 모멸감과 자기 혐오감에 빠져든다. 강 장로가 도저히 못하겠다면서 하나님이 보고 있다고 한 말 때문이 아니다. 강 장로 말대로 스트레스 때문에 신애가 이렇게 자신을 파괴하는 것도 아니다. 신애는 구체적인 목적을 갖고 강 장로와 성관계를 계획했다. 신애는 자신을 파괴하는 모습을 보면서 괴로워할 하나님을, 타락하는 강 장로의 모습을 보면서 괴로워할 하나님을 상상했다.

하나님이 신애와 강 장로를 사랑한다면, 타락하고 파괴하는 강 장로와 신애를 보고 자책할 것을 상상한 것은, 자기를 파괴하면 부모가 괴로워할 것이라고 상상해서 스스로 타락하는 자녀와 같은 마음이다. 하나님에게 복수를 계획하고 거의 성공할 뻔 했는데 신애의 감정은 통쾌함이 아니라 역겨움과 자기 혐오감이다. 결국 신애는 구토를 하고, 절망에 빠져서 자살을 기도한다. 하나님을 바라보면서 웃었다 울었다 하면서 과도로 손목의 동맥을 절단한다. 신애는 죽지 못한다. 집 밖으로 뛰쳐나온다. 살려 달라고 사람들에게 도움을 요청하면서…….

「밀양」이 제기하는 신정론은 하나님의 지고선에 대한 믿음과 인간이 경험하는 악의 실재 사이에 발생하는 모순을 해결하기 위한 것이 아니다. 즉 악의 기원과 존재를 하나님에게 귀속시키지 않으면서 악의 문제를 해결하려는 이론적인 해결방안의 구상이 아니다. 「밀양」은 악과 무관한 절대 선인 하나님을 알지 못한다. 여기에서 제기하는 것은 어떻게 하면 인간에게 악인 하나님을 심판할 것인가이다. 신애의 경험을 통해서 하나님이 악에 대해서 방관하거나 관망한 간접적인 책임을 묻는 것이 아니다. 「밀양」이 묻는 것은 하나님의 직접적인 책임이다. 신애는 하나님이 사랑하는 것을 파괴함으로 하나님에게 죄책감을 느끼게 할 수 있다고 생각했다. 결과적으로 바라보면 신애의 자기 파괴가 가져온 것은 하나님에게 복수했다는 통쾌감이 아니라 자괴감과 절망이었다. 영화의 끝에서 만나는 신애는 정신병원에서 돌아와 미장원에서 자르다 만 머리를 스스로 자른다. 카메라는 떨어지는 머리카락을 따라서 땅바닥의 빈 공간에 햇볕이 들어오는 것을 비춰준다. 그리곤 아무것도 없다.

신애는 하나님을 지워 버린다. 신애와 함께 밀양도 하나님을 지워 버린다. 햇볕에는 아무것도 담겨 있지 않는다. 숨겨진 뜻도 없고 하나님도 없다. 하나님에 대한 인간의 복수가 인간에게 절망과 자괴감으로 돌아온다면 허무로 맞섬으로써 자괴감과 절망을 넘어설 수밖에 없다. 실존주의는 그렇게 하나님을 지움으로 용서해야 할 것도 용서받아야 할 것도 모두 지워 버린다. 영화에서 신애와 원장 딸은 네 번 만난다. 신애가 원장 딸을 만나지만 용서할 필요도 없고 원장 딸이 신애에게 미안한 마음을 가질 필요도 없다. 네 번의 만남에서 신애와 원장 딸은 미안함과 후회의 감정으로 얽힐 만한데도 얽히지 않는 것은 「밀양」이 허무로 귀결 짓기 때문이다.

「밀양」은 과장되었다. 사람들이 이 영화에 대해 갖고 있는 인식은 과장되었다. 어떤 기준에 의해서 영화를 선정하는지 모르지만 「밀양」은 칸 영화제에서 찬사를 받을 만한 영화가 아니다. 여우주연상을 수상할 만큼 대단한 연기를 펼친 것도 아니다. 밀양은 우리의 일상이 평범하게 담긴 평범한 영화다. 그럼에도 불구하고 「밀양」이 개신교에 던진 화두는 결코 작지 않다.

「밀양」은 질문한다. 하나님의 주체적인 책임을 묻지만 하나님에게 책임을 벗어날 수 있는 공간을 허락하지 않는다. 하나님에게 책임을 지우지 못한다면 차라리 하나님을 인식에서 지우겠다고 말한다.

「밀양」에는 아름답지 않은 개신교의 자화상이 담겨 있다. 「밀양」이 그려 낸 것이 아니라 일상에서 만나는 개신교의 현재 모습이다. 따라서 개신교가 지금의 자화상에서 벗어나지 않는다면, 또한 우리 사회가 개신교에 대해 갖고 있는 부정적인 인식이 바뀌지 않는 한 「밀양」이 던진 질문은 언제까지나 유효할 것이다. 「밀양」의 질문에 어떻게 대답해야 할까. 실존주의의 허무에서 벗어날 수 있는 방식은 무엇일까. 작금의 자화상을 벗어 버릴 수 있는 방법은 무엇일까. 그리스도인들이 함께 고민해야 할 화두다.

믿음, 소망,
사랑의 부활

Film 13

미션 The Mission

이과수 폭포의 아름답고 장엄한 물줄기, 가혹하리 만큼 자신을 학대하면서 참회하는 인간, 종교적인 열정과 순수한 인간미를 파괴하는 정치적인 절대 권력, 죽음 앞에서 십자가를 들고 행진하는 신부. 「미션」은 시선을 돌릴 수 없게 만드는 영화다. 「미션」이 사람들을 사로잡는 강렬한 이미지는 선교와 무관하다. 「미션」에서 보이는 것은 장엄한 폭포로 재연되는 자연이며, 절망에서 벗어나기 위해서, 즉 과거로부터 떠나기 위해서 처절하게 사투하는 한 인간이며, 문명이라는 옷을 입은 음침하고 사악한 사람의 얼굴과 자연이라는 옷을 입은 인디오 아이들의 순수한 얼굴, 자신의 신념대로 폭력과 맞서는 신부의 모습이다. 물론 영화는 제목에 걸맞게 교회도 나오고, 성가도 나오고, 미사도 나오고, 십자가도 나온다.

그러나 「미션」에서 강렬하게 시선을 사로잡는 것은 자연과 사람이다. 아

름답게 떨어지는 이과수 폭포와 폭포를
올라가면서 사투하는 인간의 대비가 없
었다면 그저 평범한 영화였을 것이다.
과라니 부족이 살아가는 땅을 놓고 벌
이는 포르투갈과 스페인의 틈바구니 속
에서 정치적 선택을 하는 로마 교황청
의 부패한 모습은 새로운 것도 아니다.
우리는 이전부터 로마 교황청의 정치권

The Mission, 1986
감 독 롤랑 조페
출 연 로버트 드 니로(로드리고), 제레미 아이언스(가브리
엘), 레이 맥널리(알타미라도), 에이던 퀸(페리페)

력을 지향하는 모습에 무감각해질 정도로 노출되었다. 한동안 할리우드에
서 유행처럼 담아낸 마피아 영화에서 단골처럼 등장하는 마피아와 뒷거래
를 하는 로마 교황청의 고위 성직자의 모습에 어느덧 우리들은 익숙해졌다.

「미션」은 강렬하다. 너무나 강렬한 영상을 담고 있어서 사람들은 「미션」
을 찬양한다. 막연하게나마 무의식 속에서 순교자에 대한 동경 내지는 미화
하는 그리스도인은 가브리엘 신부가 십자가를 들고 쏟아지는 총알을 향해
의연하게 나아가는 모습에서 감동을 받는다. 내가 하지 못하는 일을 하는
누군가를 보면서 마치 내가 그 일을 하는 것 같은 감정이입을 경험한다. 로
드리고의 처절한 자기 참회의 모습에서 자신이 미처 청산하지 못한 회환의
눈물을 남모르게 흘리는 사람들도 있을 것이다. 사람이란 누구를 막론하고
가슴에 죄의식을 품고 살아가는 존재이기 때문이다. 설사 죄의식이 없다고
해도 좌절과 실패의 쓰라림 속에서 절망하는 사람들은 어디에나 있다. 그들
가운데 많은 사람들은 로드리고가 걸어가는 고통과 고난의 길을 보면서 일

어설 희망과 용기를 갖게 될 것이다. 갑옷과 무기를 매달고 폭포를 올라가는 로드리고의 모습을 보면서 인간의 의지에 대한 깊은 감동을 받은 사람도 있을 것이다.

반면에 가브리엘 신부와 뒤를 따르는 여자들과 아이들이 무력하게 쓰러지는 모습을 보면서 비폭력 무저항에 대해서 회의를 가질 사람도 있을 것이다. 아마 그리스도인을 포함한 대다수의 사람들은 가브리엘 신부의 장렬한 순교에서 받은 감동과 무관하게 현실에서는 침략군에 맞서서 저항하는 편을 선택할 것이다. 비폭력 무저항이 그리스도인에게 허락된 폭력에 맞서는 유일한 방법임에도 불구하고 현실에서는 결코 이루어질 수 없는 이상이기 때문이다. 비폭력 무저항이 그리스도인에게 허락된 폭력에 맞서는 유일한 방법이라는 것은 산상설교에서 예수가 선포한 말씀을 글자 그대로 받아들인 것으로써 폭력에 맞서는 그의 삶에 근거한 것이다. 비폭력 무저항은 현실에서는 꿈이지만 영화에서는 얼마든지 가능하다.

「미션」은 강렬하다. 너무 강렬해서 사람들은 미션을 재해석하지 않는다. 설교에서 감동받았을 때(통상적으로는 은혜받았을 때) 설교의 내용을 재해석하지 않는 것과 같다. 느낌을 느낌으로 간직하려는 인간의 게으름은 (지성의 작업을 감정을 손상시키는 행위로 인식하는 대다수를 필자는 그들의 게으름 때문이라고 표현한다.) 받은 감동을 의식의 깊이까지 침잠시켜 가치관과 세계관으로 승화시키는 작업을 부정적으로 인식하게 만든다. 그러나 느낌의 강렬함은 결국 흐려지기 마련이고 순간 받은 감동은 인간을 변화시키지 못한다. 의식이 바뀌고 생각이 바뀌어야 인간이 바뀌고 행동이 달라진다.

「미션」의 무엇이 그토록 강렬한 인상을 남기는 것일까? 「미션」에서 미션은 무엇일까? 사람들은 로드리고 역의 로버트 드 니로와 가브리엘 신부로 나오는 제레미 아이언스의 연기력을 말할 것이다. DVD로 출시된 「미션」은 로버트 드 니로와 제레미 아이언스의 연기 대결. 1986년 칸느 영화제 그랑프리 수상작이라고 기록한다. 그러나 강렬하게 느끼도록 만드는 것은 연기력이 아니다. 이것은 그들의 연기력을 폄하하는 것이 아니다. 지적하고자 하는 것은 그들의 연기력 대립이 분명히 드러나지 않는다는 것이다. 연기력이 대결하려면 대립이 구체적으로 드러나야 한다. 그러나 「미션」에서는 대립적인 인물이 분명하게 드러나지 않는다. 설사 있다고 해도 누가 누구에 대해서 대립하고 있는지가 분명하지 않다.

가브리엘과 로드리고의 대립은 세 번 등장한다. 첫번째는 가브리엘이 로드리고를 찾아가서 만날 때, 두번째는 로드리고가 가브리엘을 떠날 때, 그리고 세번째는 가브리엘이 로드리고에게 카베사에게 사과하라고 말할 때다. 세 번의 대립이 영화를 보고 나온 사람을 사로잡을 만큼 강렬한 인상을 심어주었을까? 필자는 회의적이다. 대립은 하지만 그다지 강렬하지 않다.

가브리엘은 대주교와 대립해야 하는 인물이다. 아무리 복종을 서약한 신부이지만 가브리엘은 대주교의 목적과 반드시 충돌하고 대립했어야 한다. 그러나 대주교와 가브리엘 신부의 대립과 충돌이 없다. 충돌하기는커녕 가브리엘은 대주교에게 항의조차 하지 않는다. 로드리고와 카베사의 대립 역시 마찬가지다. 개심한 전직 노예 사냥꾼과 교활한 노예 상인과의 충돌은 로드리고의 사과로 싱겁게 끝나고 만다. 가브리엘이 대주교의 요구로 로드리고에게 카베사에게 사과하라고 명령했기 때문이다.

　로드리고가 사과하는 이유는 분명하다. 예수회 신부가 되는 서원을 했기에 명령에 절대적으로 순종해야 하기 때문이다. 가브리엘의 명령에 따라서 로드리고는 사과한다. 그러나 영화가 사과하는 장면을 삽입한 것은 다른 이유 때문이다. 순종은 하지만 순복할 수 없는 로드리고와 카베사의 진술이 거짓말인 것을 알면서도 로드리고에게 무조건적인 사과를 명하는 가브리엘과의 갈라섬을 암시하기 위해서다. 가브리엘과 로드리고는 갈라선다. 과라니 부족의 영토를 지키는 방법에 있어서 가브리엘과 로드리고는 갈라선다. 가브리엘과 함께 선교했던 두 명의 선교사도 가브리엘과 갈라선다.

　로드리고와 함께 총을 잡는 두 명의 신부와 십자가를 잡는 가브리엘의 선택과 갈라섬이 강렬한가? 사람들의 시선에 가득히 들어올 만큼 강한 인상을 심어주는가? 아니다. 전혀 대립적이지 않고 강력한 이미지를 주지도 않는다. 미션에서 전쟁 장면은 어떠한가? 강렬한 이미지를 주는가? 과라니 부족과 함께 싸우는 로드리고는 눈에 드러날 만큼 뚜렷한 활약을 보이는가? 그렇지 않다.

　「미션」에서 강한 인상을 주는 것은 연기력이 아니다. 인물과 인물의 대립과 충돌도 아니다. 자연과 사람의 대립이다. 이과수 폭포 옆, 자신의 몸에 갑옷과 무기를 매달고 절벽을 올라가는 로드리고의 모습이 강렬하다. 카누와 무기를 매달고 이과수 폭포 옆 절벽을 올라가는 포르투갈인의 모습이 강렬하다. 이들을 강렬하게 만드는 것은 폭포다. 십자가에 묶인 채로 폭포를 떠내려오는 선교사와 순교할 각오로 폭포 옆 바위를 오르는 가브리엘의 모습에서 폭포가 빠진다면 영상은 시선을 잡아내는 강렬함이 없었을 것이다. 영화의 마지막에서 남은 어린아이들이 카누를 타고 정글로 들어가는 장면을 삭제한다면 「미션」이 마지막까지 주고자 하는 여운이 남겨졌을까?

「미션」의 성공은 사람들에게 깊은 감동을 주는 장면을 멋있게 연출했다는 데 있다. 자연과 사람의 대비를 아름다운 영상으로 잡아낸 카메라의 기술이 영화를 빛나게 한 주인공이다. 엄밀히 말해서 자연과 인간의 대립은 익숙한 주제다. 그러나 「미션」이 다룬 자연과 인간의 대립은 기존의 작품과 괘도를 달리한다. 기존의 여타 작품은 대자연과 맞서는 인간의 의지 혹은 대자연이 주는 인간 존재의 나약함에 대한 성찰을 주제로 한다.

「미션」은 인간의 의지나 존재에 대한 성찰을 다른 방식으로 표현한다. 대부분 기존의 작품에서 주된 역할을 하는 것은 자연이다. 그러나 자연의 횡포에 맞선 인간의 의지와 나약함은 「미션」에서는 나타나지 않는다. 자연은 인간에게 위험을 가하는 존재가 아니다. 자연을 극복하려는 인간의 의지도 없다. 자연은 그냥 평온하게 거기에 있을 뿐이다.

「미션」에는 참회하는 인간과 거부한 사람들에게 다가가기 위해서 폭포를 오르는 인간이 있고, 과라니 부족을 침략하기 위해서 카누를 끌고 폭포를 올라가는 인간이 있다. 생존을 위해서 입은 타인의 옷을 벗어버리고 알몸으로 정글로 들어가는 어린아이가 있다. 「미션」에서 폭포는 인간에게 시련을 주는 것도 인간으로 하여금 존재에 대한 성찰을 불러일으키는 기제도 아니다. 다시 말해서 폭포를 올라가는 인간이나 그것을 바라보는 인간에게 폭포가 존재를 성찰하게 하지 않는다. 단지 그냥 그 자리에 있으면서 떠내려가는 사람과 올라가는 사람과 미끄러지듯이 멀어져 가는 아이들의 모습을 강렬하게 때로는 여운을 갖게 만들어 주는 역할을 수행한다.

만약 떠내려가는 인간과 매달린 인간, 멀어져 가는 어린아이들을 강렬하게 때로는 여운지게 만드는 폭포와 물이 없다면 「미션」에서 경험하는 깊은 감동과 강력한 감정이입은 일어나지 않았을 것이다. 「미션」에서 자연은 성찰하게 만들지 않는다. 관객으로 하여금 감정이입하게 만든다. 자연은 그렇게 인간의 감성을 터치하는 역할을 한다.

「미션」이 말하는 '미션'은 무엇일까? 제목이 미션이기 때문에 누구나 주저하지 않고 가브리엘 신부의 미션을 지적할 것이다. 대다수 그리스도인이 과라니 부족에게 선교하는 가브리엘 신부의 미션을 미션으로 지적하는 것은 그를 통해서 느끼는 감동 때문이다. 그러나 가브리엘은 미션을 표상하지 않는다. 당연히 로드리고도 미션을 표상하지 않는다. 미션을 표상하는 것은 알타미라노 대주교다. 대주교는 구체적인 미션을 교황청으로부터 받고 포르투갈과 스페인이 영토 분쟁을 하는 과라니 부족의 땅으로 파송된 인물이다.

대주교가 받은 미션은 분명하다. 예수회를 해산하고 과라니 부족의 영토를 포르투갈에게 양도하는 것이다. 교회가 과라니 부족의 영토에 존재하는 한 로마 교황청과 유럽 국가 사이에 맺은 조약에 따라서 어떠한 국가라도 이 지역을 자국의 영토로 편입시킬 권한이 없다. 교황청에서 대주교를 스페인과 포르투갈의 영토 분쟁 지역에 파송한 이유는 그 지역을 포르투갈에 양도할 경우 포르투갈로부터 로마 교황청이 얻어내는 반대 급부가 있기 때문이다.

대주교는 「미션」을 이끌어가는 중심인물이다. 사람들의 시선은 로드리고와 가브리엘에게 집중되지만 감독은 대주교를 통해서 사건과 사건을 이어간다. 무엇보다도 과라니 지역에서 일어났던 역사적인 사건은 대주교의 보도가 남아 있지 않았다면 기록에서 사라졌을 것이다. 그때 그곳에서 일어났던 사건을 보도한 사람이 그때 그곳에 있지 않았다면 누가 그곳에서 일어난 일을 지금 여기에 있는 사람들에게 전해 줄 것인가.

「미션」에서 대주교의 독백이 없다면 십자가에 묶여서 떠내려가는 선교사의 죽음과 과라니 부족이 운명적으로 얽혀지는 깊은 의미를 어디에서 찾을 것인가. 이곳에 선교사가 오지 않았다면 원주민들의 삶은 더 좋았을 것이다. 대주교의 독백이 없었다면 선교를 반성하는 고찰의 소리를 들을 수 있겠는가. 내가 남아메리카에서 해야 했던 일은 포르투갈의 영토 확장 야망을 만족시키고, 스페인에게는 해가 없다는 것을 주지시키고, 스페인과 포르투갈의 군주들이 교회의 권력을 위협하지 않을 거라고 교황을 안심시키고, 이 모든 사람의 만족을 위하여 예수회와 협상을 했다는 대주교의 독백이 없었다면 미션의 본질적인 의미를 어떻게 알겠는가.

미션은 신념이 아니다. 미션은 내 신념과 상관없이 나에게 주어진 명령이다. 생명을 구하기 위해서 외과 의사는 손발을 잘라내야 한다. 그러나 내가 잘라야 할 손발이 이렇게 강하고 아름다울지 상상도 못했다. 나는 양심에 따라 선택할 것이다. 교회를 살리고 싶다면 이 선교회를 희생시켜야 한다.

대주교의 독백이 없었다면 미션은 수행하는 자가 느끼는 양심의 갈등과 무관하게 반드시 수행해야 할 의무라는 것을 어떻게 알았겠는가. 유럽 국가들이 교회의 권위에 도전하고 있기에 이곳 예수회의 권위를 보여 줌으로 그 권위를 회복할 줄 알았다. 이제 교황의 영토 문제는 해결되었다.

대주교의 독백이 없다면 로마 교황청이 세속권력과 동일한 가치를 종교의 이름으로 추구하는 것을 어떻게 알았을 것인가. 신부들은 죽고 나는 살아서 그곳을 떠났다. 그러나 실제는 내가 죽고 그들이 산 것이다. 언제나 그렇듯이 죽은 자의 정신은 산자의 기억 속에 남기 때문이다. 대주교의 독백이 없었다면 지워진 자들이 남겨놓은 것이 기억이라는 매체를 통해서 죄의식을 느끼는 자의 의식에 닿지 않는다면 죽어서 말한다는 말이 성립할 수 없다는 것을 어떻게 알았겠는가. 대주교의 독백이 없었다면 미션은 인간을 위한다는 것과 하나님의 지상 도구인 교회를 위한다는 배타된 명제 사이에서 교회를 선택하는 비인도적인 행위였다는 것을 어떻게 알았겠는가.

모든 미션이 비인도적 행위라는 것을 말하지 않는다. 영화 「미션」이 미션을 비인도적 행위라고 말하는 근거는 교회를 위한다는 명제가 제공했다는 것을 지적하는 것이다. 카베사가 말하듯이 그것은 해야만 한 일이었으며, 또 필요한 일이었을 것이다. 더구나 대주교가 재가한 정당한 행위였다. 따라서 죄책감은 불필요한 것이다. 교회를 위해서는 비인도적이고 반사회적인 행위도 정당화되기 때문이다.

그렇기 때문에 가브리엘 신부는 미션을 표상하지 않는다. 이곳은 줄리안과 내가 맡았던 지역이다. 내가 보냈던 신부다. 내가 가겠다. 십자가에 달려서 떠내려간 선교사를 대신해서 폭포를 넘어 정글로 들어가는 가브리엘 신부는 책임과 의무를 표상한다. 영화 마지막 장면에서 포르투갈인 앞에서 십자가를 들고 나아가는 가브리엘 신부도 미션을 표상하지 않는다. 그가 표상하는 것은 신념이다. 예수의 가르침대로 폭력에 폭력으로 맞서는 것이 아니라 비폭력으로 맞서는 것이 옳다고 믿는 그의 신념이다.

종교적으로 표현하면 그가 표상하는 것은 믿음이다. 「미션」은 그를 통해서 예수에 대한 절대적인 믿음을 표현한다. 가브리엘은 교회를 지키는 행위를 하지 않는다. 그가 지키려는 것은 예수에 대한 믿음이다. 예수가 지켜온 원칙이 세상에서 유효하다는 것을 지키려는 것이다. 그가 십자가를 들고 나간다고 해서 연약하고 힘없는 여자들과 어린이들을 지킬 수 있다고 확신하는 것은 아니다. 포르투갈의 총탄을 십자가가 막아낼 수 없는 것은 자명한 일이다. 그들의 동정심을 기대할 수도 없다. 교회가 허락한 것이고 국가를 위한다는 명제에 근거한 거룩한 미션을 수행하는 것이기 때문에 그들 앞에 서 있는 신부와 여자와 어린아이는 연약하고 힘없는 대상이 아니라 제거해야 하는 악이다. 신부가 지키려는 것은 힘없고 연약한 여자와 어린아이가 아니다. 예수가 사람들을 지켜주었던 방식이 여전히 지금도 옳다는 믿음이다. 예수의 방식이 세상에서 유효하지 않다면 가브리엘은 세상에서 살아갈 힘을 상실하는 것이다.

교회는 예수가 지켜주었던 사람들을 지켜주지 않는다. 교회가 지켜주는 사람들은 스페인과 포르투갈 같은 세상 권력이고, 카베사와 헌터 같은 사람이다. 카베사와 헌터가 한 것은 교회의 재가를 받은 것이다. 그것은 국가를 위하는 일이었고, 교회를 위하는 일이었다. 국가와 교회를 위해서 누군가 희생되어야 한다면 희생해야 하는 것이다. 약간의 죄책감은 들겠지만 그렇다고 죄의식을 갖지는 않는다. 다수를 위한 소수의 희생은 불가피한 것이고 필요하다면 해야만 하는 일이기 때문이다.

교회는 힘없는 자의 편에 서지 않는다. 예수만이 힘없는 자의 편에 서서 그들을 지켜준다. 그래서 가브리엘은 교회와 결별한다. 영화는 마지막에 두 가지의 상징을 통해서 가브리엘이 교회와 결별하는 것을 보여 준다. 첫째는 미사를 교회 밖에서 드리는 것이다. 둘째는 교회에서 십자가를 가지고 나가는 것이다. 미사는 교회 안에서 하나님께 드리는 가톨릭 예전이다. 가톨릭에서 교회는 지상에 존재하는 거룩한 하나님의 기관이다. 미사는 거룩한 하나님의 기관 안에서 예수의 대속의 죽음을 재연하는 거룩한 제사다. 제사는 거룩한 장소에서 드리는 예전이다.

가브리엘은 예수의 대속의 죽음을 재연하는 거룩한 제사를 교회 밖에서 행함으로 교회를 지상에 존재하는 하나님의 거룩한 기관으로 믿고 있는 가톨릭을 부인한다. 그래서 그는 교회에서 십자가를 들고 나가는 것이다. 십자가가 있어야 할 장소는 교회 안이 아니라 밖이며, 거룩한 장소는 교회가 아니라 땅이라는 것을 상징적으로 표현한다. 과라니 부족의 영토는 그들의 낙원이었다. 자유와 평등, 함께 일하고 모든 것을 공평하게 나누는 초대교회의 이상적인 가치가 구현되던 거룩한 장소였다. 십자가는 초대교회의 원리가 구현되는 장소에 있어야 한다. 초대교회의 원리를 과격하고 위험한 것으로 보는 주교가 있는 로마교회는 십자가가 있어야 할 장소가 아니다.

로드리고가 표상하는 것은 사랑이다. 그가 표상하는 사랑은 일반적인 의미에서 사랑이 아니다. 종교적인 의미에서 사랑이다. 종교적인 의미에서 사랑이 표상하는 것은 사랑받았기 때문에 사랑하는 수동적인 것이다. 받아들여짐이 있었기 때문에 받아들여준 사람을 사랑하는 것이 종교적인 의미에서 사랑이다. 즉 종교적 사랑은 사랑의 적극성이 아니라 사랑의 수동성, 수동태의 사랑이다. 사랑하는 것을 사랑하는 적극적인 사랑은 종교적인 사랑이 아니다. 적극적

인 사랑은 내가 주체가 되어서 사랑하는 것이기 때문에 받은 사랑에 대해서 반응하는 사랑이 아니다. 받아들여짐 없는, 용서받은 의식이 없는 사랑이다. 로드리고의 사랑은 받아들여졌기 때문에 발생한 사랑이다.

그러나 영화에서 드러나는 것은 참회다. 로드리고는 동생을 죽인 죄책감 때문에 자신을 격리시킨다. 가브리엘은 그런 로드리고를 찾아간다. 로드리고를 만난 가브리엘은 하나님으로부터 도피하지 말고 구원받을 수 있는 길을 찾아나서라고 말한다. 가브리엘의 말에 의지해서 로드리고는 속죄의 길에 나선다. 갑옷과 칼을 묶은 그물을 끌고 폭포를 오르고 숲을 오르면서 참회한다. 신부들도 로드리고가 참회하는 고행에 동참한다. 추락하지 않도록 안전을 확보해 주며 너무 안쓰러워 몸에 묶은 밧줄을 끊어주기도 한다.

그러나 신부가 끊어주는 밧줄을 로드리고는 거절한다. 밑으로 내려가 굴러 떨어진 갑옷과 칼 뭉치를 다시 끌고 올라온다. 로드리고의 몸에 묶여진 죄책감의 질고를 끊어주는 것은 인디오다. 가브리엘 신부를 따라서 과라니

마을로 들어선 그에게 과라니 인디오는 그를 묶었던 과거를 끊어준다. 그를 묶어놓은 줄을 끊고 그에게 매달려 있던 갑옷과 칼을 강물에 던져 버린다.

영화는 주제를 변조했다. 로드리고가 갖고 있는 죄책감은 인디오를 노예로 잡아들였던 과거가 아니다. 그의 죄책감의 근원은 동생을 죽인 것에 있다. 따라서 로드리고가 용서받았다는 경험은 인디오에게서가 아니라 하나님께로부터 오는 것이어야 한다. 로드리고에게서 받아들여짐은 종교적인 회심의 경험이어야 한다. 그럼에도 불구하고 「미션」은 로드리고의 경험을 하나님의 용서를 경험하는 종교적인 경험에서 인간적인 용서의 경험으로 돌려놓는다. 「미션」이 로드리고의 경험을 인간의 용서와 받아들임으로 돌려놓는 이유는 분명하다.

사람들에게 「미션」의 주제가 선교인 것처럼 비춰지지만 선교가 아니다. 「미션」은 선교를 비판한다. 사람들이 영화를 보면서 선교에 대한 열망을 품는다거나 눈물을 흘리는 것은 이 영화의 목적이 아니다. 「미션」이 추구하는 목적은 기독교의 정신을 보여 주는 데 있다. 미션에서 바라보는 기독교의 정신은 바울이 고린도전서에서 말하는 사랑과 믿음과 소망이다. 로드리고가 표상하는 것은 그중의 첫번째인 사랑이다. 사랑은 받아들여짐에서 출발한다. 로드리고를 받아들이는 것은 과라니 인디오다. 과라니 인디오는 로드리고에게 자신들의 문양을 칠해 주고 사냥한 돼지를 창으로 찌를 수 있는 기회를 줌으로써 그를 자신들의 일원으로 받아들인다.

가브리엘은 인디오에게 받아들여진 존재가 아니다. 물론 가브리엘을 받아준 것은 인디오다. 폭포를 넘어서 과라니 영토로 들어선 그를 인디오가 받아들였기 때문에 그곳에서 교회를 건립하게 된다. 그럼에도 불구하고 가브리엘은 과라니 부족의 일원이 아니다. 가브리엘은 하나님에게 받아들여진 존재로써 과라니 부족에게 나아왔기 때문이다. 하지만 로드리고는 하나님에게 받아들여진 존재로 과라니 부족에게 나아온 것이 아니다. 과라니 부족이 받아들였기 때문에 하나님에게 나아간다. 과라니 부족이 로드리고를 얽어맨 사슬을 끊어준 후에 로드리고는 눈물을 흘리면서 가브리엘을 끌어안는다. 로드리고가 가브리엘을 끌어안았기 때문에 가브리엘은 로드리고를 끌어안는다.

로드리고가 가브리엘에게 고맙다고 말하자 과라니 부족에게 감사하라고 말한다. 가브리엘이 로드리고에게 성경을 준다. 로드리고가 고린도전서 13장을 읽는다. "내가 모든 산을 움직일 만한 믿음이 있어도 사랑이 없으면 아무것도 아니다." 로드리고는 과라니 부족과 동화된다. 다시 성경을 읽는다. 바울의 글이다. "내가 어렸을 때에는 어린애처럼 생각했으나 장성해서는 어린애의 생각을 버렸노라." 가브리엘의 허락 하에 로드리고는 예수회에 가입한다. 그의 명령에 순종하면서 속세의 유혹을 이기고 노동과 겸손의 미덕을 배우고 예수만을 위하기로 맹세한다.

과라니 부족의 영토와 선교회를 둘러본 대주교는 선교회의 철수를 명령한다. 과라니 부족이 교회를 다니고 아름다운 목소리로 성가를 불러도 대주교의 결정은 변함없다. 대주교가 받은 미션은 유럽에서 교회의 이익을 지키기 위해서 과라니 부족의 땅을 포르투갈에게 넘겨주기 위해 예수회를 철수시키는 것이다. 과라니 부족은 자신들의 땅을 지키기로 결정한다. 포르투갈과 과라니 부족의 전쟁만 남았다. 전쟁의 결과는 명백하다. 그러나 과라니 부족에게는 선택의 여지가 없다.

로드리고에게 과라니 부족 어린아이가 물에서 건져낸 그의 칼을 준다. 로드리고는 칼을 잡는다. 그리고 가브리엘을 찾아가 순종의 맹세를 포기하겠다고 말한다. 랄프와 요한 신부도 함께한다고 말한다. 하나님이 자신들을 버렸다고 믿는 그들을 위해서 그들과 함께 운명을 맞이하겠다고 말한다. 가브리엘이 말한다. "그렇기 때문에 너는 결코 신부가 될 수 없다." 로드리고가 대답한다. "나는 신부다. 그들은 내가 필요하다." 가브리엘이 말한다. "그럼 신부로서 그들을 도와주라. 만약 네가 손에 피를 묻힌 채로 죽는다면 우리가 이룬 모든 것을 배신하는 거다. 너는 하나님께 약속했다. 하나님은 사랑이다."

가브리엘과 로드리고는 다른 선택을 한다. 가브리엘은 신부로서 하나님을 위한 선택을 하고, 로드리고는 신부로서 과라니 부족을 위한 선택을 한다. 가브리엘의 선택은 예수의 가르침에 대한 절대적인 확신과 믿음의 선택이다. 로드리고의 선택은 자신을 받아준 과라니 부족을 위한 사랑의 선택이다. 가브리엘이 로드리고에게 준 것은 성경이다.

성경은 하나님에 대한 믿음을 가르치는 책이다. 예수는 성경의 모든 계명을 하나님에 대한 사랑과 이웃에 대한 사랑으로 요약했다. 가브리엘이 읽은 것은 "너의 온 마음과 정성을 다해서 하나님을 사랑하라"는 계명 앞부분이다. 로드리고가 읽은 것은 "이웃을 너의 몸처럼 사랑하라"는 뒷부분이다. 그래서 가브리엘은 하나님은 사랑이라고 말하고, 로드리고는 사랑을 실천하려고 한다.

각자 자신이 읽은 방식에 따라서 신부로서 마지막 길을 걸어간다. 가브리엘은 신부로서 하나님을 사랑하는 것은 그를 절대적으로 신뢰하고 믿는 것이다. 로드리고가 신부로서 과라니 부족을 사랑하는 것은 하나님이 자신을 버렸다고 믿는 그들과 함께 싸우는 것이다. 신부로서 로드리고는 우는 자와 함께 울고, 웃는 자와 함께 웃으라는 예수의 가르침을 실천하는 것이다. 자신을 받아준 사람들을 위해서 목숨을 바치는 것은 친구를 위해서 목숨을 버리는 것보다 더 큰 사랑이 없다는 예수의 말씀을 준행하는 것이다. "왼뺨을 때리면 오른뺨을 주고 억지로 오리를 가자고 하면 십리를 같이 가주라"는 예수의 말씀을 준행하기에 가브리엘은 비폭력 무저항의 예수의 말씀과 행위를 따라가는 것이다.

과라니 부족이 정글을 나온 것은 소망을 품었기 때문이다. 예수회에서 세운 교회로 들어오면 보호받을 수 있다는 믿음과 소망을 품었기에 자발적으로 선교회로 찾아온다. 선교회가 철수하고 포르투갈의 영토로 편입되면 과라니 부족은 노예로 전락하게 된다. 선교회가 철수하지 않아도 포르투갈의 침범에 대해서 교황청이 묵인하면 과리니 부족은 노예로 전락한다. 하나님의 뜻이다. 그 땅을 떠나 정글로 돌아가라는 대주교의 말은 피해를 최소한으로 줄여보려는 그의 양심이 작용한 배려일 것이다. 그러나 그런 배려 자체는 가증스러운 것이다. 과라니 부족을 무참하게 살해한 것은 대주교가 만든 것이기 때문이다. 대주교가 직접 그들을 살해했다는 의미가 아니다. 대주교가 자신이 받은 미션을 거부했다면, 교회를 위한 신부이며 대주교가 아니라, 사람들을 위한 신부였다면 과라니 부족의 참상을 미연에 방지했을지도 모른다.

그러나 하나님의 뜻에 따라 정글에서 나와 선교회를 세웠던 과라니 부족은 더이상 하나님에게 소망을 둘 수 없다. 하나님이 그들을 버린 이상 그들도 하나님을 떠날 수밖에 없다. 남겨진 몇 명의 어린아이들은 입었던 문명의 옷을 모두 벗고 정글로 들어간다. 마지막 소망이 그들에게 있다. 교회의 손길이 닿지 않는 곳에서 자유와 평등의 새로운 생명의 씨앗을 틔우기 위해서 그들은 떠나왔던 정글로 귀환한다. 자유와 평등을 약속했던 교회는 십자가에 묶어서 올라왔던 길로 다시 내려보내진다. 미션의 시작과 마지막은 그렇게 만난다.

「미션」은 비판하는 영화다. 1750년대 파라과이 국경 근방에 있었던 교회의 미션을 비판한다. 선교 자체를 비판한 것이 아니라 교회를 비판하는 영화다. 1750년대 가톨릭 교회와 그 교회의 미션을 비판한다. 그러나 「미션」이 비판하는 교회와 미션은 1750년대 파라과이 국경에 머물러 있지 않는다. 「미션」은 시대와 장소를 막론하고 기독교의 근본 정신을 잊어버린 교회의 미션을 비판한다. 「미션」이 교회와 교회의 미션을 비판하는 근거는 기독교 정신에 있다. 「미션」에는 기독교의 정신인 믿음, 소망, 사랑이 녹아 있다. 가브리엘 신부를 통해서 믿음을, 로드리고 신부를 통해서 사랑을, 과라니 부족 어린아이들을 통해서 소망을 표상한다. 믿음을 상징하는 가브리엘과 사랑을 상징하는 로드리고는 결국 죽는다. 남은 것은 소망을 상징하는 어린아이들의 귀환뿐이다.

그럼에도 불구하고 믿음, 소망, 사랑은 사라지지 않는다. 정글로 귀환하는 어린아이들의 소망의 씨앗에서 다시 믿음과 사랑의 나무가 자라날 것이다. 가브리엘과 로드리고는 대주교의 기억 속에 살아 있을 것이다. 산자의  기억 속에서 죽은 자는 살아나고, 죽은 기억 속에서 산자는 죽었다는 대주교의 말처럼 기독교의 근본 정신인 믿음, 소망, 사랑은 「미션」이 끝남과 함께 피어난다. 영화가 끝나고 불이 켜진 다음 문을 나서는 관객들의 정신에서 믿음과 소망, 그리고 사랑은 피어난다.

수용과 동화의 만남을 통한
용서와 사랑

● ● ●

Film 14

엔드 오브 스피어 End of the Spear

「엔드 오브 스피어」는 세 가지 면에서 주목할 만하다. 첫째는 사실을 바탕으로 한 영화라는 것. 둘째는 수입금의 절반을 미전도 종족을 위해서 기부한다는 약속. 셋째는 할아버지가 된 민카예가 미국을 방문했던 모습을 보여 주는 것이다. 그중에서도 민카예의 미국 방문 이야기는 매우 흥미롭다. 단편적이긴 하지만 민카예의 시각으로 미국 사회를 비춰준다. 민카예의 눈에 비친 미국의 모습은 친절과 게으름이다.

민카예의 말에 의하면 "미국인은 운전하다가 담에만 서면 문을 열고 따뜻한 음식을 주고, 저장된 음식창고에서 음식을 담아 나가는 곳에 있는 젊은 사람이 앞에 서서 미소를 지으면서 기다리면 미소로 화답하면 끝. 그 후에는 가지고 나가면 된다." 스티브가 신용카드를 보여 주면서 이것을 주기 때문에 그런 거라고 해도 민카예는 스티브에게 "점원이 다시 돌려주지 않느냐

고 반문한다." 패스트푸드 가게의 드라
이브인 시스템과 대형 마트에서 소비자
와 판매자의 관계가 민카예의 눈에는
그냥 음식을 주고받는 것처럼 보인 것
이다.

End of the Spear, 2005
감 독 짐 하논
출 연 루이 레오나르도(민카예), 채드 앨런(네이트), 잭
구즈먼(키모), 크리스티나 소우자

그가 본 게으름은 에스컬레이터 같은
워킹 카트를 의미한다. 그냥 서 있기만
하면 원하는 곳으로 데려다주기 때문에
걸을 필요가 없고, 기어올라갈 필요도 없다. 어디서나 음식을 그냥 주기 때
문에 사냥할 필요도 농사를 지을 필요도 없다. 그래서 뚱뚱한 모습이 되었
다는 것이다. 미국 사회의 비만 현상은 패스트푸드 같은 고열량 음식 섭취
와 넘쳐나는 식품의 보급과 운동부족이 빚어낸 문명병이다. 미국 사회의 문
명병은 21세기 미국식 문화가 들어간 모든 지역에서 일어나는 현상이다.

여기서 흥미로운 것은 영화는 민카예가 방문한 시점을 밝히지 않는다는
것이다. 그동안 영화는 친절하게도 시대에 대한 명확한 태도를 보여 왔다.
이야기가 시작된 시점인 민카예 소년기에 일어난 부족간의 전쟁, 그리고
다유매가 문명인과 접촉한 시점인 1943년, 와다니 부족과 접촉을 시도하
던 다섯 명의 선교사들이 민카예와 그의 부족에 의해서 살해당한 1956년
에 일어난 사건, 평생을 와다니 부족과 함께 살았던 스티브의 고모인 레이
첼이 죽은 1994년, 스티브가 가족들과 함께 민카예가 살고 있는 지역을 방
문한 1995년, 이 모든 시점을 기록하던 영화가 민카예의 미국 방문 시기에

대해서는 예외적인 태도를 취한다. 우연이라고 취급하기에는 뭔가가 석연치 않다.

1943년, 1956년, 1994년, 1995년에 서구 문명의 중심에서 저 멀리 떨어진 에콰도르 밀림의 조그마한 부족에서 발생했던 개인사는 역사가가 기록할 만한 중대한 역사적인 사건은 아니다. 엄밀히 말해서 격동의 19세기의 현장에서 일어난 생생한 사건이긴 하지만 인류의 행보를 결정해 온 중대한 결단이 일어난 사건은 아닌 것이다. 1943년, 1956년, 1994년, 1995년은 민카예와 스티브의 개인사에서는 매우 중요한 역사적 사건이 일어난 시점이다. 그러나 수많은 개인적인 사건들이 그 사건을 경험한 개인에게 중대할 뿐 인류문명의 어제와 오늘, 그리고 내일을 해석하고 조명할 만한 지평을 열어 주는 의미 깊은 사건은 아닌 것처럼 에콰도르 한 밀림에서 일어난 시간의 경험은 결국 거기에서 일어난 한 작은 사건일 뿐이다.

영화는 스티브의 내레이션으로 시작해서 그의 내레이션으로 끝난다. 그리고 내레이션과 내레이션의 사이에 1943년, 1956년, 1994년, 1995년이라는 구체적인 시점을 명기한다. 감독은 구체적인 목적을 갖고 있다. 관객의 시선을 1943년, 1956년, 1994년, 1995에 민카예와 스티브 사이에서 일어난 역사에 묶어 두려는 것이다. 인류의 미래를 결정할 그 어떤 결단도 해본 적이 없는 대다수의 관객이라도 에콰도르 밀림에서 일어났던, 그래서 그들의 미래를 바꾸었던 역사적인 사건을 공유할 수 있기 때문이다. 평범한 대다수의 사람들은 세계 역사의 방향을 설정하는 개인의 삶을 공유할 수는 없다. 그러나 같은 평범한 사람들의 삶에 대한 이야기는 충분히 공유할 수 있다.

민카예와 스티브의 삶의 과정은 재현될 수는 없다. 그러나 문명권에 사는 대다수의 평범한 사람들의 실존적인 상황에서 새롭게 해석되어서 그들의 삶의 이야기로 전환될 수 있다.

영화에는 두 개의 이야기가 겹쳐진다. 민카예와 스티브의 역사 이야기와 관객의 역사 이야기다. 하나의 이야기는 모든 사람 앞에 펼쳐진다. 다른 하나는 관객의 내면에서 열려진다. 그 누구도 관객의 내면에서 열려지는 역사에 접근할 수 없다. 나의 내면에서 발생하는 것이기 때문에 타자에게는 감춰진다. 내면의 역사 이야기는 주체의 이야기이기 때문에 자아만이 관찰할 수 있는 실존적 역사다. 영화 속의 타자는 더이상 타자가 아니다. 타자인 민카예와 스티브의 이야기는 관객의 이야기가 된다. 영화를 보는 동안 관객은 영화가 제시하는 메시지를 통해 자신의 삶에서 매듭짓지 못한 이야기를 풀어주는 것으로 받아들이게 되며 결국 그것은 같은 역사가 된다. 과정만 다를 뿐 결국 동일한 이야기다.

1943년, 1956년, 1994년, 1995년이라는 역사적 시점에서 민카예와 스티브가 경험한 사랑과 용서, 화해와 일치의 이야기는 관객의 역사적 시점에서 사랑과 용서, 화해와 일치의 이야기로 태어난다. 가장 격렬하게 인류가 충돌했던 역사적인 현장에서 민카예와 스티브의 개인사는 깃발 없는 기수의 깃발 흔들어 댐처럼 의미 없는 몸짓에 지나지 않을 것이다. 아니 들려지지 않는 아우성일지도 모른다. 그러나 격동이 지나가고, 분열과 갈등과 반목의 끝에서는 들려져야만 하는 가장 중요하고 본질적인 외침일 것이다. 그 외침은 폭풍이 휩쓸고 지나간 다음에 들려져서는 이미 늦은 것이다. 지나가기 전에 들어야 한다. 폭풍이 휘몰아치는 밖에서는 결코 들리지 않는 소리 없는 아우성이나 폭풍 한가운데서는 너무나도 크게 들리는 고요 속의 외침인 것이다.

영화가 민카예의 첫 미국 방문의 구체적인 시간을 밝히지 않는 것은 단순히 감동만을 추구하지 않는다는 것을 암시한다. 당연히 영화는 감동을 전제로 한다. 순교한 선교사들을 대신해서 원주민 지역으로 들어간 선교사 부인들, 그리고 원주민들을 개종한 이야기는 전부터 감동을 주었던 이야기다. 오랫동안 감동적이었던 이야기를 영화로 재연할 때 당연히 감동적일 수밖에 없다. 아니 감동적이어야 한다. 감동을 주기 위해 감독은 의도적인 장면을 연출한다. 민카예가 찌른 창에 죽어가면서 네이트는 와다니 말로 "나는 당신의 친구입니다. 나는 당신의 신실한 친구입니다"라고 말하던 장면과 때 맞춰서 내리는 비, 이 장면은 1994년에 민카예에 의해서 신비한 빛이 네이트와 비행기를 비추면서 오묘한 기운이 상승하는 모습으로 다시 재연된다.

감독은 감동을 주기 위해서 애쓰고 있다. 1956년에 민카예의 창은 네이트를 겨누었다. 1994년에 스티브의 손에 잡힌 창이 민카예를 겨누고 있다. 1956년에는 주저 없이 창을 네이트의 몸속으로 밀어넣고 무엇인가 의문이 떠오른 표정을 보이는 젊은 민카예가 있다. 1994년에는 창끝에 맞닿은 늙은 민카예와 분노하는 그러나 결코 창을 밀어넣지 못하는 젊은 스티브가 있다. 와다니 부족의 관습에 의하면 맏아들은 복수할 의무가 있다. 그래서 와다니

278

부족은 자신이 죽인 자의 자식이 자라는 것을 허락하지 않는다. 즉 자신의 생명을 위협할 어린아이를 살려두는 위험을 감수하지 않는 것이다. 와다니 마을로 들어가면서 레이첼은 스티브에게 그 사실을 상기시킨다.

1994년, 늙고 힘없는 민카예는 젊고 힘있는 스티브를 1956년에 자신이 네이트를 살해한 현장으로 데리고 와서 자신을 죽여서 아들의 성스러운 의무를 이행하라고 말한다. 고백과 참회하는 민카예에게 스티브는 말한다. "아무도 내 아버지의 생명을 빼앗지 않았다. 그분이 내준 것이다." 내레이션이 이어지면서 말한다. "아버지는 창끝에서 죽었다. 그것은 복수의 끝인 창끝이다. 그것이 나와 민카예가 발견한 것이다. 내 아버지와 네 명의 친구들은 자식과 손녀 손자들이 자라는 모습을 보는 특권을 잃어버렸지만 자기 아버지가 기꺼이 그렇게 했을 것처럼 민카예는 그의 가족의 할아버지뿐만 아니라 내 가족의 할아버지가 되었다. 사람들은 우리의 이야기를 하겠지만 결코 우리가 경험한 것을 말할 수는 없을 것이다."

1994년의 민카예와 스티브의 만남은 감동적일 수 있다. 그러나 네이트에 대한 민카예의 진술은 작위적이다. 어쩌면 민카예가 진술하는 것처럼 비행기 뒤로 비치는 서광과 신비한 기운의 상승은 실제로 일어났을 수도 있다. 만약에 그러한 현상이 실제로 일어났다면 적어도 네이트와 네 명의 선교사를 신성시하거나 특별한 사람으로 인지해야 한다. 그러나 민카예는 네이트에 한정해서 특별한 사람(신성한 사람)으로 진술하고 있다. 영화의 여러 곳에는 작위적인 해석을 한 흔적이 보인다. 민카예가 넘어지는 순간 창끝에 표범이 찔려 죽는 모습이 그렇고, 민카예에게 준 다유매의 앵무새를 민카예가 비행기에서 내린 바구니에 담아 보내는 것도 그렇고, 그 앵무새를 스티브가 돌보는 것도 그렇고, 민카예가 비행기 안에서 발견한 스티브의 어린시절 사진을 1994년에 비행기 잔해와 같이 파묻은 곳에서 꺼내 돌려주는 것 등이 그렇다.

영화에서 만남은 중요하다. 만남은 의미를 전달하는 방식이기 때문이다. 민카예와 표범의 만남은 (이 장면에서 다른 와다니 부족은 민카예가 표범과 입맞춤하려 한다고 한다.) 중요한 상징적 의미가 있다. 1994년 민카예와 스티브의 만남을 상징적으로 표현한다. 1943년에 표범의 이빨과 민카예의 창 끝의 만남은 자신이 살기 위해서 남을 죽이는 만남이다. 1994년에도 하나의 창끝과 하나의 입이 만난다. 자기가 살기 위해서 남을 죽이는 만남이 아니다. 나를 죽임으로 남을 살리는 만남이다. 나를 죽임으로써 스티브에게 아들의 성스러운 의무를 와다니 방식으로 완결하도록 기회를 주는 것이다.

내레이션은 그때의 만남을 원시시대와 20세기를 넘어가는 여행으로 표현한다. 20세기 세계역사에서 일어난 일이나 에콰도르 밀림에서 일어난 일은 규모의 크기와 상관없이 본질은 동일하다. 미움과 전쟁이 빚어낸 상처와 아픔은 다음 세대까지 전달되지 말아야 한다. 원시시대부터 20세기까지 이어지는 피의 악순환의 고리는 끊어져야만 한다.

영화는 감동만을 주기 위해서 만들어진 것이 아니라 깨우치기 위해서 만들어졌다. 영화는 미국적 삶의 방식에 대해서 경고의 메시지를 보낸다. 미국적 삶의 방식은 물질의 풍요가 가져다준 정신적인 빈곤이다. 움포대는 돌아온 민카예에게서 그것을 읽어낸다. 미국을 경험한 이후 민카예는 계속 풍

뚱해져 가고 자기가 해야 할 신성한 의무의 가치를 상실했다고 움포대는 지적한다. 미국적 삶의 방식은 지구촌 모든 곳에 영향을 미치고 있다. 미국적 삶의 방식이 들어간 곳마다 전통의 정신적 가치가 무너지고 물질적인 가치가 그곳을 차지한다. 물론 민카예와 움포대는 건국 이후 지금까지 미국의 저변에 깔려 있는 정신적 가치를 읽어낼 만큼 깊이가 있지는 않다. 그렇지만 민카예와 움포대의 시각에서 바라본 미국적 친절함과 게으름의 가치는 미국이 주도하고 있는 세계 질서에서 제3세계가 만나는 미국의 얼굴이다. 친절한 얼굴로 다가오는 미국은 제3세계를 자신의 게으름을 유지하는 가치 수단으로 사용하고 있다. 그것은 제3세계 사람들에게는 피부로 경험하는 분명한 현실이다.

영화가 제시하는 또 하나의 깨우침은 이해의 미덕이다. 이해의 미덕은 두 가지다. 첫번째는 이해하지 못하기 때문에 이해해야 한다는 것이고, 두번째는 이해하기 때문에 이해해야 한다는 것이다. 이해하지 못하기 때문에 이해해야 하는 것은 적대감과 분노의 원인에 대한 인식을 설명하는 차원이다. 이해하기 때문에 이해해야 하는 것은 차이와 다름을 받아들이는 수용에 대한 인식을 의미한다. 영화는 처음부터 갈등과 분노와 적개심과 살인과 복수의 악순환이 이해하지 못하기 때문에 발생한다고 피력한다.

비행기 위에서 어설픈 와다니 말로 다유매는 살아 있다고 외치는 말이 땅 아래 있는 와다니 부족에게는 다유매를 죽였다는 말로 들리는 것은 결코 우연이 아니다. 그들이 왠공기라고 부르는 신의 이름으로 왔다는 선교사들의 말을 와다니 사람들이 이해하리라고 기대하는 것은 어불성설이다. 어린시절부터 죽음과 맞서서 싸워왔던 와다니 부족의 살아가는 방식에 대한 무지는 자신들의 총 앞에서 두려워 도망칠 것이라는 낙관적인 생각을 갖게 한다. 가족을 위한 복수를 명예로 생각하는 와다니 부족의 정신을 이해하지 못하는 선교사들에게는 와다니 부족과의 신중하지 못한 접촉은 비극적인 결과를 낼 수밖에 없는 것이다. 이방인은 식인종이고 언제나 자신들을 죽인다고 생각하는 것은 자신들의 땅에 침범한 이방인의 삶을 이해하지 못한 무지에서 기인한 것이다. 비행기로 와다니 부족을 찾아다니는 행동이 그들에게 적대감을 준다는 사실을 모르는 선교사의 태도도 인간의 본질에 대해 무지하기 때문이다.

문명권에 속한 인간이나 밀림에 속한 인간이나 그 누구를 막론하고 자신의 영역에 침입하는 자에 대해서 적대적일 수밖에 없는 것은 인간의 속성이다. 무지는 믿음보다 강하다. 믿음은 이해를 동반하기 때문에 사려 깊은 행동을 창출해 내지만 무지는 폭력적인 행동으로 나타난다. 이해에 근거한 믿음은 무지가 이해하지 못함에서 발생하는 것임을 인식하기 때문에 이해가 생길 때까지 기다릴 수 있지만, 무지는 기다림을 알지 못한다. 이해에 기초한 믿음은 기다림의 여유와 무지가 이해로 전환되는 시간 사이의 공백을 바라보는 지혜를 갖고 있지만, 기다림의 여유가 없는 무지는 과격한 행동으로 표출된다. 이해와 지혜를 바탕으로 한 믿음만이 문명과 밀림의 만남 또는 선교사와 피선교지의 관계에서 필요한 요소인 것이다. 그것은 또한 시간을 필요로 한다.

네이트와 네 명의 친구들이 접근하는 방식을 비춰볼 때 레이첼의 접근은 신중하고 사려 깊다. 다유매를 통해서 와다니의 말과 문화를 습득하고 있었기 때문이다. 영화는 1943년부터 다유매가 문명인들과 생활하기 시작했다고 보여 준다. 언제부터 다유매가 레이첼과 만났는 지 영화는 보여 주지 않는다. 영화가 보여 주는 것은 1956년에 다유매와 레이첼이 함께 살고 있는 (한집에서인지 아닌지는 분명하지 않지만) 것으로 보이며, 네이트와 네 명의 친구도 다유매와 잘 아는 것처럼 설정된다. 네이트가 와다니 말로 "나는 당신의 친구입니다"라는 말은 아버지를 걱정한 스티브가 레이첼에게

전화로 배운 말을 가르친 것으로 되어 있지만, 적어도 그들 중에 어떤 이는 다유매에게 와다니 말을 배운 것으로 되어 있다.

그들이 그 지역에 정착한 기간은 얼마나 되었을까? 언제 그들은 에콰도르에 들어왔을까? 왜 그들은 신중하게 접근하지 않았을까? 그들은 왜 와다니 부족의 문화와 언어를 습득하는 일을 소홀히 했을까? 어째서 그들은 자신이 준비될 때까지 기다리지 않았을까? 네이트의 말에 의하면 시간이 없다는 것이다. 부족과 부족간의 살육은 계속되고, 결국 군대가 개입할 것이기 때문에 부족간에 일어나는 보복의 악순환을 빨리 끊어야 했다는 것이다. 레이첼은 우리에게 2년이라는 시간을 더 기다리게 할 거라고 말한다.

레이첼의 선교방식은 조급하지 않다. 문화를 이해하고 그들을 존중하면서 신중하게 그들에게 받아들여지는 방법을 선택한다. 네이트와 네 명의 선교사는 레이첼과는 정반대의 방법을 선택했다. 힘으로 접근하는 것이다. 비

행기로 그들의 지역을 선회하는 것이나 총을 소지한 채 그들의 지역에 들어가는 것이 그렇다. 물론 영화는 그들이 총을 사용하지 않았다고 한다. 네이트는 스티브에게 그들이 천국에 들어갈 준비가 되어 있지 않기 때문에 위급한 순간에도 총을 쏘지 않았다고 말한다. 그렇지만 총을 소지하고 있다는 사실이 와다니 부족에게 어떻게 비춰질 것인지에 대한 인식이 없다는 점에서 그들은 타문화에 대한 존중감이 없고, 강압적이고 억압적인 방식을 갖고 있었음을 보여 준다.

영화는 두 가지 만남의 방식을 대비한다. 남성적 사고와 삶의 방식에 근거한 힘과 힘의 만남이고, 다른 하나는 여성적 사고와 삶의 방식에 근거한 수용과 동화의 만남이다. 남성적 만남의 방식을 영화는 두 번에 걸쳐서 보여 준다. 네이트와 네 명의 선교사가 살해 된 첫번째의 만남과 다유매를 찾아달라고 선교사 지역으로 들어간 키마테와 마카모를 몰래 뒤따라간 민카예가 마을에서 부딪친 만남이다. 먼저 사나운 개와 마주친다. 창을 놓고 개가 쫓아오지 못하는 어떤 집으로 들어간다. 그런 다음에 마을 사람에게 쫓긴다. 영화에서 이 장면은 특별히 상징적이다. 레이첼이 살고 있는 지역에 들어갈 때 이미 키마테와 마카모는 자신의 옷을 벗고 문명의 옷을 입고 있다. 그러나 창을 들고 들어간 민카예는 마을을 지키는 개에게 무장해제 당하고 마을 사람의 총을 피해서 강물로 뛰어든다.

힘의 논리에 의한 남성적 만남의 방식과, 수용과 동화의 논리에 근거한 여성적 만남의 방식을 대비하는 것은 영화가 처음부터 설정한 구조다. 1943년에 영화는 다유매와 그들이 부르는 이방인과의 만남을 보여 주고 있다.

다유매가 이방인에게 잡힌 것이 아니다. 다유매가 이방인들에게 스스로 나아간 것이다. 1956년에 와다니가 이방인에게 나아간 것이 아니다. 이방인이 와다니에게 나아간 것이다. 1956년, 비행기의 잔해가 발견되고 그들을 대신해서 레이첼과 선교사 부인들과 아이들이 와다니 부족에게 간다. 1994년, 레이첼의 부음의 소식을 듣고 에콰도르에 들어간 스티브에게 민카예가 나아간다. 1995년, 스티브와 그의 가족이 민카예와 살기 위해서 그들에게 나아간다.

나아감과 나아감의 구조 속에 남성적 나아감과 여성적 나아감의 대조가 있다. 남성적 나아감은 대결과 폭력, 비극으로 끝나지만, 여성적 나아감은 이해와 수용, 동화와 변화로 이어진다. 1943년과 1956년에는 다유매의 나아감과 민카예의 나아감이 대비되고, 네이트와 네 명의 선교사가 나아가는 것과 레이첼과 부인들의 나아감이 대비된다. 그리고 1994년과 1995년에는 민카예의 나아감과 스티브의 나아감이 교차된다.

남성적 힘의 나아감과 여성적 부드러움의 나아감의 교차와 유약하지만 참회하는 남성적 나아감과 부드럽지만 지혜를 소유한 여성적 나아감의 교감을 통해서 결코 화해될 수 없는 나누어진 세상을 화해시키고 일치된 세상으로 만드는 방법을 설파한다. 세상을 하나 되게 만들며 사람의 마음을 움직이는 유일한 방법은 부드러움과 지혜에 근거한 용기 있는 행동에 달려 있다고 말한다.

영화는 실제 이야기의 중심에서 이탈했다. 실제 이야기는 죽은 선교사들을 대신해서 남겨진 선교사 부인들과 아이들이 와다니 땅에 들어가 살면서 그들을 개종한 이야기다. 즉 여성의 이야기다. 레이첼의 이야기여야 한다. 레이첼은 와다니 부족과 평생 삶을 나누고 그곳에서 생을 마감한 사람이다. 따라서 레이첼이 영화의 중심에 서 있어야 한다. 그러나 영화의 이야기는 남자 이야기로 스토리를 바꾸었다. 민카예와 스티브의 이야기로 바꾼 것이다.

그렇기 때문에 영화에서는 와다니 부족의 개종과 변화가 별로 실감나게 그려지지 않는다. 애노매나미 부족과의 대립과 복수의 악순환이 끝나는 과정도 크게 의미 있게 다가오지 않는다. 복수를 영예로 여기는 사회에서 왠공기(예수 그리스도를 말함)의 조각을 따라서 복수하지 않겠다는 키모의 개종을 주문에 걸린 것으로 말하는 민카예의 말이 그럴듯하게 들리는 것은 개종할 만한 어떤 계기가 있었던 것도 레이첼과 선교사 부인들이 노력한 것도 명백하게 그려내지 않은 데 기인한다. 영화는 와다니 부족의 개종과 와다니와 애노매나미의 갈등의 고리를 끊어내는 것에 대해서 깊이 고찰하지 않는다. 다소 허탈할 수 있는 방식으로 와다니와 애노매나미에 씌어져 있던 역사적인 굴레를 벗겨낸다. 그것도 아주 쉬운 방식으로. 애노매나미 부족이 병에 걸려서 와다니를 찾아온다. 레이첼과 선교사 부인들이 그들을 치료한다. 마침내 그들은 서로 이해하고 화해한다.

영화가 그렇게 하는 이유는 간단하다. 「엔드 오브 스피어」는 선교 이야기가 아니기 때문이다. 「엔드 오브 스피어」에는 십자가도 하나님의 이름도 나오지 않는다. 예배도, 기도도, 찬양도 없고 성경도 나오지 않는다. 하나님의 이름 대신에 '왠공기'가 나온다. 왠공기는 와다니 부족의 신화 속에 나오는 신이다. 만약 이것이 선교 이야기였다면 그들에게 접근하기 위해서 바울이 한 것처럼 너희들이 믿는 왠공기가 하나님이라고 말했을 것이다. 그런 다음에 하나님에 대해서 가르치면서 왠공기와 하나님을 구별시키고 왠공기가 아니라 하나님을 믿게 했을 것이다.

그러나 「엔드 오브 스피어」에서는 와다니의 왠공기가 하나님이라는 말밖에 없다. 예수의 죽음도 윤리적인 의미로 재해석되고 있다. 왠공기가 자신을 죽인 자를 복수하지 말라고 했기 때문에 복수하지 않는 길을 간다. 키모의 입을 통해서 인류의 구원을 위해서 십자가에서 죽고 부활한 예수가 아니라 인간에게 사랑을 가르쳐 준 왠공기로 해석된다. 교회를 의미하는 집을 짓기는 하지만 그 집에는 아직 십자가가 없다. 1994년에 스티브가 와다니 부족을 방문했을 때도 교회의 모습은 비춰지지 않는다. 선교사로서 죽은 레이첼의 장례식도 믿음과 무관하다. 사랑하는 사람을 잃은 것을 사람들이 모여서 슬퍼하는 모습으로만 비춰진다. 죽은 사람들이 선교사였다는 것은 내레이션에서 언급한다. 그들이 죽은 기사가 실린 신문에, 가서 복음을 전하라는 말이 그들이 복음을 전하기 위해서 갔다고 우회적으로 말해 준다. 레이첼이 선교사였다는 것은 그녀의 책장에서 꺼낸 와다니 말로 기록한 소책자에 복음이라는 문구를 근거로 유추할 뿐이다.

1995년에 스티브는 그의 가족과 함께 와다니 부족으로 간다. 영화는 스티브 가족이 와다니 마을에 정착하는 것은 신앙의 결단이 아니라 윤리적인 이유라고 설명한다. 레이첼의 유언이 스티브에게 전해진다. 그러나 함께 살 수는 없지만 자주 방문하겠다는 스티브에게 키모는 "너의 아버지도, 레이첼도 여기에 묻혀 있다. 왜 너의 가족이 묻힌 곳에서 살지 않는 것이냐. 우리 아이들은 바깥세상과 소통하는 방법을 알아야 한다. 그리고 우리 가족도 그 것을 보아야 한다. 너는 우리 가족이 아니냐?" 망설이는 스티브가 결심하게 되는 것은 민카예가 그를 1956년에 사건이 일어났던 장소로 데리고 가서 진실을 말해 준 다음에 일어난다.

영화는 선교 이야기를 한다. 그러나 선교를 하기 위한 것이 아니다. 순교한 선교사를 대신해서 들어간 선교사 가족들의 아름다운 헌신을 이야기를 하려는 것도 아니다. 영화가 이야기하려는 것은 평화다. 그렇기 때문에 영화는 만남을 이야기한다.

민카예와 스티브가 만나는 이야기를 두 번에 나눠서 한다. 첫번째는 1956년의 만남이고, 두번째는 1994년의 만남이다. 네이트와 스티브의 첫번째 만남은 아직 온전한 비행기 안에서 발견한 사진과 무전기를 통해서 앵무새의 주인을 만나면 잘 돌보고 있다고 말해 달라는 스티브의 목소리와의 만남이다. 두번째 만남은 부서진 비행기의 잔해와 함께 꺼낸 스티브의 어린시절의 사진과 네이트가 말하는 목소리의 만남이다. 형식과 시간의 간격을 사이에 두고 만나는 두 번의 만남은, 그러나 두 번이 아닌 한 번의 만남이다. 왜냐하면 두번째의 만남에서 첫번째 만남의 의미가 해설되기 때문이다. 두번째 창끝에서의 만남에 나타난 고백과 참회, 용서와 사랑, 화해와 일치는 결국 첫번째 만남에서 비춰진 성스러움 때문이다. 그리고 그것은 민카예의 말대로 모두가 다 본 것이다.